Sancho Pansa

Chauffeur bei Don Quijote

Wie hap Grieshaber in den Bauernkrieg zog

Sancho Pansa

Chauffeur bei Don Quijote

Wie hap Grieshaber in den Bauernkrieg zog

claassen

1. Auflage 1977

Gesetzt aus 11 Punkt Trump Linotron 505
Gesamtherstellung: Mohndruck, Gütersloh
Printed in Germany
ISBN 3-546-47349-3

Aus dem Inhalt

Die verschiedenen Schreibweisen von Jörg Ratgeb
entsprechen den jeweiligen Dokumenten

Unablässig zieht Don Quijote seit er mich zum Sancho Pansa machte mit mir ins Feld um das zu verhindern was unablässig um ihn herum geschieht. Die Niederlagen verhalten sich parallel zu den Anstrengungen. Je näher wir dem geträumten Ziel kommen, desto rascher entfernt sich die Möglichkeit es zu erreichen. Don Quijotes Erfolg stellt sich ein wo er ihn zu verhindern trachtet. Meines Herrn Tragik ist nicht allein die absterbende Tradition seiner Rittergeschichten – ebenso oft rennt er der Zeit voraus und sticht mit der Lanze ins Leere. »Im falschen Augenblick das Richtige tun« nennt er es. Nicht Don Quijote, sondern die Welt hinkt hinterher.

Sancho Pansa

Windmühlen? haben wir noch nicht gehabt. Muß rein, sagte Willi Baumeister bei der letzten gemeinsamen Jury vor seinem Tod, als ein Bild in den Saal getragen wurde.

In dem Augenblick, wenn die ersehnte Berührung mit den Windmühlen Wirklichkeit geworden ist, muß man fliehen, um die Kunst zu retten.

Nicht einmal ihre Windmühlen sind für mich wirklich, nur der Wind.

Don Quijote

Falls es aber wirklich eine solche Historie gäbe, müßte sie auch, da sie von einem fahrenden Ritter handle, notgedrungen hochtönend, erhaben, vortrefflich, prachtvoll und wahrhaftig sein.

Cervantes

Brief an Don Quijote:
Cher Maître, ... der historische Don Quijote ritt gegen Windmühlen, die er für Riesen hielt. Sie reiten gegen Riesen, die andere für Windmühlen halten, oder gar offiziell dazu erklären.

Robinson

Als das eigentlich Tragische am Don Quixote erscheint mir dies: Wir glauben doch, daß die Beschaffenheit der Seele: Tapferkeit, Edelsinn, Idealismus, Großmut – ihren Wert eben durch ihr Bestehen an der Seele haben, als Tatsachen der Persönlichkeit, gleichviel, woran sie sich offenbaren. An Don Quixote, der alle diese Eigenschaften besitzt, zeigt sich, daß das falsch ist, daß das eigentlich und seelisch-sittlich Gleichgültige: daß es eine Hammelherde statt einer Ritterschar ist, daß die bloße Vorspiegelung des Intellekts, die an jenen Qualitäten gar nichts ändert, imstande ist, das seelisch Wertvollste und Höchste in ein läppisches Spiel, eine sinn- und wertlose Narrheit zu verwandeln. Diese Macht des Äußeren und Objektiven über dasjenige, was wir in seinem Werte davon ganz unabhängig glaubten, was nur als innere, von dem Zentrum ausgehende Wirklichkeit seine Bedeutung zu haben schien – das ist das Erschütternde des Don Quixote.

Georg Simmel

Ich bin Chauffeur bei Don Quijote. Wenn Ihnen manches komisch vorkommt, blättern Sie einfach weiter, mir kam auch etliches komisch vor, als ich in seinen Dienst trat, nachdem ich aus der Klinik entlassen worden war. Eingeliefert wurde ich als Frau, die es satt hatte, Frau zu sein; was die mit mir gemacht haben, weiß ich nicht, jedenfalls wachte ich als Sancho Pansa auf.
Don Quijote ist ein Holzschneider.
Hier geht es nicht um das, was die Zeit jedem Künstler früher oder später zufügt oder um die Behauptung, daß man gegen Kernkraftwerke nicht mit Holzschnitten kämpfen könne, sondern einzig darum, daß überhaupt noch gekämpft wird. Gegen die Planquadrate der Technokraten lebt Don Quijote. Die Planquadrate sind seine Gegner: mal Windmühlen, mal Wegelagerer, mal die Soldaten des Königs. Gegen sie zieht er in den Kampf, keinen Augenblick ohne Hoffnung und von vornherein aussichtslos.
Im Planquadrat geht Don Quijote verloren. Das Planquadrat ist stärker als das weite Feld. Man muß gesehen haben, wie Don Quijote das Wort BAUHAUS ausspricht. Im Bauhaus wurde der Funktionalismus zum Prinzip.
Selbstverständlich hat Don Quijote alle Ritterbücher gelesen; die alten von Hegel bis Heidegger und die neuen von Adorno bis Zen, doch das liegt hinter ihm. Jetzt geht es um das Engagement. Die Welt wollte von Don Quijote etwas ganz anderes: Kunst, die sich verkaufen ließ, Wände zierte und Schubladen bereicherte. Erst recht ein Grund für Don Quijote, sich zu rüsten und auszuziehen, um anzuklopfen, wo niemand öffnen wollte.
Jedoch, muß ich vorausschicken, ist für die gelehrten Historiker in diesem Büchlein rein gar nichts zu finden, das sie nicht längst ausgegraben und wieder zugeschüttet hätten. Und um mich mit diesen Anmerkungen an mein Vorbild Cervantes zu halten: Wohledle Damen und Herren, die Sie den Studien der Künste obliegen, dieses Buch enthält Geschichten, die allem widersprechen, was Ihre Vorstellungen und Ihre Vernunft beherrscht.

1974 stand das große Jubiläum bevor: 450 Jahre Deutscher Bauernkrieg. Don Quijote sagte, er hätte ein halbes Leben lang darauf gewartet, noch einmal etwas zu machen zum Gedächtnis seiner Vorfahren, die Bauern gewesen waren.
Don Quijote ernannte den Bauernkrieg einfach zur Wirklichkeit, hieß mich Rosinante volltanken, und so fuhren wir in die DDR. In Leipzig stellte sich heraus, daß sie dort besser Bescheid wußten über den Baltringer Haufen aus Oberschwaben, und auch der Helle Haufen und der Helle Christliche Haufen waren ihnen vertraut; ein Grund für Don Quijote, endlich die drei Bauernhaufen in Holz zu schneiden. Zusammen mit Lithografien und Gedichten aus der DDR wurde daraus eine Mappe: DRAN DRAN WEIL IR TAG HABT.
Ob ich, Sancho Pansa, vielleicht ein Gedicht beitragen wolle, aber es müsse von Ratgeb handeln, denn ich käme aus seiner Heimat. In der Heimat allerdings hatte man Jörg Ratgeb vergessen.

Pforzheim 1973

Das lang aufgeschobene neue Rathaus sollte gebaut werden, Stadtväter und Bauleute ließen bei Don Quijote fragen, ob er nicht etwas machen könne für den großen Sitzungssaal der Gold- und Silberstadt. Am liebsten hätten sie Holzstöcke, damit wieder Leben zum Beton käme. Don Quijote, durch den Rohbau stapfend, fragte, was denn in Pforzheim so los gewesen sei. Man erzählte vom römischen Grenzstein, Reuchlin und Mélac, dem Mordbrenner der Pfalz. Auch von den Frauen gabs eine Geschichte. Den roten Himmel in den Nächten des zweiten Weltkrieges sah Don Quijote selbst. Gesagt hat er nichts. Bloß einmal: Und wie war das denn mit dem Ratgeb? Achselzucken.
Später sah ich das Holz vor Don Quijotes Haus liegen. Sah, daß er recht hat: man kann nicht zusehen, wie das entsteht: ein Bild. Schnee muß darauf gefallen sein, Regen und Sonne, bevor Don Quijote das Holz in Angriff nahm, und jedesmal ging er lang drumherum. Eines Tages (den keiner hat kommen sehen können) hingen ein roter, zwei schwarze Abzüge von der Decke zum Trocknen: DIE VIERTEILUNG DES JÖRG RATGEB, denn: in Pforzheim hatte sie 1526 stattgefunden. Das Rathaus wurde eingeweiht, doch Jörg Ratgeb blieb weiterhin verdrängt. Diese Ereignisse halfen mir, meinen Leipziger Auftrag zu erfüllen:

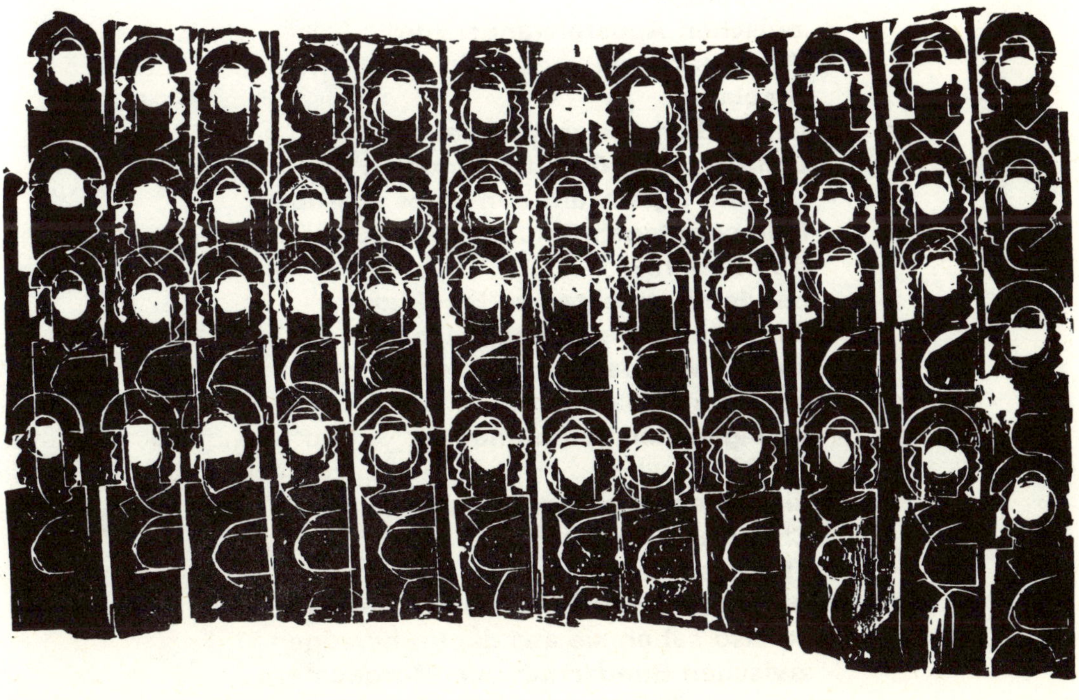

IN MEMORIAM JÖRG RATGEB

Gevierteilten Leibs
zerstückelten Namens
jerg Ratgeb maler
statt des Geburtsjahrs
einen Staatsarchiv-Registerauszug
»so zu Pfortzheim gefangen gelegen
des Paurenkriegs und Hertzog Ulrichs halber«
nirgendwo Kindheit
nirgendwo
Lehrjahre Wanderzeit Freisprechung
Weib und Kind erbuntertänig
leibeigen
einen Barbara-Altar lang
ohne Bürgerrecht zu Heilbronn
grünüberzogen
kalkbestaubt
auch in Herrenberg verschollen
bis das »mit einem Unmaß sozialer
Opposition geladene Bildwerk«
fünftausend Silberlinge einbrachte
Maler der Umwandlung des »honigsüßen
in einen bitteren Christus«
verspannt
zwischen Apostelwanderung
Wanderapostel
Stablarii:
Gruoz dich der verstoßen ist
Lohn dir dem Gwalt geschehen ist
regnum reparatum hominam viantium
Palmsonntagshoffnungen
Abendmähler
bei den Karmeliten zu Frankfurt
das Jahrhundert ohnegleichen
auf die Wände geschleudert
von Deutschland
ohnegleichen verleugnet
zerstört
die neuen Inhalte alter Legenden
Christ und Antichrist
Thomas Müntzer
Adam im Schweiß deines Angesichts
so also sahen sie aus die umherzogen
zwischen Bundschuh und Morgenstern

Fußwaschungsbecken Regenbogen
wiedergekehrte Eliasse
aus den Höhlen
überständige
überstürzte sprunghafte flackernde
jähe dumpfe und entfesselte
Heilige Bestien
»Bis zur Verzerrung mit Revolte geladen«
kommet und sehet die Füße des Volks
Hosianna
Kreuzige
Item, so ist sein Handtschrifft alda
zugegen gezaichnet B
Bauernkanzler
Siegelbewahrer der Revolution
daruff man ihn soll pynlich fragen
warumb er das und anders on
bevelh deren von Stuttgarten gethan
von wo er als Kriegsrat gesendet worden
vierhundertfünfzig Jahre vor jetzt:
Wendezeit
wie damals
Item bosshafftige verretterey
erschwerte Vierteilung
nicht durch den Henker
sondern von einem Rossegespann
zur Stätte geschleift
auseinandergerissen
wie sein zerstückeltes Werk
sein Name
nach der Bamberger Halsgerichtsordnung
gefoltert gevierteilt und nicht begraben
auf vier Wegstraßen zur Schau gestellt
          Landsmann
          Märtyrer
          bitt für mich

Zu dem Gedicht machte ich Anmerkungen, wie ich es von den DDR-Dichtern gelernt hatte:

grünüberzogen, kalkbestaubt

Der Herrenberger Altar, einziges vollständig erhaltenes Werk Jörg Ratgebs, wurde schon 19 Jahre nach seiner Vollendung abgebrochen. Später wieder aufgebaut, machte man die Bildtafeln durch eine grüne Tuchbespannung unsichtbar. Nach der Wiederentdeckung im letzten Jahrhundert fand man die Bildtafeln ungeschützt während einer Kirchenschiffserneuerung mit einer dicken Schicht ätzenden Kalkstaubs bedeckt. Die Herrenberger verkauften den Altar 1890 um 5000 Mark nach Stuttgart.

der honigsüße
der bittere Christus

Formulierung Thomas Müntzers

Stablarii oder Stäbler

Sekte, die als Nachfahren der Waldenser und Vorläufer der Wiedertäufer durch die Lande zogen.

Gruoz dich der verstoßen ist
Lohn dir dem Gwalt geschehen ist

Waldenser-Losung

regnum reparatum hominam viantium

das wiederhergestellte Reich der (apostolisch) wandernden Menschen
Kampflosung der Taboriten

Literatur: Wilhelm Fraenger, Jörg Ratgeb, Dresden

Ein halbes Tausend Historiker hatte die DDR auf den Bauernkrieg angesetzt: Thüringen. Sachsen.
In Schwaben rührte sich nichts, schon gar nicht sonstwo in der Bundesrepublik. Das hielt Don Quijote nicht aus und rüstete zum Feldzug wie seine Vorfahren. Von Bayern konnte er keine Hilfe erwarten, es sei denn in seinen nördlichsten Ausläufern, und jenseits des Mains hatte man schon vor 450 Jahren kaum etwas damit zu tun gehabt. Genau das war es, was Don Quijote getreu seinem Wahnsinn und seiner Methode reizte; das Deutsche Allgemeine Sonntagsblatt war ihm gewogen und wollte, nicht zum erstenmal, ein Bild zum Jahreswechsel. Sie kriegtens und druckten es sogar: eine Maria wie Mutter Courage, Landstörzerin vom Hellen Christlichen Haufen, und der ihr beigegebene Joseph gleichzeitig Bauernführer, Engel, Märtyrer, wie das gelegentlich auf alten Bildern vorkam, wenn die Maler nicht nur zu Gefallen ihrer Auftraggeber arbeiteten. Lumpen und Fransen und Feuerflackern, Waffen, Friedenspalme und Flügel, Mann und Frau, eins wies andere. Vom Bauernkrieg stand nichts unterm Bild, wie sollten denn da die Leute wissen, woher solche Figuren kamen? Ich dachte an meine alte Mutter und an die vielen Menschen die Don Quijote erreichen wollte und daß das nicht funktioniert. Sie schrieben Leserbriefe ans Sonntagsblatt: Ob das erlaubt sei, der Muttergottes so abscheuliche Füße zu machen. Daß man das Ehrwürdige verunstalte. Wochen später, im Januar, plötzlich, sagte Don Quijote: Mein Gott, was die um diese Zeit laufen mußten! Ich sah die Füße der Ratgeb-Figuren noch einmal an, auch fiel ein Blick auf die eigenen Füße. Don Quijote lachte. In dem Augenblick beschloß ich, etwas zu tun, das mir gegen den Strich ging (wann durfte ich je etwas anderes tun?) und das mir auch noch Don Quijotes Ungnade einzutragen im Stand war: ab und zu, wo ichs vermag, ein Bild von ihm zu erklären. Gott schütze mich. Also:
Ein reicher frommer alter Mann bat seinen Nachbarn Don Quijote um ein Reisealtärchen fürs Handgepäck; kostbar sollte es sein. Don Quijote sagte: Der wird sich wundern. An Ostern waren die meisten schon tot, die an Weihnachten aufbrachen. Er machte eine bettelnde Maria, das Kind unterm Arm könnte ein Laib Brot oder der Brotlaib ihr Kind sein. Zwei strenge Engel auf Seitenflügeln paßten auf, daß alles gut ging.

1975
Erster Feldzug:
Hamburg

In Oberschwaben hatte man sich besonnen, das »Literarische Forum« lud zur Feier der ZWÖLF ARTIKEL, jener vor 450 Jahren in Memmingen verfaßten Bittschrift der Allgäuer Bauern. Jetzt mach ich den Katholiken was, sagte Don Quijote, holte

Zu den Äckern
der Väter nach
Oberschwaben

Blost der Wed em Februar ens Horn, blost 'r em Sommer ens Korn

Spielen die Mücken im Februar, frieren Schaf und Bien das ganze Jahr

Mattheis bricht's Eis. Hat er kois, so macht er ois.

den Holzstock, druckte das Reisealtärchen des alten Mannes, der so gern Gold gehabt hätte, kostbar auf Goldgrund und ließ sich ins Allgäu fahren. Sieben Störche flogen am Himmel, hoch über Ulm, es war erster März, ich hab sie gesehen, ich hab sie gezählt, und dabei sind sie doch fast ausgestorben. Der Pforzheimer Ratgeb hing in Memmingen an der Stirnwand des Saals, das Feldaltärchen stand auf dem Tisch, durchs Haus zogen sich die Bauernhaufen, brennende Dörfer und Hinrichtungsstätten, Martin Walser grinste, als Don Quijote seine Rede begann: Ich bin ein Reisender in Bauernkrieg.

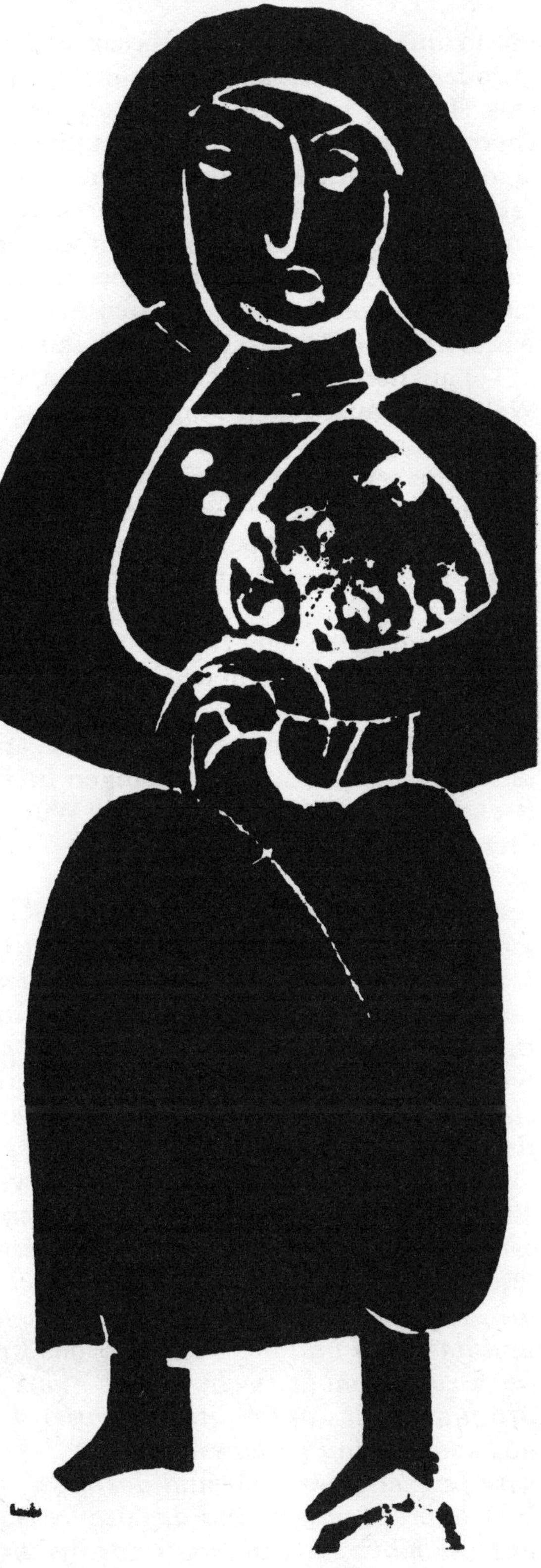

Cervantes

»Nun muß man wissen, daß besagter Edler in seinen müßigen Stunden (und das waren die meisten des Jahres) sich mit solcher Hingabe und Leidenschaft an die Lektüre von Ritterbüchern machte, daß er darüber fast gänzlich die Ausübung der Jagd, ja sogar die Verwaltung seines Vermögens vergaß, und seine ungereimte Begier ging hierin so weit, daß er viele Hufen Saatland verkaufte, um Ritterbücher anzuschaffen, die er lesen wollte, und auf diese Weise brachte er alle, deren er nur habhaft werden konnte, bei sich zusammen . . .
Als er nun mit seinem Verstande gänzlich am Ende war, verfiel er auf den seltsamsten Gedanken, den je ein Narr auf der Welt hätte aushecken können, nämlich daß er es für angemessen und notwendig hielt, sowohl zur Erhöhung seines Ansehens wie zum Nutzen seines Landes ein fahrender Ritter zu werden und gewappnet und zu Roß die ganze Welt zu durchstreifen, um Abenteuer zu suchen und all das auszuüben, was er von fahrenden Rittern gelesen, jedwedem Unrecht zu steuern und sich Vorfällen und Gefahren auszusetzen, durch deren Überwindung er sich einen Namen und unsterblichen Ruhm machen würde. Der Arme sah sich bereits für die Tapferkeit seines Armes zum mindesten mit der Krone von Trapezunt belohnt und begann nun, in diesen verlockenden Vorstellungen befangen und hingerissen von seiner seltsamen Leidenschaft, seine Wünsche in die Tat umzusetzen.«

Tagebuch

wenn don quijote telefoniert SOFORT KOMMEN reiße ich rosinante im kaltstart von der gartenpforte bergauf jeder tag eines monats könnte mit diesem morgen beginnen   jahreszeit licht geruch farbe wärme geräusche multipliziert mit auto   am besten sind aprilmorgen   und wenn old satchmo trompete bläst   wenn die trabantenstädte zurückbleiben   wenn die ebene grün wird   und flugzeuge aufsteigen und sich niedersenken   die linien am himmel und wenn es dröhnt   wenn es nach erde riecht trotz öl und benzin und frischem teer in den winterschlaglöchern   wenn die berge am horizont näherkommen   old satchmo lauter gedreht werden kann die erde glänzt fett und braun   ich steh auf dem gas und das grün und das blau und das braun nimmt immer noch zu   und es riecht und es glänzt und der motor brummt   das automatische entfernt sich   urprogramm aus sonne wind geschwindigkeit   old satchmos trompete flugzeuge wolken und das meer und die berge und blut und der rausch und das atavistische   ich bin auto   leben ist gut   gas gas bis die reifen seufzen in den weiten schwingenden kurven   gleichzeitig weiß ich so wie ich sehen riechen hören schmecken fühlen in diesem augenblick tausende an ihren steuerknüppeln lenkrädern -stangen auf pferden eseln kamelen in kutschen auf schiffen zu fuß satte hungrige leben ist gut

Von keinem Museum der Bundesrepublik war zu vernehmen, daß es eine Bauernkriegs-Ausstellung vorbereite, geschweige ein Ratgeb-Gedenken. Dann müssen wir eben tun was wir können, sagte Don Quijote. Er hörte einfach nicht auf zu hoffen, es gelänge, seinen Landesherrn zu einer öffentlichen Reaktion zu bewegen. Wo er doch aus dem Bundschuhland Baden stammt, sagte mein Herr, warum schweigt er so hartnäckig? Von seinem baltischen Kultusminister kann ich ja nicht gut etwas erwarten. O gewiß nicht, und schon gar nicht, wenn Don Quijote jede Gelegenheit wahrnahm, selber öffentlich darauf hinzuweisen, daß es gelte, das Gedächtnis an eine Revolution wachzuhalten, die leider die einzige sei, die Deutschland bis heute zustande gebracht hätte! Ja, er trieb es sogar noch schlimmer, bei unseren Aktionen sagte er, zwei deutsche Staaten, unmißverständlich für wer weiß wie lange getrennt, hätten da ein Jubiläum gemeinsam und wir verschliefen die Gelegenheit und überließen alles der Erbe-Rezeption des anderen Staates, der ebenfalls das Kennzeichen D auf seinem Banner in die Welt trüge. Nicht einmal eine Briefmarke sei uns der Bauernkrieg oder Jörg Ratgeb wert wie die Landshuter Fürstenhochzeit. Klar, daß sie uns dafür verprügelten. Was bei Cervantes die Wegelagerer, Knechte der reisenden Kaufleute und die Soldaten des Königs ausführten, geschieht heutzutage im Zeitungs-Feuilleton, was aber keinen Unterschied ausmacht, falls Sie da falsche Vorstellungen haben. Schürfwunden, Platzwunden, Prellungen, Blutergüsse und Rippenbrüche, die ich vor fünfhundert Jahren bei meinem Herrn Don Quijote pflegen mußte (von den meinen ganz zu schweigen), waren um keinen Deut gefährlicher, als jetzt, wo sie sich in der Seele abspielen (auch wenn der Begriff Seele aus dem Vokabular meines Herrn nach und nach verschwunden ist). Ein makabrer Trost war es, daß diese und jene Zeitung den direkten Nachkommen des Truchseß von Waldburg und ähnlicher Herren von anno damals gehörte, die unverändert die Macht ausübten, was Grund und Boden und anderes betraf, bloß verdeckter, versteckter. Das kommt von der Fürstenabfindung, sagte Don Quijote. Als er mein blödes Gesicht sah, sagte er: Nach dem Ersten Weltkrieg. Vom Zweiten reden wir schon gar nicht mehr. Bis zum letzten Itzenplitz haben wir sie abgefunden mit unsrer Hände Arbeit.

Don Quijote bei Cervantes

»Ich behaupte auch, daß, wenn ein Maler in seiner Kunst berühmt werden will, er sich bemüht, die Originale der vorzüglichsten Maler, die er kennt, nachzuahmen, und das gleiche gilt für alle wichtigen Ämter und Berufe, die einem Staat zur Zierde dienen, und so muß es auch der halten, der wegen seiner Klugheit und Dulderkraft berühmt werden will, er muß Ulysses nachahmen, in dessen Person und Leiden Homer uns ein lebendiges Beispiel von Klugheit und Geduld vor Augen stellt, wie auch Virgil uns in der Person des Aeneas das Muster eines guten Sohnes und den Scharfsinn eines tapferen und umsichtigen Heerführers zeigt, wobei sie sie uns schildern und beschreiben, nicht wie sie wirklich waren, sondern wie sie gewesen sein sollten, um den Nachkommenden ein Musterbild ihrer Tugenden darzustellen.«

Tagebuch

ich bin es leid ununterbrochen heiß kalt heiß übergossen zu werden   eingesperrt in transformatorenhäuschen   drachensteigen zu lassen zwischen hochspannungsmasten und überlandleitungen   morgen für morgen die augen zu öffnen weil don quijote die luft rausläßt aus der matratze auf der ich in schlaf fiel in einer seiner lumpigen hütten oder im grandhotel zur hähnekrähzeit   bis ich sie gegen mitternacht wieder aufpumpen darf und umfallen   die verdammten rückenschmerzen   heute bezweifelte der arzt meine größenangabe   maß nach 4 cm geschrumpft   scheißleben mit so einer wirbelsäule   und dem ewigen hunger
was stimmt da nicht wenn man nicht weiß ist man frei oder ausgebeutet für die freiheit   solang ich liebe kann ich dienen   ist alles in ordnung bin ich bereit eine niere ein auge blut herzugeben für meinen herrn   sobald das nachläßt schäme ich mich daß es nachläßt   empfinde ausbeutung   frage mich woher das kommt   ob die schraube angedreht wurde oder bloß meine liebe erkaltet   je mehr ich darunter leide desto verdächtiger bin ich mir selbst

Zu den Urenkeln der Väter nach Dresden

Daß mich ab und zu eine Wut packen darf, steht in meinem Vertrag. (Auch bei Cervantes gab es schon wunderbar logische Wutableiter aus dem Munde meines Herrn) Nichts jedoch gibt es, das mich mehr plagt, als eine bestimmte Art Ohnmächtigkeit, also trachtete ich danach, einmal wieder über den Kopf Don Quijotes hinweg zu handeln. Ich belud Rosinante mit dem schwarzfigurigen Ratgeb, vier Pferden, Mélac und Weltkrieg-II-Soldat, aus deren Helmen die Flammen schlagen, fuhr durch die Stadt, in der sie uns drei Wochen vorher verprügelt hatten (inzwischen verlieh sie mir einen Orden zum Gedächtnis eines Helden, der so wenig ein Held war wie ich), über die Leipziger Messe nach Dresden. Dort bereiteten sie eine große internationale Ausstellung vor: DER BAUER UND SEINE BEFREIUNG. Der Viergeteilte gehört dazu, hatte ich beschlossen. Punktum. Wenn Sie jetzt fragen: einfach so? kann ich nur antworten: ja, so einfach, wie es immer ist, übern Bodensee zu reiten. Dünn das Eis, überladen das Auto, Reiter fast tot, doch im Dresdener Albertinum hängt jetzt ein Jörg-Ratgeb-Triptychon. Und für immer, auch wenn es hier fehlt. Auf der Leipziger Frühjahrsmesse zwischen Don Quijotes Bauernhaufen: LANDSMANN MÄRTYRER BITT FÜR MICH. Mit meinen Augen hab ichs gesehn, auch wenn es keiner sehen wollte von den flinken Reportern der Bundesrepublik.

Als ich wieder nach Avalon kam (über Lippe-Detmold, Brüssel, Aachen, nur selten kann ich meinen Weg nach der Bequemlichkeit aussuchen) fing es allenthalben zu blühen an, doch vor der Haustür lag meterhoch Schnee und ich hatte vierzig Grad Fieber.

Tagebuch

jeder tag eines monats könnte mit diesem morgen beginnen fahr doch idiot   na los du sollst fahren   platz machen   fahren   *ist das die möglichkeit   der hockt am steuer als hätte er nie in einen rückspiegel gesehn*
gleich kommt gelb   ich will vorher
durch   fahr oder ich fahr dir in deinen arsch   mensch das seh ich ja schon von hinten was da drin hockt   eine zigarre   sogar mit kopfstütze seh ich das noch   und dann im rückspiegel erst die fresse   noch eine ampel   barmherziger   so eine karre und kann nicht fahren   frei   jetzt aber raus   und ab   vierspurig   frei   und links   und links   was man will was man kann was das auto hergibt   rausholen   straße wunderbare   herrliche   hab ich dich   hast du mich wieder   für unser spiel   jahrhundertspiel   wagenrennen   faustkampf   stierkampf   löwen   gladiatoren   lust   angst   als kind über jahre   was menschen menschen antun   ben hur   quo vadis   und rein und drauf und drunter und drüber   ein kampf um rom   das war eh man fernsah   das kapiert doch heut keiner mehr was das war   die kriegen das doch abend für abend frei haus fix und fertig zwischen manhattan

und kindercomic hier bin ich selber gladiator testpilot aber ich muß nicht gehorchen spiel ohne schiedsrichter ohne publikum gegen die regeln 100 110 ein auge vorn eines links eins rechts eins im rückspiegel und jetzt alexis sorbas tanz wird mir glück bringen 130 die genüsse der präzisesten augenblicke 140 nie gab es ein spiel bei dem die menschen mieser verreckten chance in prozenten nicht viel geringer als im weltall verglühn der gelbe er ist stärker rechts rein eh er blitzt ich hab immer noch 140 hundert sind bloß zugelassen bremsen vorsichtig nun mach schon ich muß doch wieder raus bei dem tempo diese idiotischen zehntelsekunden zwischen lust rausch tod war doch immer so die finten der anderen beherrschen um ihnen zu entgehn ihre verstöße ahnen bevor sie begangen sind ihren herausforderungen widerstehn um gleich darauf selber herauszufordern blödes gedankengeziefer ich kotze wenn ein schmetterling gegen die windschutzscheibe knallt und gott? wenn ich aus meinem auto jetzt jetzt jetzt auf den beton klatsche sorry herr mercedes sie müssen schon warten bis ich vorbei bin ich weiß ich bin klein aber sie schaffen das nicht mit dem stern wie die glotzen die meinen ich hätte den motor frisiert fahren *muß man können meine herren das ist alles die brücke seitenwind linkskurve flattert aus ende*

lieber gott ichwillesniewiedertun dasreichtfürmindestenseinjahr sowieso ende der überholspur 70 50 30 na also dorfschneckenspur handgemenge landstraße löcher buckel apfelbäume kurve an kurve bergauf bergab da überschaubar die ganze scheiße 2 tanker ein langholz ein bagger ein bus dazwischen je ein paar kleine größere langsame schnelle feierabend erster gang gleich werden wir stehenbleiben am brunnen vor dem tore deutschlandfunk männerchor wie passend und was da vorn aus dem auspuff kommt wie kann man bloß angst vorm fliegen haben wenn man sich so im auto benimmt

Avalon In Don Quijotes Werkstatt trockneten neue Holzschnitte: Bauern, Äxte, Spieße, Morgensterne, das Schlachtfest, wieder auf Goldgrund, wie Altarbilder, über den Zerstückelten schlägt aus einer kreisenden Sense eine Krone aus. Schön, sagte ich. Gut, sagte ich. Aber wofür? Nichts verabscheute Don Quijote mehr als diese Frage. Anscheinend warst du mal wieder zu lange dir selbst und der Straße überlassen, sagte er. Wie oft muß ich eigentlich sagen, daß Kunst keinem Zweck zu dienen hat! Ich habs gemacht und damit basta. Für mich. Für nichts. Für niemand. – Meinst du ich laß unser Land allein? Die Leipziger Mappe kriegt ein Geschwister. Was du siehst, ist der nächste ENGEL. Setz dich hin und schreib Gedichte.

Natürlich muß ich jetzt zuerst erklären, was ein ENGEL ist. Der ENGEL ist Don Quijotes Zeitschrift. Die Zeitschrift heißt ENGEL DER GESCHICHTE. Einundzwanzig gibt es davon. Einer ist dreifach. Ein paar sind doppelt. Einige sind ganz winzig. Und damit Sie dem ENGEL nicht von vornherein ein paar Federn ausreißen, sage ich lieber gleich, daß der Name nicht Don Quijotes Erfindung ist, sondern von Walter Benjamin stammt:
Es gibt ein Bild von Klee, das Angelus Novus heißt. Ein Engel ist darauf dargestellt, der aussieht, als wäre er im Begriff, sich von etwas zu entfernen, worauf er starrt. Seine Augen sind aufgerissen, sein Mund steht offen, und seine Flügel sind ausgespannt. Der Engel der Geschichte muß so aussehen. Er hat das Antlitz der Vergangenheit zugewendet. Wo eine Kette von Begebenheiten vor uns erscheint, da sieht er eine einzige Katastrophe, die unablässig Trümmer auf Trümmer häuft und sie ihm vor die Füße schleudert. Er möchte wohl verweilen, die Toten wecken und das Zerschlagene zusammenfügen. Aber ein Sturm weht vom Paradiese her, der sich in seinen Flügeln verfangen hat und so stark ist, daß der Engel sie nicht mehr schließen kann. Dieser Sturm treibt ihn unaufhaltsam in die Zukunft, der er den Rücken kehrt, während der Trümmerhaufen vor ihm zum Himmel wächst. Das, was wir den Fortschritt nennen, ist dieser Sturm.
Jeder ENGEL DER GESCHICHTE trug bisher dieses Benjamin-Motto. Jeder Engel war eine Aktion. Jeder hatte eine Aufgabe. Den ersten Engel machte Don Quijote nach dem Attentat auf eine Kölner Volksschule. Erinnern Sie sich? Ein Verrückter hatte einen Flammenwerfer gebaut. Zwei Lehrerinnen verbrannten, als sie sich vor die Kinder warfen. Die Öffentlichkeit nahm das kaum zur Kenntnis, weil es nicht in unser Image paßte; Flammenwerfer, das war vorbei, so etwas konnte es doch nicht geben in der Bundesrepublik. Seinen ersten Engel widmete Don Quijote diesen Lehrerinnen. Und den Kindern, mit denen so viel Unsinn im Malunterricht ge-

trieben wurde. Das Geleit für den ersten Engel schrieb Heinrich Böll:

Wenn ich Sie recht verstehe, rufen Sie alle Engel zu Hilfe, um die Kinder vor der Fertig-Kunst, der Kunst-Fertigkeit zu bewahren. Gelenkte Naivität, geplante Einfallslosigkeit, dirigierte Kindlichkeit – nur keine Phantasie, kein Risiko. Mich wundert's, daß man sich noch nicht darüber zu beschweren beginnt, wenn Kinder immer noch schreiend, reinigungs- wie pflegebedürftig zur Welt kommen, nicht gleich im Mutterkuchen Reifezeugnis, Versicherungspolice und den katasteramtlich bescheinigten Anspruch auf die letzte Baustelle mitbringen: das Reihengrab. Perfekte Menschen, perfekte Kunst. Mögen die Engel, die Sie rufen, den Kindern beistehen, wie die beiden Frauen, denen Sie das Buch widmen wollen. Aufs Unvorhergesehene gefaßt sein, das Unerwartete erwarten.

Später meinte Don Quijote, eine Sühnekirche für Auschwitz müßte die riesige Inschrift des Mahnmals von Chelmno aus der Welt schaffen. Doch für den Engel der Geschichte war das zu schwer:

»Man nahm uns vom Greis bis zum Säugling zwischen der Stadt Kole und Dabie. Man nahm uns in einen Wald. Dort hat man uns vergast, erschossen und verbrannt . . . Und nun bitten wir unsere zukünftigen Brüder unsere Mörder zu bestrafen. Die Zeugen unserer Qualen, welche in dieser Gegend wohnen, bitten wir noch einmal um Bekundung dieses Mordes in der ganzen Welt . . .«

Der Spruch blieb stehen. Die Kirche wurde nicht gebaut.

Anstatt für Auschwitz brachte der ENGEL DER GESCHICHTE Geld für das »Totenbuch von Neuengamme«.

Neuengamme war ein KZ in der Nähe von Hamburg. Einer der Überlebenden hat Namen und Nummern gesammelt. Elf Jahre lang. Über fünfzigtausend. In Schulheften waren sie verwahrt. Ermordete aus den Ländern Europas. Das vorhandene Geld war aufgebracht. Polen hatte Hilfe angeboten für den Druck. Das alles hat mir mein Herr erzählt, als ich in seinen Dienst trat. Er hat auch gemeint, es sei Sache Deutschlands, dieses Buch zu drucken. Es gehöre auf die Standesämter der betroffenen Völker. Die nach uns kommen, sollen nicht sagen können: es war alles nicht so schlimm, man nahm es damals mit den Zahlen nicht so genau. Im Engel stand eine Probeseite für den Satz des »Totenbuches von Neuengamme«. Der Engel brachte über zwanzigtausend Mark. Dann ging Don Quijote noch zum Bundespräsidenten.

Mit ein paar hundert fing der Engel an. Heute sind es dreitausend. Aus den Schubladen der Kunsthändler wollte Don Quijote auf den Ladentisch aller Buchhandlungen: Amnestyengel, Presseengel, Studentenengel, Engel die Vorfahrt haben für die Rechtlosen, die Verachteten, Minderheiten, Landschaften, Walfische, Menschen. Don Quijotes Vorstellung von Verlegern, Vertretern, Buchhändlern ist revisionsbedürftig.

also ich denk ich werd verrückt ho ho ho tschi min don quijote was fällt dir ein bei den radionachrichten im schwimmbad das wird eine maifeier sein in vietnam wenns keine terroristen gäbe könnten die studenten wieder durch die straßen laufen und ho ho ho schreien es ist wie damals mai und jetzt haben sie die hauptstadt nach ihm genannt die von einst dürfen heut nichts mehr sich nicht äußern sich nicht freuen sind ja auch alt haben ämter und frauen und wieder kinder in denen ists dumpf da gibts nichts zum schreien die deutschen haben ja auch mehr als genug in diesem jahrhundert geschrien jetzt beklagen sie sich daß der maikäfer ausstirbt titelblatt sieh dir das an sancho pansa während die welt nach vietnam blickt auch wir hatten mal eine presse ob sie in frankreich den vietcong feiern in italien und wo noch aber das zeigt man uns nicht im fernsehn

Tagebuch 1. Mai

Wann es den ersten May ein Reiffen hat oder sonst kalt ist / so geräth dasselbe Jahr die Frucht nicht wohl

Maidonner bringt große Winde

Sankt Urban gibt den Rest
wenn Servatius was übrigläßt

Der Mai ist des Winters Schwanz

Aus Don Quijotes Papierkorb (was Sancho Pansa nicht lesen soll)

... Trümmerhaufen türmt sich dem aufwärts schwebenden Engal nach. Im Gegensatz zu Benjamins früheren Interpretationen fliegt der Engel nicht, sondern wird gegen seinen Willen hochgeweht wie ein Papierdrachen. Er ist dem Sturmwind ebenso ausgesetzt wie die Welt, auf deren Zerstörung er blickt. Aber er wird dabei nicht selbst zerstört.

Die Entwürfe zur neunten These zeigen, wie Benjamin die Figur des ›*Angelus Novus*‹ mit der romantischen Idee des Historikers als rückwärtsgewandter Prophet identifizierte ...

> »Das Wort, der Historiker sei ein rückwärts gewandter Prophet kann [so] verstanden werden [:] [...] ... der Historiker wendet der eignen Zeit den Rücken, und sein Seherblick entzündet sich an den immer tiefer ins Vergangene hinschwindenden Gipfeln der früheren Menschenge-

schlechter. Dieser Seherblick eben ist es, dem die eigene Zeit weit deutlicher gegenwärtig ist als den Zeitgenossen, die ›mit ihr Schritt halten‹.«

»Der Seherblick entzündet sich an der rapid sich entfernenden Vergangenheit. Das heißt der Seher ist der Zukunft abgewandt: ihre Gestalt erschaut er im Abendgrauen der in der Nacht der Zeiten vor ihm hinschwindenden Vergangenheit. Dieses seherische Verhältnis zur Zukunft gehört obligat zu der von Marx bestimmten Haltung des durch die aktuale gesellschaftliche Lage determinierten Historikers.«

Eine historische Erfahrung der Vergangenheit, die aufklären soll, wie Gegenwart zustande kam, ist von der Gegenwart bedingt. Das Bewußtsein dynamischer historischer Tendenzen in dieser Gegenwart kann nur ein historisches sein. Es kann nicht über die Gegenwart hinaus in die Zukunft reichen, obwohl jede Tendenz ihrem Begriff nach auf Zukunft zielt. Diesen Widerspruch veranschaulicht der Engel, der von der Gegenwart aus in die Vergangenheit zurückblickt und in die Zukunft getrieben wird, ohne sie zu sehen. Wie in Benjamins früheren Adaptationen ist der Engel also auch hier eine Allegorie des mit der Geschichte befaßten Schriftstellers. Er bedeutet nicht, wie vielfach behauptet wurde, irgendeine religiöse Wesenheit, sondern menschliche Subjektivität. Aber die Determination des Schriftstellers durch den gegenwärtigen Augenblick wird nicht mehr, wie in jenen früheren Texten, mit der ephemeren Existenz der talmudischen Engel verglichen, die mit dem Augenblick vergehen, für den sie bestimmt sind. Der Engel ist wohl machtlos, passiv, getrieben, aber auch ewig, unvergänglich. Die rettende Antithese, die er verkörpert, verwirklicht sich zwar nicht im Geschichtsverlauf, wird aber auch nicht von ihm widerlegt. Es ist die marxistische Idee einer Revolution, die den bisherigen Geschichtsverlauf als solchen außer Kurs setzt, weil in ihr die Menschen ihre Geschichte bestimmen sollen, statt ihr unterworfen zu sein.

O.K.Werckmeister

Zur Himmelfahrt – noch hatten sie die Hoffnung nicht aufgegeben vor 450 Jahren – lud das Evangelische Bauernwerk des Tauber- und Maingebiets nach Weikersheim ein, um vor Partei- und Regierungsvertretern ZWÖLF NEUE ARTIKEL VON BAUERN IN SCHWABEN zu diskutieren. Vor Tau und Tag brachen wir auf, Rosinante hatte wie üblich zu schleppen, und als sich die Männer und Frauen versammelten, nach dem Kirchgang, an die Tausend, in der Festhalle, wehten dort schon kreuz und quer wie frische Wäsche Bilder aus vierzig Lebensjahren an Holzklammern auf Nylonleinen: Äcker, Bäume, Tiere, Menschen, Pflügende, Säende, Eggende, Hungernde, Frierende, Schwitzende, Satte, Tanzende, während und zwischen den Kriegen dieses Jahrhunderts von Don Quijote ins Holz geschnitten. Auf dem Podium, beim Tisch, an dem die Herren sitzen sollten, sah's gewalttätig aus, seinen letzten schwarzen Ratgeb hatte Don Quijote um die Tischbeine geschlungen und mit Reißnägeln festgemacht. Bilder und Diskussionen gingen eine abenteuerliche Vermischung ein: EWG und Club of Rome, Umweltzerstörung, Ballungsgebiete, Dörfer, in denen niemand mehr da ist, der eine Wiese mäht.

Zu den Äckern der Väter nach Weikersheim

Ansprache von Don Quijote am 8. 5. 1975 in Weikersheim

Alle sprechen von unserm Land, meinen aber unsern Staat. Das schafft Verwirrung, wo ein Jubiläum, 450 Jahre Aufstand und Niederlage der Bauern erinnert werden soll. Geographisch sind die geschichtlichen Orte unverrückbar! Mir sind sie sogar Heimat. Die Bauern im großen Bauernkrieg zogen von Rot an der Rot, wo ich geboren bin, mit dem Baltringer Haufen durch Oberschwaben. Andere lagerten im Strohgäu. Der Großvater kam von dort. Seit es Kirchenbücher gibt, sind Bauern meine Vorfahren. Auch die Ahnen der Mutter waren Bauern. Sie lebten im fränkischen Schwaben. Seit einem halben Jahrhundert bin ich zuhause in der Gegend des Bauernlagers vom Hellen Christlichen Haufen.
Ich bin Holzschneider geworden und liebe die frühen Einblattdrucke. Die meist des Lesens unkundigen Bauern bezogen ihre Information aus solchen Drucken vom Holzstock. Bevor man sie im ganzen schwäbisch-fränkischen Gebiet zu Haufen erschlagen hat, müssen unsere Bauern ein volles Leben geführt haben. Ein Holzschnitt von 1520, der den Überfall eines Ritters auf einen Bauernhof zeigt, hat auf dem Dach des Bauern und in der Linde sechs Pfauenpaare! Die Kunstge-

schichte nennt unsere großen Meister, Maler und Bildhauer, die mit den Bauern waren. Die Kunst brachte das größte Opfer, die Künstler wurden gevierteilt, gepfählt, geblendet und mit den Bauern erschlagen. Auch die Faschisten in unserer neueren Geschichte sind mit den Künstlern unsanft umgefahren. Manche wurden sterilisiert, viele verbannt. Aber mit dem Unterschied, den schon Paul Klee beklagt: »Uns trägt kein Volk.«
Der Bauernkrieg war die letzte feststellbare Eruption von dem, was vor 450 Jahren als Volk begriffen werden konnte. Seither hat sich, was darunter einmal verstanden worden ist, aufgelöst in Kämpfe, die eindeutiger bestimmt werden müssen. Seit der Unterdrückung der großen Utopie gibt es auch nicht wieder den, den Bloch nennt: »Dies alles traf auf einen, der im Dunklen, Geraunten, Kommenden ringsum nichts hörte, als was in ihm selber sang.«
Ach, könnte doch der Engel die notwendige Schneise schlagen, durch welches Gestrüpp durch welchen Dschungel auch immer, wie seine Freunde wünschen. Oder bleibt es dabei, was mir ein bekannter Nachfahr der schwäbischen Ritter, Jagdflieger »der wilden Sau«, in der Stunde Null anvertraut hat: »Wir sind wir, was kümmert uns das Volk!«

Am Abend halfen viele Hände, die Bilder von den Leinen zu nehmen und wieder in Rosinantes Bauch zu packen. Auf der Heimfahrt sagte Don Quijote: Daß der Bauer aus Wolfenbüttel, Vorsitzender des Landvolkdienstes der Männerarbeit der EKiD, darum bat, die Kirche möge ihr Verhältnis zu Thomas Müntzer überprüfen, war für mich das Ereignis des Tages. Am nächsten Morgen fehlte Jörg Ratgeb. Sancho Pansa hatte ihn vergessen. Am Telefon war nur der Pfarrer zu erreichen, der sofort zur Festhalle rannte. Dann rief er zurück: »Die große Rolle mit einem Bild stand schon an der Straße für die Müllabfuhr.«

Avalon

Wie so einer lebt? Die Burg seiner Väter hatte Don Quijote aufgegeben. Nur ein ganz kleines Stück Mauer war übriggeblieben. Ganz oben, auf der Kuppe, über dem südöstlichen Felsgrat. In halber Höhe, von unten aus hoch, von oben herab tief, an einer muldigen Stelle im Schutz der Bergflanke hauste er in einer einst armseligen Hütte, bis durch mancherlei Umbauten und Anbauten ein wohnlich verstreutes Ineinander und Auseinander von Arbeitsräumen entstanden war, vorrangig streng zweckgebunden und danach zum Leben erst,

was der Arbeit bekam und das Leben beschwerte. Es war ein einzigartiger Vorberg, der aus dem Tal aufstieg, nach Bedarf sanft und steil, im obersten Drittel mit Bäumen und Büschen bestanden, unten einige Äcker und Obst, Wein wäre gerade noch möglich gewesen, Don Quijotes Boden begann, wo Esel schrien und Schafe weideten, wo die Steppenblumen anfingen und die Silberdisteln, im Sommer heftig grün, winters im braunen grauen Geflecht der dürren Heide und Baumstrukturen und das Ganze manchmal von einem Blau umgeben, von einem Blau sich abhebend, daß einem schwindelte vor Herrlichkeit. Kelten und Römer hatten hier schon ihre Plätze.

Für die Äcker der Enkel nach Hohenheim

Im Zeichen des Bundschuhs feierten die Studenten und Dozenten der Landwirtschaftlichen Universität eine Woche lang das Gedenken des Bauernkriegs. Direkt von der Müllabfuhr brachte der Pfarrer von Weikersheim den Ratgeb ins Schloß: Marmor, vergoldeter Stuck, Seide, Samt, einst wie jetzt, was gestern noch auf Leinen flatterte ohne Aufhebens, war heute hoch versichert und bewacht. Don Quijote sagte zu den schön geschmückten Damen und Herren bei der Eröffnung:
» . . . Was uns bedrängt ist die Anonymität, der wir gegenüberstehen – nur daß wir die Solidarität der Bauern vor 450 Jahren nicht haben, die wir brauchten, um gegen diese Anonymität aufzustehen . . .« Wie die Flammen von den Seitenflügeln des Triptychons gegen die herrschaftlichen Kronleuchter von Herzog Karl Eugens Residenz schlugen, gefiel mir. Hier wenigstens war Don Quijotes Vorarbeit auf fruchtbaren Boden gefallen. Es sah so aus, als würde was wachsen. Wir bauen eine Thomas-Müntzer-Scheuer als Kommunikationszentrum, sagten die Studenten zu Don Quijote, kommen Sie bitte mit Ihren Bildern nächstes Jahr zur Einweihung!
Don Quijote ahnte nicht, was sein wir werden sehen auslöste; Hauptsache es gab eine Zukunft, jede Nacht ist ein Tag verloren.

Avalon

Gegenüber erhob sich das Mittelgebirge, südwärts, dieses vor allen Gebirgen sich auszeichnende Gebirge unserer Heimat, nirgends chaotisch und gipfelanmeldend, sondern in sanften Stufen sich steigernde Körper großer liegender Tiere, Don Quijote malte und schnitt sie unablässig ins Holz, schön gegliedert, Schultern und Rücken und Flanken und Köpfe, lange Stücke von Hochflächen, winters, während es unten noch grün war, schon weiß und es zog und sog in die Ferne von der

man wußte, daß dahinter nichts käme was den Augenblick übertrifft: gleichzeitig vollendete Lockung und das Beharren der Jahrhunderttausende mit ihren Eiszeitgesichtern.
Im Tal die Fabrikanten von denen man weiß daß sie Stacheldraht, Waffen und Gifte in alle Erdteile schicken und jederzeit ankommen können innerhalb eines Tages an jedem Punkt der Welt. Pfeffersäcke nannte sie Don Quijote, sie uns Lumpengesindel, was sie jedoch nicht daran hinderte, von Zeit zu Zeit meinen Herrn zu ehren und zu preisen als einen Teil ihres aufgegebenen Gewissens. Weit hinauf reichte das Häusergewimmel und die Betonfinger und Phallen der großen Herren und kleinen Umtreiber, nur in der Höhe von Don Quijote sah man das Unveränderbare angesichts der wenigen Macht, die der Natur geblieben war, wo sie sich nicht rentiert. Wenigstens nicht mehr in diesem Jahrtausend.

Don Quijote vor 500 Jahren

»... Wenn ich dies erwäge, muß ich bekennen, daß es mich in der Seele schmerzt, meinen Beruf als fahrender Ritter in einem so abscheulichen Zeitalter wie unserem gegenwärtigen ergriffen zu haben; denn ob mich gleich keine Gefahr erschreckt, so erregt mir doch immer der Gedanke Verdruß, daß Pulver und Blei mir die Gelegenheit nehmen könnten, mich durch die Gewalt meines Armes und die Schärfe meines Schwertes auf der ganzen entdeckten Erde bekannt und berühmt zu machen. Doch tue der Himmel, was ihm beliebt: ich werde, wenn ich mein Vorhaben durchführe, desto größere Ehre finden, je größeren Gefahren ich mich ausgesetzt habe als die fahrenden Ritter der vergangenen Jahrhunderte.«

Längst hätte der BAUERNKRIEGS-ENGEL DER GESCHICHTE (Nr. 22) in der Druckerei sein müssen mit Don Quijotes Rede von Weikersheim als Vorwort. Eine fast lebensgroße keltische Kriegerstatue, die man unlängst in dem Dorf seiner Vorfahren gefunden hatte, sollte den Engel eröffnen. Bloß ich wollte keine Gedichte machen. Ein Redakteur vom Südwestfunk hatte mir da was ins Ohr geblasen: Wyhl! die Bauern vom Kaiserstuhl im Kampf gegen die Kernkraftwerke! Das wär ein Bogen, das würde die Brücke: 1525/1975 dran dran dran! Don Quijote erhob Einspruch: Bürgerinitiativen sind kein Bauernaufstand. Der Bauernkrieg war keine Bürgerinitiative. Man soll sich der vorhandenen Mittel einer parlamentarischen Demokratie bedienen. Man soll sie erst bis zum Grund ausloten, bevor man neue Mittel sucht. Man soll mit den Abgeordneten

sprechen. Ich stritt mit ihm, schließlich war er es gewesen, der übersetzte, was mit Kernkraftwerken zu tun hatte. Er hatte mich aufmerksam gemacht, wie verschieden die Länder berichteten, daß die Zweifel im Ausland wuchsen und bloß bei uns wieder einmal ausschließlich der Zweck die Mittel zu heiligen im Begriff war. Mach ein Gedicht oder zwei oder drei über die sterbenden Flüsse, das kannst du und laß die Finger von Megawatt, Biosphäre, Ökologie, damit du sie nicht verbrennst, sagte Don Quijote. Ich weiß nicht, welcher Teufel mich ritt, längst hatte ich viele hundert Zitate abgetippt und zerschnitten, da lagen sie, überall auf den Tischen, Stühlen, Betten, zuletzt auf dem Fußboden, Streifen an Streifen, bedeckten alles und kein Windstoß durfte ins Zimmer. Woche um Woche wählte ich, prüfte und verwarf sie: Zeugen von damals, Zeugen von heute, armselige, tapfere, törichte Streifen, Angst- und Mutmachende, überlegene, warnende, verführende Streifen, unterdrückte, habgierige, leidende, Streifen voll Aberwitz, Brutalität und Besessenheit; EWG, Landleben im Allgäu, im Kaiserstuhl, zwischen Elbe und Main und Bodensee, sterbende Heimaten landauf landab, stoppt KKWs und was ihnen folgt, die sieben Siegel, die sieben Plagen, das dreifache Wehe, chemische und Schwerindustrie, Dürre und Hungersnot und Seuchen, daß sich die Truppenübungsplätze immer tiefer ins Land hineinfressen und Manöverschäden ein Dreck sind, Streifen mit Antworten von Militärs, Lobbyisten-, Behördenkommentare und was ein Volksvertreter verspricht am Ende von Legislaturperioden.
Die Austauschbarkeit der Zitate machte mich fast verrückt, Tag für Tag kamen neue, bessere, schlimmere dazu. Don Quijote verhöhnte mich: Kannst mal wieder den Wanst nicht vollkriegen; alles auf einmal, alles gleichzeitig, Sancho Pansa als Jongleur, anstatt Reifen, Messer, Bälle, die sowieso meistens runterfliegen, wirft man Rindfleisch-, Butterberge, Zuckerengpässe in die Luft, Apfelschwemmen, Lastwagen voll Blumenkohl, mit Benzin übergossen, gleichzeitig Feuer spuckend, verschluckend und steht dabei noch auf Stelzen. O wie ich mich selbst verfluchte, bloß noch auf ein Wunder hoffend, das mich erlöse von dieser Zettelwirtschaft. Von einem Sieg war keine Rede mehr, aber wenigstens sollten die traurigen Zettel die triumphierenden in Frage stellen. In der FAZ fand ich »Das Prinzip Collage in der Kunst«, hurra, die Legitimation, aber was halfs, ich wußte ja längst, was Don Quijote davon hielt. Ruf den Walser an befahl er. Vielleicht hat der was besseres als ein paar hundert geklebte Zettel aus anderer Leute Mund. Im Allgäu damals bat ich ihn mitzumachen. Walser jedoch, aus England zurück, hatte den Kopf voller

Midlifecrisis und war *jenseits der Liebe*. Wenn ich dich recht versteh, sagte er, willst du provozieren. Das genau schafft deine Collage. Laß sie so dick. Sie ist in Ordnung. Sie stimmt ja in allen ihren Teilen. Den Vorwurf der Geschichtsklitterung wirst du überstehn. Don Quijote gab nach. Aber er wäre nicht Don Quijote, wenn er nicht ein neues Vorwort geschrieben hätte. Den ENGEL muß ich allein verantworten. Das laß ich mir von niemand abnehmen. In diesem Augenblick trat Don Quijote in ein Verhältnis zu Bürgerinitiativen.

Vorwort ENGEL DER GESCHICHTE Folge 22 Deutscher Bauernkrieg 450 Jahre

Wo man gerne von »unserem Land« spricht, wenn man unseren Staat meint, wo man lieber auf die Regierung hört, als auf den Staat achtet, da sieht man auch nicht gerne dem Volk aufs Maul. Zum 450. JAHRESTAG DES DEUTSCHEN BAUERNKRIEGES, zu dem wir hier die Orte haben, von denen man drüben spricht, ist uns nicht viel eingefallen. Die politisch bestimmenden Kräfte in Baden-Württemberg und die dazugehörende Publizistik wollten sich vielleicht nicht daran erinnern lassen, wie das Volk nach Lösungen für seine Probleme suchen kann, ohne viel auf die Obrigkeit zu geben. Dem Feuilleton genügte der Theorien- und Methoden-Pluralismus der Geschichtswissenschaft. Für das subjektive Empfinden, den eigenen Standort in der Gegenwart, für den Dichter, blieb wenig Raum. Glücklich, wer dennoch heute sein Selbstverständnis findet, auf ein vergleichbares Verhaltensmuster von der Basis her trifft: Bürgerinitiativen. Auch wenn historisch nicht adäquate Vorgänge und Zitate einmal anstelle der Gedichte hier stehen, so ist mit dem Ineinanderverweben von vielerlei Fäden hoffentlich ein herzhaftes Ärgernis geschaffen. Mansholt und Regierungsvertreter sind nicht mit den Territorialfürsten gleichzusetzen, aber die anonymen Gewalten sind geblieben. Die Vorgänge im Elsaß entsprechen nicht dem Bundschuh. Wyhl ist keine reine Bauernsache. Aber das war der Bauernkrieg auch nicht. Der ENGEL DER GESCHICHTE hat von Anfang an initiativ gehandelt. Vollgestopft in die Ohren seiner Freunde soll mit der Fülle der Zitate an die praktische Betätigung des Menschen erinnert werden.

Zweiter Teil des Vorworts: Siehe ANSPRACHE am 8. 5. in Weikersheim. Dann machte Don Quijote, weil Sancho Pansa nicht wollte, selbst drei Gedichte.

Die Bauern
Leberecht
Brüderle
Hühnlein und
Gotthelf
haben
den Güllewagen
und Mistbreiter
gemeinsam
aber
das Vieh
wollen sie nicht
zusammentun
kommunistisch
wäre
das

Auch
nach 450 Jahren
sucht
der Bauer
eine
Außenwelt
für seine
Innenwelt
wie soll
einen
Gemeinschafts-
Hof
bewirtschaften
der in die
Zwergschule
ging

Es ist
nichts
aus
dem
Gemeinschafts-
Hof
geworden
weil
der
Großbauer
sich
geweigert
hat
zu
solidarisieren

»... der ich doch dein Herr und natürlicher Gebieter bin; daß du aus meiner Schüssel issest und trinkest, woraus ich trinke. Denn von der Fahrenden Ritterschaft kann man das nämliche sagen, was von der Liebe gesagt wird: daß sie alle Dinge gleichmacht.« Cervantes

»Vielen Dank!« sagte Sancho, »aber ich kann Euer Gnaden versichern, daß, wenn ich etwas Gutes zu essen habe, es mir im Stehen und für mich allein ebensogut und besser schmeckt, als wenn ich neben einen Kaiser gesetzt würde. Und, die Wahrheit zu sagen, schmeckt es mir viel besser, wenn ich in meinem Winkel ohne Ziererereien und Komplimente esse, und wären es auch nur Brot und Zwiebeln, besser als Puter an fremden Tischen, an denen ich langsam kauen, wenig trinken und mir alle Augenblicke den Mund wischen muß, weder niesen noch husten darf, sobald mich die Lust ankommt, noch andere Dinge tun, die in Einsamkeit und Freiheit zulässig sind. Also wandeln Euer Gnaden die Ehren, die Sie, gnädiger Herr, mir zukommen lassen wollen, weil ich als Euer Gnaden Schildknappe ein Amt in der Fahrenden Ritterschaft versehe und zu ihr gehöre, besser in etwas um, das mir bequemer und nützlicher ist, denn diese sehe ich zwar gern als empfangen an, verzichte aber darauf ein für allemal bis ans Ende der Welt.«

Zu Don Quijote, gewogener Leser, meinen Sie, gehöre eine Dulcinea, jene Dame, die er bewunderte, anbetete, zu deren Ritter er sich erkor, deren Handschuh er auf seinem Helmbusch tragen, deren Band er überm Herzen aufbewahren, aus deren Schuh er trinken müsse, zu deren Preis und Ruhm er einen erklecklichen Teil seiner Abenteuer bestand? Warum ich mich darüber so zögernd äußere? Nun müssen Sie wissen: mein Herr verehrt die Dame schlechthin. Dulcineen sind viele: holdselig liebreizende aller möglichen Altersstufen, die ihm ihre Billettchen senden, tiefe Gedanken, geistreiche Briefe, selbstgepflückte Sträußchen aus dem Gebirge, selbstbemalte Ostereier, aus alten Modeln selbstgebackene Weihnachtskuchen; zarte Damen und tüchtige Damen, die ihren Mann zu stellen imstande sind, Damen mit Männern und ohne Männer, Kinder, wie es sich fügt. Er antwortet artig, schreibt schwungvolle Buchstaben, Malbriefe, sepiafarbene Tuschen, schöne wilde wüste Aquarelle, manchmal gurrt er am Telefon; er hat es nicht wie vor 500 Jahren mit jenem plumpen Weib zu tun, das er für die verzauberte Königin seines Herzens nahm, die in Wahrheit nichts war als eine Bäuerin aus Toboso. Dennoch hat sich wenig geändert in der Form Avalon

seiner Anbetung: weit weit weg ist die Jeweilige am besten. Rücken sie erst näher, oder gar noch näher, stellen sie sich am Ende gar ein, stören sie seine Unternehmungen. Ermattet, erlischt, entschwindet das Feuer.
Und bedenken Sie, der Bauernkrieg ist nicht die geeignete Veranstaltung, Damenzuneigung zu pflegen: mit diesem Feldzug begann Don Quijote ein Abenteuer, wohin ihm nur wenige Menschen bereit zu folgen waren. Woran sie ihn gerne zu hindern getrachtet hätten, weil es sich von früheren Abenteuern unterschied durch seine deftigen, grobschlächtigen Begleiterscheinungen. Selbst die Herren sagen schon seit einer Weile: »Er malt und schneidet ja bloß noch Krüppel, krumme Siechen, Zeug.« Sehen Sie, das ist der Grund, warum ich diesesmal darauf verzichte, Dulcinea Gestalt annehmen zu lassen, weshalb ich vorschlage, wir probieren es einmal ohne Weiberröcke und -hosen, ohne ein Symbol in dem sie alle zusammengerönnen. Jahrzehntelang hat er euch überschüttet mit Pflanzen und Tieren und Liebespaaren – er macht zu viel, habt ihr rumgemotzt. Da habt ihr endlich die Reaktion!

Parerga zum Holzschneider von Don Quijote

Die Hütten. Sie liegen hoch am Berg, wo keiner mehr wohnt. Der Blick geht nach Süden den Albtrauf entlang, der ihm eine Grenze setzt. Meist schneide ich am Fenster im Zimmer, wo ich auch schlafe. Große Stöcke schneide ich im Freien auf einem kleinen Plateau davor. Dort, wo die Presse steht, hängen an Gleitrollen von der Decke die frischen Drucke. Dieser Raum ist für Tiere verboten. Jahrelang liefen überall Hunde, Katzen und eine Graugans zwischen den Holzböcken herum. Nachts ziehen Schnecken ihre Silberstraßen über die Stöcke, die im Freien liegen, und immer noch jage ich den Pfau vom Druckstock herunter, wenn ich daran arbeiten muß.

Die Hölzer. Sie müssen 22 mm stark sein, wenn sie für die Handpresse geschnitten werden. Zum Durchreiben mit dem Löffel und bei Formaten über 2 m sind die Bohlen dreimal so dick. Ich nehme Laubhölzer und Koniferen. Meist Langholz, ausnahmsweise auch Stirnholz, seltener Rindenstücke und Wurzeln. Ich nehme das, was da ist. Jedes Holz. Einen ganzen Stamm aus Afrika und ein Scheunentor von der Alb. Stammquerschnitte bis zu 3 m waren darunter: Bubinka, Zebrano, Makoré. Mein Lieblingsholz ist Nußbaum. Man bekommt es kaum, denn immer wieder wird es zu Gewehrschäften verarbeitet. Die gotischen Einblattdrucke wurden in Birnbaum geschnitten. Sie haben, weil sie nur konturieren, einen beidseitigen tiefen Schnitt, wie man ihn für Zeugdrucke braucht. Von 1933 bis 1937 schnitt ich auf diese Weise. Man kann das Spiel der Natur, das beim Flächenschnitt zu Tage tritt, auch künstlich verstärken. Zum Beispiel indem man die weichen Jahre wegätzt, herausbürstet oder indem man die harten Jahre durch Sandstrahl herausbläst. Holzplatten meiner Stärke sind stets wetterfühlig, reißen und verwerfen sich; sie wollen behütet sein. Dafür darf sich auch, wenn es das will, ein Tier darauf niederlassen. Und manchmal ist der bearbeitete Stock ein Tisch, an dem ich mit meinen Freunden speise. Aber wenn es regnet oder geschneit hat, muß ich mein Holz nachher lange pflegen, bis es wieder so glatt liegt wie ein Tisch.

Das Werkzeug eignet sich nie so gut zum Vorzeigen wie ein Tisch, von dem man essen kann. Mir ist es peinlich, wenn man mich danach wie nach einer Beißzange und dem Hammer fragt. Bei den Schnitten der Expressionisten drängt sich die starre Form des Stichels beim Abhub einem auf. Nur Picasso hat bei seinen Linolschnitten diese manierierte Erstarrung zum Kunstwerk gemacht. Mit manieristischen Effekten lernte ich erst spät umzugehen. Mein erstes Messer war ein Taschenmesser, wie es jeder Junge in der Tasche hat. Zu einem besonderen Werkzeug reichte mein Geld nie. Damals, als ich die Konturen aufgab und Flächen schnitt, arbeitete ich in einer Maschinenfabrik. Ich konnte Federstahl härten, zuschleifen und die Klinge dann zwischen zwei Hölzer nuten. Dieses Messer sieht aus wie das Messer, das die Gotiker benutzt haben. Es schneidet genau, was ich geschnitten haben will, und hinterläßt von sich keine Spur. Ich schneide heute noch damit. Wer für Leben stets den vollen Preis bezahlt hat, der kennt tausend Werkzeuge: Bohrmaschinen, Steinfräsen, Lötkolben, Stanzen usw. etc., Maschinen, mit denen noch niemand ans Holz gegangen ist. Solche Werkzeuge hinterlassen natürlich deutliche Spuren. Sie müssen mit größter Vorsicht angewendet werden, um nicht in eine Manier zu verfallen. Ich halte dagegen mein Tempo und die Aggression, die man mich in der Fabrik gelehrt hat. Ich vergewaltige damit das Holz, schlage es oder quäle es so lange, bis ein Rauch aufsteigt wie vom Urmenschen, als er sein Feuer machte. Man kann eine Säge mit RP 6500/min übers Holz tanzen lassen! Sozusagen lebensgefährliche und in der Fabrik strafbare Sachen damit anstellen. Mit den Jahren lernt wohl jeder, daß es oft nur die Hälfte aller Anstrengung braucht; immer weniger Werkzeug, wie mundgeblasen, das wäre mein Ideal.

Handpressendruck und Maschinendruck. Jeder Abzug ist ein Original. Auf der Handpresse läßt sich saftiger drucken. In der Maschine mit mehr Kraft ein durchsichtigerer Farbauftrag erhalten, was die Maser der Hölzer herausholt. Vor allem kann man auf den neuen Druckmaschinen Tausende von gleichwertigen Drucken herstellen. Im Mittelalter haben die Drukker etwa 6000 von einem Stock mit der Hand abgezogen. Zwei Dinge bestimmen heute, wo wir keinen gemeinsamen Glauben mehr haben, die Höhe der Auflage. Erstens die Zahl der Interessenten, d. h. der Kunstliebhaber, und zweitens der Kunstmarkt, der seine eigenen Spekulationen mit der Auflagenhöhe hat. Beim ersteren ist der Künstler freier wie beim zweiten. Ohne Mittler geht es jedoch nicht, denn kein Künstler ist im Kapitalismus frei. Jeder Verkauf ist ein Anwalt für die Sache des Holzschneiders.

Warum wir in die DDR fahren? Wenn ich nicht bei ihm bin, ruft Don Quijote an: Was tust du eigentlich? (ich habe mir abgewöhnt, mich von dieser Frage provozieren zu lassen). Vorhin antwortete ich: Warten, bis die Kartoffeln weich sind und mir einfällt, wie das anfing mit der DDR. Don Quijote sagte: Durch den TOTENTANZ. – Als ob ich das nicht wüßte, antwortete ich. Aber wie soll man das heute erklären. Vor zehn Jahren war alles anders. Was Geschichte geworden ist, schlägt schon wieder in Verleumdung um. Außerdem will ich daß jeder der Deutsch kann lesen darf wie das kam. Du weißt schon. Das ist fad, sagte Don Quijote. – Und deine dreiundzwanzig Erklärungen, die du im Lauf von zehn Jahren abgabst? Das mit der Erbe-Rezeption oder das mit der Abgrenzung, Basis oder die Geografie oder die Studenten von Magdeburg?
Unsinn, sagte Don Quijote. Ich bin in die DDR gefahren, weil da ein Zaun ist. Schon als Kind hab ich Zäune nicht vertragen. Mein Hund Rauan, der größer war als ich, hat damals die Zäune für mich aufgescharrt, damit ich untendurchschlupfen konnte. Dann ist er obendrübergesprungen. – Aber so kannst du mich doch nicht fragen. Warum will denn ein Kind durch den Zaun? Am Tischbein haben sie mich festgebunden. Einmal kam die Förstersfrau: Wo ist das zweite Schühlein vom Kind? Ich sei oben angebunden, sagte die Mutter. Die Försterin sagte das war er einmal. Jetzt ist er bei uns im Wald. Oben war das zweite Stiefelchen noch ans Tischbein geschnallt. Jetzt hab ich niemand mehr, der mir die Zäune aufscharrt, damit ich untendurchkann, sagte Don Quijote. Also mußte ich etwas erfinden. Bücher. Sie brachten mich durch den Zaun. Aber warum immer nur durch den einen? fragte ich.

Don Quijote antwortete: Es gibt doch sonst gar keine Zäune mehr.

»Nach diesen Vorbereitungen wollte er die Verwirklichung seines Vorhabens keinesfalls länger aufschieben, denn es bedrängte ihn die Vorstellung, welchen Verlust ein längeres Zögern für die Welt bedeuten würde, da er ja vorhatte, Beleidigungen zu rächen, Unrecht einzurenken, Vernunftwidrigkeiten zu bessern, Mißbräuche abzuschaffen und Verpflichtungen zu erfüllen. Und so legte er denn, ohne jemandem von seiner Absicht Mitteilung zu machen und ohne daß jemand ihn bemerkte, eines Morgens früh an einem der heißesten Julitage all seine Waffenstücke an, bestieg Rosinante, setzte sich seinen geflickten Helm auf, faßte den Schild, ergriff die Lanze und gelangte durch die Hintertür seines Hofzaunes, höchst befriedigt und hochgestimmt über die Leichtigkeit, mit der er sein rechtschaffenes Verlangen ins Werk gesetzt, aufs freie Feld hinaus.« Cervantes

Die Rostocker Ostseewoche diente der Vorbereitung: KSZE. Don Quijote hatte das aufgenommen, lange bevor in seiner Heimat irgend jemand von diesen vier Buchstaben etwas wußte. Auch ich erinnere mich nicht daran. Rostock hat eine schöne Kunsthalle. Die Kunsthalle liegt am Schwanenteich. In der Kunsthalle finden Biennalen statt. Eingeladen waren die Ostseeanlieger Dänemark, Schweden, Norwegen, Finnland, Island, Polen, die Sowjetunion. Und, aber gewiß doch, die BRD. Don Quijote nahm die Berufung zum Biennale-Kommissar an, weil sie ihn in die Lage versetzte, wiederum heldenhafte Kämpfe zu bestehen zu Ruhm und Ehren seines Vaterlandes und seiner Geliebten, der Kunst. Die Bundesrepublik, sagte Don Quijote bei der vorbereitenden Sitzung in Dresden, kann ich gar nicht vertreten. Das kann niemand zum gegenwärtigen Zeitpunkt. Abgesehen davon, daß wir keine Kulturverträge haben, würde zwischen den Gruppierungen, Bünden und Verbänden kaum eine Übereinstimmung herzustellen sein. Ich kann nur mich selber bringen, wenn man das akzeptiert. Man tat es. Somit war die Bundesrepublik jetzt durch zwei Kommissare vertreten. Bisher wurde die westdeutsche Kunst allein durch die Maler der Tendenzen-Gruppe repräsentiert. Sie betrachtete sich durchaus als Vertretung der BRD-Künstler. Das war der eine Gegensatz zu Don Quijote, der nach kurzem heftigem Nachdenken drei seiner ehemaligen Schüler einlud, Bilder und Plastiken in Rostock auszustellen, über die man in westlichen

Ländern rühmenswertes zu sagen wußte. Ähnliches war man in Rostock von den anderen Ostseeanliegerstaaten gewöhnt. Ohne Zweifel jedoch stand Don Quijotes Beitrag in einem gewaltigen Gegensatz zu dem, was auf den vorhergegangenen Biennalen als BRD-Kunst gezeigt worden war, weil man es für den künstlerischen Ausdruck sozialistischer Gesinnung hielt. Das war der zweite Unterschied, ihm folgte der dritte auf dem Fuße: Don Quijote hatte nichts gegen die Tendenzen, diese jedoch alles gegen ihn und seine Wahl. Infolgedessen mußte mein Herr mutterseelenallein ganz gewaltige Kämpfe ausfechten gegen die Überzahl jener westdeutschen Maler, die er selber sogar noch vermehrt hatte durch Überlassen eines Teilkontingents Einzuladender an die realistische Gruppe. Als ich meinen Herrn darob anging, um ihn der Unvernunft oder Inkonsequenz zu überführen, antwortete er, eben das sei sein Bekenntnis, daß es vier mit vierzig aufnehmen könnten.

Der wackre Schwabe forcht sich nit
ging seines Weges Schritt vor Schritt
ließ sich den Schild mit Pfeilen spicken
und tät nur spöttlich um sich blicken
bis einer, dem die Zeit zu lang,
auf ihn den krummen Säbel schwang Uhland

Das Vokabular, mit dem die Quadriga Don Quijote, Antes, Reichert, Szymanski von den Gladiatoren bekämpft wurde, läßt sich zusammenfassen mit dem Schlagwort: Kapitalistische Kunst. Mein Herr, nicht ungeübt in derlei Turnieren, hätte sich in München, Hamburg oder sonstwo bereitgefunden, sie auszutragen; daß es auf DDR-Territorium erzwungen wurde, bedauerte Don Quijote. Bis zur allerletzten Sekunde, als das ZK die Ausstellung abnahm, gab es, getreu den Gepflogenheiten in den heimatlichen Provinzen, Schwinger unter die Gürtellinie von Landsmann zu Landsmann. Doch an den empfindlichsten Stellen war Don Quijote gepanzert durch seinen Dresdener Totentanz von Basel, was die Kontrahenten nicht bedacht hatten. Kurzum, kein Daumen zeigte nach unten, Don Quijotes Koje blieb wie sie war, hinter einer Plastik versteckt hörte Schildknappe Sancho Pansa zu, wie sein Herr den Herren vom ZK und Offizieren zu Lande, zu Wasser und in der Luft Rede und Antwort stand. SINTFLUT hieß Don Quijotes eigener Beitrag; eine schwarze Wand aus Wasser, Mensch und Getier und ertrinkenden Autos: »Nachdem wir alle Ängste aus der Natur besiegt haben, taucht die alte Urangst wieder auf mit der Zerstörung unserer Umwelt durch die industrielle Produktion. Das ist die Sintflut, die uns heute bedroht . . .« schrieb Don Quijote dazu. Dann kam das Volk, und die Maler, die Dichter, die Musiker, die Theaterleute freuten sich über das Unerwartete, Ungewohnte, was es zu sehen gab aus der BRD. Ihre eigenen Werke waren längst hinausgewachsen über das, was man seither der DDR als »Bitterfelder Weg« von der Bundesrepublik gezeigt hat.

Auf dem Buchbasar der Ostseewoche sitzen unter Sonnenschirmen Schriftsteller auf der Kröpeliner Straße und signieren ihre Bücher. Unvorstellbar in Ulm, Gelsenkirchen, was da zwei Nachmittage los war: Tausende kamen, Hausfrauen, Matrosen, Arbeiter, Studenten, Uniformierte und Zivilisten – nein, nicht was Sie denken, es gab durchaus Bananen, Pfirsiche, Erdbeeren, Spezialitäten aus Nachbarländern und aus entfernten Republiken, wie bei uns auch, aber eben Bücher, Bücher wurden trotzdem gekauft! Sollte ich etwa nicht stolz sein auf meinen Herrn, der unter einem bunten Sonnenschirm saß, worauf BRD stand und daß er Bücher signieren konnte die dort hinterm Zaun verlegt worden waren: Pablo Neruda AUFENTHALT AUF ERDEN mit Holzschnitten von Don Quijote. (Nein, eine »bibliophile Kostbarkeit« war es nicht, Auflage 20 000, doch jedes Bild war ein Original, jedes verkaufte Buch ein Anwalt für die Kunst. »Man malt für alle oder für niemand . . .« »Es gibt nur einen guten Wein. Es gibt keine Kunst für Arbeiter, keinen Wein extra, keine Kunst außer ihr. Wahre Kunst, richtige Lederkoffer, teure Artischocken, weiche Pelze und zarte Haut, und nichts darunter! Ich bin froh, daß es heute so viel Kunst gibt. Unser Tisch ist jetzt herrschaftlich gedeckt . . .«) Ich wurde gebraucht, um Bleistifte zu spitzen. Holzschnitte werden nicht mit einem Kugelschreiber signiert. Meine Tätigkeit war wichtig, denn nach wenigen Namenszügen ist das Graphit verbraucht, und wer hat schon in solcher Situation einen Bleistiftspitzer zur Hand? Und dann passierte, was ich bisher bloß bei Agitproplektüre für möglich hielt: der alte Arbeiter, gegen Abend, will vorübergehn, bleibt stehen, blättert in Pablo Nerudas Buch, öffnet seinen Geldbeutel, zählt, zählt noch einmal, geht, kommt wieder, bringt den noch fehlenden zweiten Zwanzigmarkschein, kauft den Gedichtband mit den fremden Bildern, bevor Don Quijote seinen Geldbeutel fand, um die Differenz in die Kasse der gastgebenden Buchhandlung zu legen. Das erbte dann ein junges Paar; der Mann hatte leise die Wohnungseinrichtungsrate erwähnt, als die Frau ihr Verlangen zum Ausdruck gab, das Neruda-Buch besitzen zu wollen.
Abends im Rostocker Volkstheater, bekannt für seine Insze-

nierungen auch der westdeutschen Dramatiker, gab es den »Hölderlin« von Peter Weiß, und es war als wenn ich durch Tübingen ging. Kann sein es lag am Ort; Hegel, das geteilte Deutschland – mir gefiel der Jakobiner-Hölderle und ich tuschelte mit einem jungen Mann neben mir wie auf der Schulbank. Ich erzählte ihm vom Turm am Neckar, wie ich Bobrowski, Huchel, Paul Celan dorthin geführt, mal trieben Eisschollen, mal blühten die Rhododendronbüsche. Der DDR-Dichter Volker Braun hörte zu, es kam ein Tag, an dem ich auch mit ihm den Weg entlang der Mauer ging. Blühen bei euch die Rosen immer um diese Jahreszeit? fragte er. Es war Januar.

Don Quijote beim Funkinterview in Rostock 1973: » . . . Die Verträge sollen, können durchblutet, verfestigt und belebt werden; von wem denn zuerst als von den bildenden Künstlern, die wohl immer ein Seismograph sind für Dinge, die sich entwickeln wollen . . .«

Von wegen entwickeln! Was meinen Sie wohl, wie Don Quijotes Bemühungen in der Heimat honoriert wurden? »Don Quijote, Neruda, HO & CO« stand in den Zeitungen, »Wasser im Klassenkampf« – »Rote Nelken für Don Quijote«. Oder: »Der kommunistische chilenische Dichter-Diplomat Neruda, Literatur-Nobelpreisträger 1971, schwimmt gegenwärtig in der ›DDR‹ auf besonders hohen Propagandawogen – in seinem Kielwasser schwimmt Don Quijote aus der Bundesrepublik mit.«

Prügel – hat er das haben wollen? Weil er Volksausgaben von Büchern macht, die man gern im Westen, doch bibliophil, gehabt hätte? da bleib ich doch lieber gleich unterm Eselsschwanz.

Warum er denn so großen Wert darauf lege, in der »DDR« zu erscheinen? wurde Don Quijote von der WELT gefragt. Antwort: »Ich kann in meiner künstlerischen Selbstverwirklichung nicht ohne das in der Geografie Deutschlands liegende geistige Erbe leben, gleichgültig, wie verschieden es heute von den beiden deutschen Staaten tradiert wird. Ich freue mich, als Gast in der DDR arbeiten und ausstellen zu können. Denn dadurch bleibe ich in Kontakt mit unserer gemeinsamen Kultur . . .«

Sancho Pansa vor 500 Jahren

»Ich sage also, gnädiger Herr, daß ich seit etlichen Tagen Betrachtungen darüber angestellt habe, wie wenig Gewinn und Nutzen bei den Abenteuern, die Euer Gnaden in diesen Einöden und an diesen Kreuzwegen suchen, herauskommen; denn selbst wenn Sie hier auch die allergefährlichsten siegreich bestehen, ist niemand da, der sie sieht und von ihnen erfährt, so daß sie ewig verschwiegen bleiben, sehr zum Nachteil von Euer Gnaden Absichten und des Ruhmes, den sie verdienen. Darum scheint es mir (falls Euer Gnaden nicht anderer Meinung sind) vorteilhafter, wenn wir in den Dienst irgendeines Kaisers oder eines andern großen Fürsten treten würden, der irgendeinen Krieg führt; dann könnten Euer Gnaden in seinem Dienst Ihre Tapferkeit, Ihre große Kraft und überlegenen Verstand erweisen; und ein solcher Herr, dem wir dienen würden, würde uns dann notwendigerweise belohnen müssen, jeden nach seinem Verdienst, und dann würde auch jemand dasein, Ihre großen Taten zum ewigen Angedenken niederzuschreiben. Von den meinigen rede ich nicht, denn die müssen sich in schildknappenmäßigen Grenzen halten, obgleich ich sagen muß, daß, falls es in der Ritterschaft gebräuchlich sein sollte, auch die Taten der Schildknappen aufzuzeichnen, ich der Meinung bin, daß auch die meinen nicht zwischen den Zeilen stehen würden.«

Auf Sancho Pansa, sagt Don Quijote, ich seh schon, dir geht es nicht besser mit KSZE als der übrigen Bundesrepublik; die Formel kommt euch so schwer über die Lippen wie Russisch in drei Tagen ohne Mühe mit dem Buch unterm Kopfkissen. Das ganze Volk ist in Ferien und wenn Parteien und Medien sich nicht beeilen, weiß überhaupt keiner, was in Helsinki in ein paar Wochen verhandelt wird. Finnland ist weit.
Als wüßt ich das nicht!

FINNISCHER SOMMER 1975

Wie kann ich wissen es ist Nacht Tag
süßes oder salziges Wasser
und daß die Maiblume mit der Rose blüht
da ich beschloß meine Uhr meinen Kompaß
nicht an den Rand Europas mitzunehmen

Aber dann höre ich Vögel schrein
zu einer Zeit wo zuhause die Tauben schlafen
seh ich tief in den Städten Möwen nach Abfällen tauchen
und erkenne denselben Baustoff
den ich hinter mir lassen wollte
Beton
Whisky on the rocks
Würfel um Würfel mit Souveniraugen
und bevor ich mich sattsehen kann an den Wassern
sagt der Mann auf dem Rathaus: Wasser ist knapp
immer mehr teilhaben will das wachsende Volk am Nutzen
und von weither überziehen Fremde das Land
der Exkremente ihrer Heimaten leid
pflücken sie Finnlands Blumen

Laßt euch nicht den Mut zu Gedichten nehmen
wo ich herkomme ist keine Zeit mehr für Dichter

Rostock II 1975

Wie gern hätt ich mich auf eine Wiese gelegt, an einen Bach, an einen See, es brauchte weiß Gott nicht die Ostsee zu sein, selbst ein Mausloch wäre mir lieber gewesen. Doch mein Herr gab kein Pardon: das Eisen ist heiß, man muß es schmieden, das Korn ist reif, man muß es mähen, es kommt die Zeit, da niemand wirken kann. Denk an die Spießgasse von Weinsberg, an die Schlacht von Böblingen, zwölf Millionen Bewohner gab es damals in Deutschland, dreiviertel davon sind Bauern gewesen, die meisten Berichte stammen ja von den Siegern, die Sieger sagen ja nit immer die reine Wahrheit. Denk an den Truchseß, an die Beerdigung der viertausend bei Ulm: Mir seind lang genug unter dem Bank gelegen, mir wellend auch einmal uff dem Bank! Rosinante ist lang genug im Stall gestanden, gib ihr zu saufen, der Weg nach Rostock führt über Flandern und Kevlaar, die Muttergottes dort muß geschwind einen Wallfahrtsgruß von Heinrich Heine kriegen, pack ein!

Juli heiß, lohnt Müh und Schweiß

Hört der Juli mit Regen auf, geht leicht ein Teil der Ernte drauf

Der Juliregen nimmt Erntesegen

Was heut abgehawen wird / soll nicht mehr wachsen

Magdalena weinet gern, denn sie weint um ihren Herren

Don Quijote wäre nicht Don Quijote gewesen, wenn er im Bauernkriegsjahr statt der erwarteten Holzschnitte zum Bauernkrieg nicht eine HOMMAGE FÜR CASPAR DAVID FRIEDRICH nach Rostock gebracht hätte, dessen zweihundertsten Geburtstag er im Winter zuvor in Dresden mit der C.D.F.-Enkelin beging, worüber man wiederum in Hamburg den Kopf schüttelte.

6. Biennale der Ostseestaaten: Katalogvorwort von Don Quijote:

»Mancher krankt an Zaghaftigkeit. Dem sei gesagt, wie wir während der Ostseewochen uns verstanden haben. Vielleicht ist das tiefsinnige poetische Werk von Caspar David Friedrich, die Abtei im Eichwald (1809/10), an das wir vor der Klosterruine Eldena bei Greifswald erinnert wurden, ihm eine Hilfe. Wir, die Kommissare der Ostseestaaten, Maler aus der UDSSR, Polen, Finnland, Schweden, Norwegen, Dänemark, Island und der Bundesrepublik fragten uns während der Ostseewochen, als wir in Eldena waren, wie wohl ein Künstler unserer Zeit dies angeben würde und was wir davon für den Gedanken, daß die Ostsee ein Meer des Friedens sein könnte, gewinnen möchten. So entstand die Hommage à Caspar David Friedrich.«

Don Quijote, so eigensinnig wie stur, hatte dieses Mal sieben Maler gebeten, ihm ein Blatt ihrer Caspar-David-Friedrich-

МИН
НЕТ

Huldigung für die Ostseebiennale mitzugeben. Keiner von ihnen gehörte zu denen, die leicht über diese Grenze gehen.

Hommage à Caspar David Friedrich zum 200. Geburtstag

Die seit 10 Jahren im Haus Salve Hospes Braunschweig von Rolf Schmücking vorgestellten Künstler haben sich zu einer Huldigung für C.D.F. zusammengetan. Zwei Generationen die man bislang kaum zusammen gesehen hat. Das kommt von der Stilisierung der Kunstszene im Westen. Die Kunstöffentlichkeit glaubt, die verfemte Kunst von gestern wolle die normgebende von heute sein, sie habe die Tendenz Neuorientierungen zu verzögern. Man hat sie in die »splendid isolation« abgedrängt.
Unsere Huldigung für Caspar David Friedrich hat deshalb auch heute noch Bedeutung. Sie gibt den Blick frei auf Künstler, die während ihrer Entwicklung und Selbstfindung verboten gewesen sind und gleichzeitig auf den einer Generation, die ihr Selbstbewußtsein, ihre formale Eigenständigkeit unter anderen Voraussetzungen gefunden hat. Ihren Standort umschreibt der Museumsdirektor Karl-Heinz Hering: »Die Globalität der heutigen Kunst auf Grund der totalen Information wirkt sich im Bereich der individuellen Leistung oft auch hemmend aus. Gerade die großen internationalen Ausstellungen, wie Documenta und Biennalen, die in regelmäßigen Abständen einen Überblick über die jeweils neueste Kunstszene geben, lassen häufig trotz aller Vielfalt auch einen Nivellierungsprozeß erkennen, der gelegentlich in einen unprofilierten artistischen Pluralismus mündet.«

In der Kunsthalle am Schwanenteich gaben sie sich nicht zufrieden mit der »Hommage für C.D.F.« Einen Bauernkrieg wollten sie, groß und schwarz, wie die Dresdener. Don Quijote schüttelte den Kopf. Don Quijote zuckte mit den Achseln. Don Quijote sagte: Ich muß Rosinante fragen. Ging hinaus und brachte, o Wunder, zwei Drucke von den Pforzheimer Stöcken. Keinen Ratgeb. Als er gefragt wurde, was das darstelle antwortete Sancho Pansa flink, mit dem Finger auf Reuchlin deutend, während er die Figur überflog, ihr Gewand, die Geste, den erhobenen Zeigefinger: Das ist Thomas Müntzer. Don Quijote, mich mit seinen Augen in die Schranken weisend, sagte, indem er auf die andere Figur deutete: Das ist Tilman Riemenschneider. Noch wissen die Pforzheimer nichts von der wunderbaren Verwandlung ihrer Rathausfiguren in der DDR.

TILMAN RIEMENSCHNEIDER

Aus harzigen Wäldern herabgestiegen
ins Lieblichere
tauberentlang
nahm er den letzten Augenblick
wahr für Anbetung
Die reine Magd
letzte Verästelung der Altäre
noch einmal so emporgerankt
ineinander verschlungen als könne
nie ein Sturm in das Lindenholz fahren
(schon zum Epitaph bestimmt)
ließ er die Fraun ihre Hälse Augen
Stirnen noch einmal so gewölbt tragen

Aber das Kind war längst erwachsen
hatte seine Wunder verteilt
zwischen Hochamt und Hochgericht
einem einzigen
Weihnachten
Ostern
gab es schon seine Beweinung
die Bauern
schlugen die Seitenflügel zu
hängten Totenkränze darüber
und vergaßen die Wandlung

Ob sie das Abendmahl teilten bevor
man sie stäupte vierteilte henkte
Ratgeb und sein Bauernheiland
Mathias Grünewald auf der Flucht
Riemenschneider mit den gebrochenen
Händen

Es war allerhand los in der größten Hafenstadt der DDR. Auch ein Empfang. Adler in Gold: DER LEITER DER STÄNDIGEN VERTRETUNG DER BUNDESREPUBLIK DEUTSCHLAND gibt sich die Ehre, zum Empfang im Strandhotel Warnemünde am Montag, dem 7. Juli 1975 um 17 Uhr einzuladen. Berlin-Niederschönhausen, Kuckhoffstraße.

Wer eingeladen war? Nun ja, Don Quijote. Und der andere Kommissar nebst allen seinen Malern und solchen, die gerade zufällig in Rostock vorbeigekommen waren. Don Quijotes Maler? Bewahre, die hingen mucksmäuschenstill und bescheiden in der Koje am Schwanenteich, sagten, was sie zu sagen hatten, durch ihre Bilder; den Journalisten der BRD jedoch sagten sie nichts, weil nicht sein kann, was nicht sein darf und so berichteten sie später auch niemals darüber. Bevor Don Quijote dazu kam, sich zu wundern, sah er bereits, wie der ständige Vertreter schwamm. In einem Saal des Strandhotels. Aber ich bitte Sie, geneigte Leser, mein Herr Don Quijote ist ein Ritter, er würde niemals dulden, daß ich seinen Staat verunglimpfe. Doch warum sollte ich, Kind aus dem Volk, hinwiederum nicht meinen Spaß daran haben, wie etlichen Herren die Schweißtropfen selbst noch aus den Backenknochen traten, als meine westdeutschen Kumpels, die Maler, alles Kinder des Volkes wie ich, auf den ständigen Vertreter losgingen: Her mit der Nofretete von Westberlin für unsere Freunde in der DDR! Was man gestohlen hat, muß man zurückgeben! Geschah den schwitzenden Herren recht, was haben sie an der Ostsee verloren, wenn sie sich vorher nicht informierten, was da seit Jahren in Rostock lief! Auch Don Quijote, der jederzeit Hilfsbereite, konnte ihnen jetzt nicht mehr helfen. Das kam davon, daß sie ihn allein gelassen hatten. Die Kameraleute von Kennzeichen D wußten schon nicht mehr, wohin sie ausweichen sollten, zumal die anderen Gäste, BRD-Segler, noch immer nicht eingetroffen waren; kein Kurzschluß, keine Lampe platzte, kein gnädiges Dunkel senkte sich herab, die bekannten Gesichter des Fernsehteams beredeten diskret die peinliche Situation und man kam überein, alles unter den Teppich zu kehren. Don Quijote kehrte nicht, wenigstens nicht sofort; Konversation mit dem Gastgeber machte er, wie sichs gehört, über seine Maler, die in der Welt einen guten Klang hätten, weshalb er sie in Rostock vorstelle. Man antwortete ihm, daß man vom Dachverband der BRD über die Teilnehmer der Biennale informiert worden sei. Seine Leute seien nicht darunter. Es gibt keinen Dachverband, sagte Don Quijote, da wurden Exzellenz falsch informiert. Seit dem Ende der Reichskulturkammer gibt es niemand in der BRD, der bestimmt, was Kunst ist. Zum Glück. Denn sonst stünde

ich nicht hier. Denn sonst könnte ich keinen der Maler zeigen, die vorzustellen ich hier die Ehre hatte, weil mich die DDR einlud. Ich erwarte ja nicht, daß Exzellenz Namen wie Friedlaender oder Music kennen, oder gar einen Jungen wie Meckseper, bloß Exzellenz müßten informiert sein, welche Arbeit für die Kunst hier seit Jahren geleistet wird. Wie sollten sich sonst die beiden Staaten einem Kulturabkommen nähern? Sehen Sie, daß ich malen darf, meine Freiheit, Exzellenz, verdanke ich nur einer Kontrollratsverfügung der Alliierten. Zwölf Jahre lang hatte ich Malverbot. Wie meine Freunde, die Exzellenz in der Kunsthalle am Schwanenteich in Augenschein nehmen können. Erwarten Exzellenz, daß wir nach solchen Erfahrungen einem Berufsverband beitreten? Don Quijotes sind wir alle. Aber es gibt keine Fachschrift für Don Quijotes in der Bundesrepublik. – Interessant, sehr interessant, sagte der Leiter der ständigen Vertretung, die Fernsehleute leuchteten Don Quijotes dekorativen Kopf aus, die Kamera hielt dichter und dichter auf ihn zu, auf die Schweißperlen von Exzellenz im Rang einer Exzellenz, den niemand als Don Quijote mit Exzellenz anredete, nein, es wurde kein Meter gesendet. Exzellenz erkundigten sich, was Don Quijote noch für Geschäfte in Rostock abzuschließen gedenke. Mag sein, er hat auch gesagt »Aufgaben wahrzunehmen«, schließlich mußte ich mich ja in geziemender Entfernung herumtreiben. Aber was dann passierte, verstand ich ganz deutlich. Don Quijotes Antwort: Morgen und übermorgen werde ich jeweils etliche Stunden an einem Stand auf der Straße sitzen und meine Bücher signieren. Ebenso wie vor zwei Jahren. Exzellenz haben sicher vom Rostocker Buchbasar gehört? Gewiß, bei der letzten Kieler Woche – der PEN hielt seine Jahrestagung sogar dort ab, versuchten sie das gleiche. Auf den Rostocker Buchbasar allerdings kommen Tausende. Und sie kaufen die Bücher. Die Schriftsteller sitzen unter Sonnenschirmen. Auf meinem stehen zwar die Buchstaben BRD, es ist aber nicht der Schirm meines Staates.
»Er wird es auch nie sein!« die Stimme, heiter, ohne Ironie, zugleich schneidend, ließ mich zusammenfahren. Sie gehörte zu einem relativ jungen, streng aussehenden Herrn der Gesprächsrunde. Eisgrün waren die Augen über dem kurzgeschorenen Kopf. Kleist? was wüßte ich schon von Preußen, gäbe es nicht den Prinzen von Homburg. Oder Tellheims. Die sich das Bruder-sagen von jeher würden verbeten haben. Rote Preußen als Nachfolger; ihr Land wenigstens war identisch mit Staat. Wo ich herkomme lebte man zwischen Marie Theres und dem code Napoleon. Der Herr stellte sich vor und trat beiseite.

Wenig später revanchierten sich Exzellenz: Wußten Sie, wer das war? Als mein Herr den Kopf schüttelte: In Berlin nennen wir ihn bloß den Markstein der deutschen Teilung. Falls Sie den Namen vorhin nicht ganz aufgenommen haben sollten. Don Quijote: ich sehe schon, ich wohne sehr weit entfernt, Exzellenz. Tatsächlich, dort kommen ja endlich Ihre Segler. Der Leiter der ständigen Vertretung sagte: Ich würde mich freuen, in unserem Hause demnächst Ihre Bilder zeigen zu können. Auch eine Ausstellung der Hommage, die Sie da nach Rostock brachten – Caspar David, nicht wahr? Auf gutes Wiedersehen also, in Berlin.

Aus dem Bauch Rosinantes, es ist nicht zu fassen, kommen noch immer, immer noch Plakate »Der Bauernkrieg in Schwaben«, Holzschnitte, Engel der Geschichte, STOP DEM WALFANG, ich verschenke sie, am Ostseestrand, auf dem Diplomatenparkplatz vor den Augen der Polizei, an die Herren der ständigen Vertretung, DRAN DRAN WEIL IR TAG HABT, Gott, allergnädigste Dulcinea, will ich dankbar sein, wenn ich erst wieder friedlich daheim mein Brot essen darf ohne Meuchelei, Klatsch und Intrigen. Nein, von der ständigen Vertretung hat Don Quijote nichts mehr gehört. Exzellenz haben inzwischen andere Sorgen, als sich darum zu kümmern, wer im dritten Körbchen von Helsinki sitzt.
Ich bekam einen eigenen Sonnenschirm. Nicht mehr zum Bleistiftspitzen. Sancho Pansa neben Don Quijote auf der Kröpeliner Straße in Rostock. Auf Don Quijotes Tisch lag der Kehraus aller seiner in der DDR erschienenen Bücher: Totentanz / Herzauge / Aufenthalt auf Erden / Städteballaden (von Stephan Hermlin.) Einiges, schon vergriffen, wurde von den Menschen mitgebracht. »Hat das Herz noch ein Auge?« steht im Bilderbuch: »1937 fand sich niemand mehr, der mir noch Papier zum Drucken gegeben hätte. Die letzte Spende kam vom Chefarzt des Krankenhauses. Er hatte Filtrierpapier in großen Bogen im Labor. Auf diese Bogen druckte ich 1936 die Holzschnitte von der Rauhen Alb. Niemand wollte sie haben, auch nicht geschenkt. So fragte ich mich ob ich nicht den Kindern eine Freude machen kann, ob das Herz wenigstens noch ein Auge hat. – Damals, im ›Dritten Reich‹ wagte selbst der letzte Sammler nicht zu sagen, was er fühlt. Sein Kind meinte er, möchte sachhungriger sein. Darum haben wir unser Original von 1937 nur bei einem Enkel von Karl Wolfskehl noch gefunden. Schade um die 20 Drucke auf Glanzpapier, die nun verloren sind! – Kinder haben mir die Glanzpapierbogen in ihrem Schreibwarenladen gekauft. Wer hätte es sonst für mich getan? In der Fabrik, wo ich arbeitete, lagen die bedruck-

ten bunten Blätter aus. Die Farben wollten und wollten nicht trocknen. In den Vesperpausen zeichnete ich mit dem Pinselstiel in die nasse Druckfarbe hinein, das verändert zwar den Holzschnitt, aber es bereichert ihn. Märchen in dunkler Zeit.« Gegenüber die Schriftsteller aus Sachsen, Thüringen, der Volksrepublik Polen, neben mir ein Stand der Chilenen. »Sancho Pansa« schrieb ich Stunde um Stunde unter mein Gedicht »Venceremos für Pablo Neruda« in dem Sammelband. Als die Bücher ausverkauft waren, durfte ich Rohbogen-Reste verteilen: CHRISTIAN WAGNER – SCHARTIGE SENSE. In Bad Cannstatt war das Büchlein einst gedruckt worden und auf wunderbare Weise hierhergekommen. »Christian Wagner als später sanfter Nachfahr gehört für uns zum großen Bauernkriegsjubiläum.« So lautete das Visum. Wieder, wie vor zwei Jahren, zogen Tausende vorüber, bildeten sich dichte Trauben unter einzelnen Schirmen: Christian Wagner? Wer soll das sein? Was sind Rohbogen? Warum sitzen Sie hier? – Hätt ich das bloß selber gewußt! Könnte ich wie ein Popstar schreien und die Arme in die Luft werfen: weil ich euch liebe, zum Fressen, zum Kotzen finde! Mir blieb nichts als sitzen zu bleiben und weil man nicht in die Erde versinkt angesichts eines Rohbogenstapels mit den Handschriften eines Mannes aus einer Gegend, weiter weg als die Walachei, kann man bloß noch den Mund auftun, reden, erzählen, Stunde um Stunde, immer wieder, immer von vorn: vom armen Bauern, vom kleinen Bauern, der ein so großer Dichter war, von seinem verfallenden Haus im Dorf, aus dem sie ein Kaufhaus machen wollten, hinter den Wäldern der Solitude, was ein Lustschloß war und noch immer eins ist, von Schillers bösem Herzog und Landesvater, in der Nähe von Stuttgart. Daß Don Quijote, der nebenan säße, es mit diesem kleinen Büchlein retten half, mit den sechs Holzschnitten, die jetzt fehlen und die ich deshalb nicht verschenken kann, nein, nicht das Schloß half er retten, das Bauernhaus, zwanzigtausend Mark brachte das Büchlein, ja, das da, man konnte das Dach damit decken, D-Mark, natürlich, Gott im Himmel die vier Stunden gehn nie vorüber, vierzig Grad im Schatten sind heiß, wie ist es möglich daß ich hier sitze ohne »Denkzettel«, die Anthologie, nach einer Stunde ausverkauft, zwei Nachmittage lang hörten sie zu, brachten Eis, Limonade, Blumen, fotografierten, brachten die fertigen Bilder, holten mich ab, führten mich durch Rostock, an die Orte, wo sie abends ihre Musik machen, heiße Musik, und sonntags Orgel, und daß sie Kirchenmusik studieren. Alle Menschen waren mit den Gedichten, Faksimilehandschriften Christian Wagners und meinem Gedicht nach Hause gegangen.

EIGENTHUM

Es ist nicht alles ganz dein, was du dein nennest; es ist eigentlich gar nichts ganz dein, als die Werthsachen in deiner Brust, in dem feuerfesten u. diebessicheren Kassenschrank deiner Seele. Deine Gärten, deine Aecker u. Wiesen hast du erkauft u. bezahlt; aber was du nicht erkauft u. bezahlt hast, das ist der Thau u. der Regen, der deine Gewächse tränkt, das ist die Luft u. der freudige Sonnenschein. – Bedenke dieses, u. wage es noch ferner zu sagen: meine Früchte sind ganz mein! – Denn nicht ganz dein ist deine Ernte. – Siehe: der Herr der Erde, des Wassers, der Luft u. des Sonnenscheins hat dir Heimathlose, Verwahrloste, Schwachsinnige u. Unmündige, ich möchte sagen, ins Ausgedinge gegeben u. zwar mit der gewiß nicht drückenden Bedingung, sie ein wenig zu dulden. – Ja, es sind sehr geringe Ausdinger darunter, die von deinen Feldfrüchten naschen: Feldhühner, Waldvögel u. Tauben, ja noch geringere: Sperlinge u. Mäuse, Maulwürfe u. Maienkäfer; – aber glaube ja nicht, daß dieselben ihrem Schöpfer auch so geringe u. werthlos erscheinen als dir. –

Christian Wagner

DAS HAUS DES CHRISTIAN WAGNER

»Vom Abriß bedroht«
stand in der Zeitung
Warmbronn
Bauerndorf
»hinter einem der großen Wälder
westlich von Stuttgart«
als hätte sich
nichts geändert seit seinem kargen
Tagewerk zwischen Ackerfurchen
Verse
»vom Rang eines Mörike«
Wie er lebte
Im Haus bei den Feldern
heiß und blau und still
übern Mittag
mit einem Rechen über der Schulter
HINTER DER ERINNERUNG
durch die weitmaschigen Vorhänge sehn
gleichzeitig draußen
drinnen
allein mit ihm
Tinte & Löschsand
Petroleumlampe
Gästebuch
VON HOLDER ÜBERSPONNEN
Risse
der Verputz bröckelt ab
Bilder die niemand haben will
Bücher
Briefe
so viel wert
als eine schartige Sense
unter den vielen
kleinen Grabsteinen
auf einem Felsen
sein weißes Gesicht
VOR TAUSEND JAHREN ASSEN WIR ZU MORGEN
AUF TAUSEND JAHRE SIND WIR NOCH GEBORGEN

Ärgern Sie sich bitte nicht, daß ich Ihnen Gedichte zumute, sie gehören dazu, schlagen Sie nach bei Cervantes, mit dem ich mich durchaus nicht messen möchte, da sei meine bescheidene Mutter vor – aber die seinen sind auch nicht kurzweiliger.
Und in Rostock packen wir jetzt die Koffer, es ist das letztemal, daß ich Sie mit der DDR behellige, ich weiß ja, viele können es gar nicht hören. Als wir abfahren wollen, kommt ein Journalist, der Fragen stellen will, wie Don Quijote das Bauernkriegsjubiläum in seiner Heimat beging, was wiederum später Folgen haben wird, worauf ich zu gegebener Zeit mir zurückzukommen erlaube.
Erlauben Sie mir also zum Schluß – in Montreal regnet es gerade Gold und Silber auf die DDR hernieder, die wir zu lang für Pechmarie hielten und wir reagieren genau so, wie sich im Märchen die bösen Stiefmütter samt ihren Töchter verhalten, die reich sind und denen alles von selber zufällt, doch das ist schon ein Jahr danach und der Augenblick in dem ich es schreibe bringt schon die ersten Zeitungsfotos von einer Sternfahrt der Jungen Union zu einem Fackelzug an die Mauer und ich sehe die Spiegelbilder einer längst vergangenen Zeit ähnlicher Fackelzüge von Kindern, mit solchen Gesichtern, Gebärden zogen sie in den Zweiten Weltkrieg aber das wissen die heute nicht mehr – also lassen Sie mich so gut ichs versteh erklären bevor man uns im Zuge des Bundestagswahlkampfes noch als Agenten verdächtigt; mit uns und der DDR ist das so:
Erstens: die Dichter, die Maler, die Musiker sind unsre Brüder. Wir fahren zu ihnen, wie zu allen anderen Dichtern und Malern und Brüdern auf der Welt. Um ihnen zu zeigen, seht her, es gibt uns, wir fühlen wie ihr, und wir leiden wie ihr, und wir versuchen was damit zu machen, und hoffen wie ihr, solang wir leben, es würde was draus. Vielleicht ein Paradoxon. Es ist schön, mit Brüdern zu reden, die unsere Sprache sprechen, eine Vergangenheit mit uns haben, und die deshalb gemieden werden von denen, die lieber Brüder aufsuchen, die man nicht verstehen muß.
Vorteile für uns? Den Kopf einziehen. Stillhalten. Rückschläge einstecken. Drei Schritte vor, zwei Schritte zurück.
Zweitens: Don Quijote, auf einer Reise nach Frankreich, zu den gotischen Kathedralen, vor einem halben Jahrtausend, verliebte sich in eine Fensterrose. Seither war er nie wieder dort. Etwas ähnliches wollte er jetzt in den eisernen Vorhang schneiden mit einem kleinen Holzschneidermesser. Wenn man das zehn Jahre betreibt, konnte schon etwas draus werden. Solang er ein leiser Grenzgänger war, irgendwo in den

mittleren Wäldern, wo es zu Luther und Goethe geht, ließ man ihn wohlwollend im Abseits gewähren. Don Quijote mied jene Stadt, deren eine Hälfte tagtäglich huckepack die westliche Welt an die Mauer schleppt; die davon lebt, was dahinter liegt, anzupreisen, wie man Laien ein Ärztebuch mit Ödemen, Karzinomen, Mißbildungen, Monströsitäten zur Betrachtung überläßt.
Nachdem Don Quijote jene Hälfte betrat, die sich Hauptstadt des anderen deutschen Staates nennt, gar Biennale-Kommissar wurde, sah man die Zeit zum Einschreiten reif. Als Vertreter für westliche Kunst durfte man Don Quijote nicht dulden, auch wenn er nur sich selber vertrat; also: schwapp mit dem Jauchekübel in die Gesichter derer, die man sonst in der Welt herumzeigte, wenn Don Quijote sie nicht gerade in den anderen deutschen Staat blicken ließ, damit der andere deutsche Staat sie sah. Aus der Fensterrose machte man einen Pranger, ein Halseisen; entweder zieht die westliche Kunst so in die DDR ein wie die Manager der westlichen Kunst dies für opportun halten, oder sie zieht gar nicht ein. Um meinem Herrn das Handwerk zu legen, schreckte die bürgerliche Presse nicht zurück, Don Quijotes nonobjektiven Bildhauer unter den »Hinterhofklüngel des sozialen Realismus« zu mischen; diese hinwiederum bezeichneten Don Quijotes Maler als Kapitalistenknechte.
Wenn ich meinen Herrn inskünftig das Wort Staat oder Nation aussprechen höre, hab ich nur ein Barbierbecken vor Augen, das er sich aufsetzt im Glauben es sei Mambrins Helm; Neid und Habgier seifen ihn ein, im Geschäft der Kunstpolitik, er hält sie für die Damen der Herzogin und läßt sich balbieren. Das Gelächter hört er nur manchmal im Traum.
Drittens: Don Quijote möchte ein Regenmacher sein. Wie das Land diesen Sommer nach der großen Dürre darniederliegt, so empfindet Don Quijote die kulturelle Landschaft der Heimat ausgetrocknet, verwahrlost, verdorrt. Was er mit Hacke und Gießkanne tun konnte, blieb vergeblich. Vergebliches aber haßt Don Quijote. Als der Zeitpunkt herangerückt war, zu welchem man Namen wie Goethe, Dürer, Beethoven nicht mehr ohne Strafe aussprechen konnte, wenn man öffentlich auftrat, was zwangsläufig zur nichtöffentlichen Ächtung führte, wenn es nicht überhaupt davon herkam, ertrug Don Quichote es nicht mehr und begann sich umzusehen, wie das anderswo gemacht wurde. Einigermaßen kannte er sich aus, ich bekam viel zu hören von la grande nation oder Großbritannien und daß die USA jeden Stein für ein Jubiläum umdrehe, das erst zweihundert Jahre alt sei, von den jungen Staa-

ten des Ostblocks ganz zu schweigen. Wörter wie Erbe, Tradition, von den Deutschen zu Sklavenwörtern mißbraucht, waren nicht Don Quijotes Wörter gewesen. Erst als es zwei Deutschländer gab, als man anfing, die Wörter im einen von den beiden totzuschlagen, weil man sich so auf bequeme Weise der überkommenen Sklaven entledigen konnte, machte Don Quijote diese Wörter zu den seinen. Er wollte sie reinigen, heilen, befrein, bevor sie ausstarben. Lang sah er es kommen, doch in Magdeburg traf es ihn: die Studenten, ganz konsequent, sagten, Anfang der 70er Jahre, bei einer Diskussion: Wir verstehen Sie, Sie verstehen uns, was das Erbe, was die Tradition betrifft – wenn wir uns also verstehen und einig sind, daß es Dinge gibt, die nicht verkommen dürfen, wenn ein Staat gesund bleiben soll, warum freuen Sie sich dann nicht, wenn Ihr Staat kaputtgeht, weil er vernachlässigt, worüber Sie klagen? Je mehr Fehler der Kapitalismus macht, je rascher er sein Tempo steigert, desto schneller geht er vorüber ... Die Studenten von Magdeburg hatten nicht bedacht, daß Don Quijote seine Heimat liebte. Sie verstanden ihn nicht, als er sagte: ich bin ein Patriot. Sancho Pansa konnte verstehen, daß die Studenten Don Quijote nicht verstanden und ich war an diesem Tag sehr traurig. Regen wollte Don Quijote machen, denn es gibt Dinge, die nicht nachwachsen, wenn sie einmal verdorrt sind.
Einer im anderen Deutschland, der Don Quijote nicht für Don Quijote hält, sagt, er sei eine Klammer für eine kommende Zeit. Auch in der DDR sei die Zukunft nicht für immer und ewig vorstellbar ohne die gemeinsame Vergangenheit. Don Quijote sei die einzige Persönlichkeit, die es sich zumute, immer von neuem über die Grenze zu gehen.
Damit wären wir auf der Heimfahrt. Und bei der Frage: wo bleibt die Kultur, Sehenswürdiges, Landschaft, Vergangenheit, von der Sie so viel reden, durch die Sie zwangsläufig ununterbrochen reisen? Auch hier muß ich Sie enttäuschen. Landschaft bei Cervantes heißt immer nur: »Als wir an ein seltsam gestaltetes, hohes Gebirge kamen, das aber nicht so steil aus dem Meere aufstieg, daß es nicht genug Raum zu einer bequemen Landung geboten hätte ...« oder »nachdem sie so eine ziemliche Strecke zwischen den Kastanien zurückgelegt hatten, gelangten sie auf eine kleine Wiese ...« oder »sie kamen allmählich in den rauhesten Teil des Gebirges«. Sicher, gewiß, durchaus, o ja, Don Quijote als gebildeter Ritter machte mich immer auf alles aufmerksam, was da am Weg lag, Burgen und Seen, und Backsteingotik, Stifterfiguren, Abteien im Eichwald, Geburtshäuser, Sterbeorte unserer halben Literatur- Kunst- und Musikgeschichte mitsamt den langsam

verrottenden Straßen der alten Stadtkerne ganz wie bei uns, jedoch das alles können Sie tagein tagaus viel genauer und besser von unsern Reiseschriftstellern, Funkjournalisten, Featuremachern im Fernsehn genießen. Nein, so wie die kann ichs nicht. Dann mach ich lieber noch geschwind ein Gedicht, damit Sie sehen, wohin wir von Rostock aus fuhren, Don Quijote und ich, ganz ohne Akkredition, Protektion, ohne Hotelzimmerreservierung, ohne daß irgend jemand in Rostock überhaupt wußte wohin wir aufgebrochen waren:

INSEL RÜGEN

I

Ausgekratzt: Deutscher Schulatlas
Namen wie Hiddensee
Ernst Moritz Arndt
als ich ein Kind war

Erst wenn man leer ist
kein geträumter Stein mehr im Weg
alles Geröll zu Flugsand zermahlen
läßt sich das Siegel öffnen
ein Damm
aus Jahrzehnten und Morgensonne
Paßbild
mein rotes Kleid
rostfarben
auf dem Plakat Leipzig Ag 119/74
Caspar-David-Friedrich-Ehrungen der DDR
die linke Hand hält sich am dürren Strauch fest
rechts lenke ich das Auto nordostwärts
Stunde um Stunde verlor ich alle
meine Eiländer an dieses eine
Grün
inwendig
verschollene
Wegrandblumen
Dörfer voll Rosen
LPG-Korn gegen kommende Hungersnöte
und wie ein Mann sein Dach mit Stroh deckt
an den Küsten
straßenentlang
Auto an Auto die Reifen mit Gras
gegen die Sonne geschützt ihre Fracht
über den Sand verteilt
Kopf an Kopf
jahrlang gesammelte
Werktage

Pfahl um Pfahl balanciere ich
bis zum Ende der Buhne
spring
wo ich nicht vorgesehn bin

II

Nirgendwo sein Postkartenbild
einer der sagt: hier stand er
malte
aber ich fand die weißen Zacken
steil hinab wie vor zweihundert Jahren
ein wenig abgenützter
mürber
dafür Buchen blank vom Wind
und im gekräuselten Meer die zwei Segel
als wäre damals
auf dem Königsstuhl
Zäune
Stacheldraht
Radartürme
NVA-Objekt
Fotografieren verboten

Über ein Habichtskraut gebeugt
tu ichs dem Alten nach hoch oben
mich festhaltend
bevor ich stürze
in die Mitte des Schulbuchbilds
Deutschland
Fotografieren verboten
Caspar-David-Friedrich Objekt

Wir verlassen das deutsche Trauma. Erntezeit, Mähdrescher auf den Feldern beider deutscher Staaten, Dürre, Notreife, Ausfall, Zeichen, überall, wie wir trotzdem immer noch abhängig sind vom Acker. Erschrecken, wie immer weniger Menschen die Zeichen zu lesen verstehen. In der ersten westdeutschen Zeitung – bitteschön, endlich, warum soll es uns anders zumut sein als Ihnen, im Brückenrasthaus, im Frankenwald, Tradition, das Kännchen Kaffee, ein Omelett, auf dem Postkartenständer die nie aussterbenden Farbpostkarten mit der Autobahn untendurch und dem Schild FREI NUR FÜR INTERZONEN- UND BERLINVERKEHR – mokiert man sich, fettgedruckt, über die Wichtigkeit des Wortes Ernte an erster Stelle aller Zeitungen der DDR: ». . . Wo man Politik erwarte, lese man wie schwierig es sei, das vom Wetter zu Boden gedrückte Korn dieses Sommers von Hand zu schneiden.« Womit wir wieder daheim wären und beim Bauernkrieg. Ein Jahr später, nämlich heute, während ich an der Schreibmaschine sitze, doch das konnten unsere Zeitungen damals ja noch nicht ahnen, berichten sie von der Dürrekatastrophe des Jahrhunderts, die unsere Bauern heimsuche und alles bisherige in den Schatten stelle. Also bleiben die Kartoffeln teuer wie Orangen, daran haben wir uns ja schon vor der Katastrophe gewöhnt. Trost, zu wissen, die Kartoffeln wären auch nach einer Rekordernte teuer wie Orangen geblieben. Manipulierte Realität. Immer noch nicht gewöhnt haben wir uns an die Relativität aller Nachrichten, weil das Wort die Magie der Ritterbücher auf uns ausübt: Rindfleischschwemme führt zu Preissteigerung / Dürrekatastrophe nützt dem Verbraucher / USA bringt die größte Ernte aller Länder und Zeiten ein / Indien erntet zu viel Getreide und Reis / Wohin mit dem Überfluß / Auf Lagerhaltung nicht vorbereitet / Fressen die Ratten Indiens Ernteüberschuß? SOS Brot für die Welt, Terre des hommes, helft den hungernden indischen Kindern, jede Mark rettet Menschenleben und wir reisen für den Bauernkrieg statt an unseren eigenen Hunger unsere eigene Lust zu denken.

Mit Rosinante unterwegs

Mein Gott wie ist das bloß gekommen, ich hatte anderes vor im Leben, möchte nicht mehr Sancho Pansa sein, Tee kochen, Hemden waschen, Proviant besorgen, Rosinante füttern und striegeln, Dolmetscher sein zwischen meinem Herrn und dem Volk, was die unteren Schichten betrifft – wenn man so in einem Blechkasten sitzt, tagelang, der fast von selber fährt, geht einem mancherlei durch den Kopf. Kurzum, ich meditierte über mein Los, welches ich, momentan wenigstens, überaus beklagenswert fand. Meistens stellen sich dann auch fundamentale Erkenntnisse ein: Der Arme Konrad ist an allem schuld. Sonntag für Sonntag hörte ich sie, an Pfähle gebunden, nach Wasser schrein, in einer Sonne, glühend wie jetzt, während man langsam einen Krug Wein vor ihren Füßen in den Sand laufen ließ, bevor der Herzog sie abstach. Bedenke, Don Quijote, ich war im zarten Alter von sieben Jahren. Ihre Namen vergaß ich. Bauern. Res, die Trommlerin, Res weiß ich noch. Res trommelte alles in mich hinein, bevor sie wahnsinnig wurde. Res, meine Kinderheilige. An der Hand einer alten Bäuerin durfte ich manchmal mitlaufen, sonntags. Werktags war sie gar nicht so alt und arbeitete in der Zigarrenfabrik. Die meisten Spieler waren Arbeiter. Meine Mutter sah es nicht gern. Wegen der Ausdrücke, die ich mit heimbrachte, wegen allem was sich hinter den Kulissen abspielte. Es war das schönste Naturtheater, das es gab. In der Pause bekam jeder Spieler eine Wurst und eine Flasche Bier. Das war ihr Lohn. Überm Eingang stand: Ehret eure deutschen Meister / dann bannt ihr die guten Geister. Volkskunstvereinigung. Vaters Volkskunstvereinigung. (Ihretwegen trat er im Jahr des Armen Konrad, 1928, aus einer Partei aus, in die er eingetreten war nach ihrem Marsch zur Feldherrnhalle.) Volk war Vaters Altar. Doch der Dichter des Armen Konrad durfte plötzlich nicht mehr genannt werden. Vater tilgte seinen Namen in den Annalen der Volkskunstvereinigung. Radierte ihn aus. War mein Vater das Volk? Wenn ich nach dem Mann Friedrich Wolf fragte, zuckten sie mit den Achseln. Vater hielt Ausschau nach neuen Dichtern, die dem Spruch überm Eingang gerecht würden. Sieben Jahre später spielten sie Totila. Ders geschrieben hat, dem die Mutter die Suppe schöpfte, der die höchste Uniform trug, die sich je zu uns herabließ, wurde der große Henker Polens. Und wir haben alles verdaut. Mörder und Märtyrer. Manche leben noch. Vater starb rechtzeitig mittendrin. Jetzt heißt Volk Gesellschaft. Jetzt sind wir eine Basis. Wozu?

Wie kann es sein, daß du auf der Welt warst? sagte Don Quijote. Als ich Flugblätter druckte. Als ich sie austrug. Als ich von Haus zu Haus ging um Unterschriften für den Mann im Gefängnis zu sammeln, der das Stück geschrieben hat. Ich meine nicht deinen »Armen Konrad«. »Cyankali« meine ich. Wir spielten es in den kleinen Städten. Jetzt graben sie es in Stuttgart aus. Diskutieren den Paragraphen, als seien nicht fünfzig Jahre vergangen. Dieselben Argumente wie damals. Dieselben Schwierigkeiten.

Ohne den Armen Konrad wäre ich nicht Sancho Pansa geworden. Das mit den Graugänsen meine ich. Mit den jungen. Don

Quijote hatte einst eine junge Graugans von Lorenz geschenkt bekommen. Sie lebte für ihn, wenn geprägt sein heißt füreinander da zu sein. Als ich vier war spielten sie den Andreas Hofer. Nibelungen mit fünf. Mit sechs Sonntag für Sonntag die Hinrichtung des Knaben Konradin in Palermo. Und der Hohenstaufen stand damals gleich um die Ecke. Wenn man das Fahrrad hinaufschob war alles wie vor tausend Jahren. Stell dir vor mit dreizehn Jahren stand Sancho Pansa vor sechszehnjährigen Männern in HJ-Uniform und hielt eine Rede über den Bauernkrieg. Man schickt ihn mit dieser Rede herum, sogar zu den Mädchen. Seine Geländespiele waren berühmt: Wir brannten den Hohenstaufen nieder, die Teck und andere Schlösser und Klöster, ich predigte von der Gerechtigkeit Gottes und daß es genug sei mit Leibeigenschaft, und wir wollen freie Jagd, freies Holz und freien Fischfang und ein bißchen weniger Frondienst. Hat nichts genützt, kein Müntzer, kein Hutten, kein Florian Geyer vom Tauberhaufen, ich weiß er war ein mieser Kerl und das Lied haben die Studenten erfunden, aber es war trotzdem schön: Spieß voran / drauf und dran / setzt aufs Klosterdach den roten Hahn . . .
Don Quijote sagte: Vom Bauernkrieg sagten sie uns nichts in der Schule. Weil die Geschichte unangenehm war, weil es nicht in die Lesebücher paßte, daß auch in Deutschland etwas mit Blut bezahlt worden war, anstatt wie üblich einzuschlafen an der Bürgerfeigheit. Das hat mir gerade noch gefehlt, daß die Nazis den Bauernkrieg benützten.
Warum weißt du davon nichts?
Weil ich keinen Zutritt hatte. Weil ich ein Aussätziger war. Wer Schuhcreme frißt weil er kein Geld für Fett hat, führt seinen eigenen Krieg. Es wird Zeit, daß wir heimkommen, sagte Don Quijote.

»Ich will damit nicht sagen, ja ich hege nicht einmal diesen Gedanken, daß der Stand eines fahrenden Ritters ebenso gut sei wie der des Mönchs in seiner Zelle, ich will nur aus dem, was ich erdulde, den Schluß ziehen, daß er zweifellos mühseliger und beschwerlicher, hungriger und durstiger, elend, lumpig und lausig sei. Denn es besteht kein Zweifel, daß die fahrenden Ritter der Vergangenheit im Laufe ihres Lebens mancherlei Unglück erfahren haben. Wenn es auch einigen gelang, sich durch die Tapferkeit ihres Arms zu Kaisern emporzuschwingen, so geschah es doch wahrscheinlich immer mit viel Aufwand von Blut und Schweiß, und wenn denen, die sich so hoch erhoben, nicht Zauberer und Weise beigestanden hätten, so möchten wohl all ihre Wünsche unerfüllt geblieben und ihre Hoffnungen enttäuscht worden sein.«

Don Quijote vor 500 Jahren

Nach diesem Gespräch über den Armen Konrad war Don Quijote bereit, für Schwäbisch Gmünd eine Ausstellung zu machen, worum er seit Jahren gebeten wurde. Bauernkrieg oder nichts, sagte er. Der schwarze Ratgeb war schon unterwegs nach Frankfurt. Wir liehen den roten aus, den Don Quijote verschenkt hatte. Daß Jörg Ratgeb in Schwäbisch Gmünd geboren sein soll, daran wollte sich keiner erinnern, so viel wir auch fragten. Im »Prediger« wurden dem Bauernkrieg Don Quijotes die Zähne gezogen: Designer nahmen ihn in die Hand und präsentierten ihn auf ihre Weise, schließlich war es ein städtisches Museum und Schwäbisch Gmünd interpretierte seine Geschichte anders als Don Quijote sie begriff. Bei der Eröffnung blies in der Halle des Predigers eine Trachtenkapelle zu Ehren eines Flüchtlingsverbandes so laut sie konnte, um Don Quijotes Rede zu übertönen: Jörg Ratgeb, Chagall und der Geiger von Gmünd. Nicht weit weg hatten sie einst Gewichtssteine in die Rems geworfen: hat der Herzog recht, dann schwimmen sie oben, gehn sie unter, haben die Bauern recht . . .

Zu den Äckern der Väter nach Schwäbisch Gmünd

Der August ist des Winters Anfang

Was der August nicht kocht, das kann der September nicht braten

An Barthelmai, wenn du Korn hast, sai!

es ist so grün daß es mich ärgert sagte rabin und don quijote sagte schirach speer schreibt sein zweites buch sie sind millionäre geworden seit sie raus sind willst du daß der heß auch noch schreibt winifred es geht nichts mehr als hitler hitler läßt sich verkaufen wie nichts um kein jota haben die deutschen sich gewandelt seit 1940 sagte im fernsehn der französische general bleiben sie wachsam hören sie auf mit diesen alten geschichten sagte der walser zu don quijote als der von der reichskulturkammer anfing und zum wievieltenmal

Tagebuch

behauptete er verdanke seine freiheit nur einer kontrollratsverfügung der alliierten daß er sich wehre solang er am leben sei gegen alle die schon wieder bestimmen wollen was kunst zu sein habe und was nicht in bergen-belsen sagte rabin es ist so grün daß es mich ärgert don quijote sagte in spandau haben sie wenigstens noch einen grund einen einzigen letzten lebendigen grund für die wachablösungen wo wo denn wo ist unser friedensvertrag usa feiert leni riefenstahl vielleicht schaff ich es daß der walser durch die nostalgie der anderen merkt was mich nicht schlafen läßt nicht einmal die hände durften sich die astronauten schütteln bei der koppelung im weltraum ohne daß die moderatoren höhnten doch dann hieß es sie hätten zwei hebel nicht oder hätten sie falsch gedrückt lägen treibgasvergiftet im krankenhaus nein nicht die sowjets die anderen ham vielleicht zu viel dran herumgebastelt damit der händedruck nicht über torgau an der elbe stattfinden konnte wie vor dreißig jahren wo doch die russen so viel auf symbole warum haben wir in helsinki nicht einen friedensvertrag gefordert alles das denkt und sagt don quijote yitzhak rabin's comment was uncharacteristically bitter and probably undiplomatic es ist so grün daß es mich ärgert ksze fünf jahre lang wurde das vorbereitet in rostock hab ich die arbeit allein gemacht keiner hat es gemerkt jetzt kann ich auch den triumph alleine haben in der allerletzten sekunde kriegt die spd noch die kurve – nein so drückt don quijote sich nicht aus die spd sprang auf sagte er kriegte ein schwanzhaar des pferdes zu fassen hangelte sich fünf jahre vor kunststoff schädlingsbekämpfungsmittel ksze also doch existent da muß erst eine wahleinheitsfront cdu csu draus gemacht werden bis die merken da ist ja was los so etwas gab es ja nicht seit potsdam bis es dann fast über nacht passierte ksze aus allen kanälen ksze in über nacht passierte ksze aus allen kanälen ksze in allen gazetten schmidt und tito schmidt und gierek schmidt und ford this is the rhine und kaffeetrinken mit kissinger wenn ich das viele grün sehe werde ich wütend on the first stop of the first official visit by an israeli premier to west germany rabin walked past neatly tended mass graves . . . near hannover ford ist jetzt in auschwitz wenn etwas sichtbar wird sagte sarah dann ist schon alles gelaufen unser kanzler steht als letzter auf der rednerliste in Helsinki ostsee ost-

see sagen alle tragen alle die fotos im stern heu und pappe um Autoreifen gegen die sonne auf fischland auf rügen wie wir es sahen entlang entlang ›hunderttausende fahren zum erstenmal mit dem eigenen auto in kollektivferien‹ schreiben sie while his germanborn wife leah who fled the country as a child looked on rabin recited the kaddish the traditional hebrew prayer for the dead

Zu den Urenkeln nach Frankfurt Ausstellung Börsenplatz

Anstoß zum Versuch einer Diskussion über die Karmeliterfresken. Anstoß Ratgebs zu erinnern. Groß und schwarz hing der Viergeteilte neben dem Eingang. Doch in der Zeitung stand, auf dem Bild sei ein pflügender Elefant und eine pflügende Kuh zu sehen, dazwischen Bauern, die kopfüber ins Nichts hinabstürzen.

Buchmesse

Um ein Bild gefragt für die Sonderschau zum »Jahr der Frau« sagt Don Quijote: Bisher sah ich bloß Karikaturen. Perfides: im Jahr der Frau diese selbst immer neu aufeinander loszuhetzen. Als gäbs keine Dritte Welt, in der die Frauen noch nicht einmal zu träumen wagen von Gleichberechtigung. Mögen die Westdeutschen festhalten am Recht, ihre Frauen verprügeln zu dürfen und auf den Playboymärkten verhökern, wie das bisher im Orient üblich war, Jahr des Veilchens, Jahr des Meerschweinchens höhnen sie, feiern den 17. Juni gleich nach Fronleichnam, ihre mit allen Attributen der Künstlichkeit ausgestattete Knef stellen sie dem nicht minder stilisierten Naturprodukt Karin Struck gegenüber, beide nichts außer sich selbst im Sinn, je und je eine Prise Alice Schwarzer in die Wohnküchen geblendet, als Schock, damit das dort wieder funktioniert – wozu an die roten gelben braunen schwarzen Frauen erinnern, die eine Lobby in der Unesco brauchen, eine winzige Stimme im Männergebrüll ... Don Quijote malte schon, nasses Blau, auf das Zusammengerollte, Verschollene, Schwarzgedruckte: einst Pforzheims Frauen, jetzt demonstrieren sie, fast lebensgroß, für alle Hautfarben.

Tagebuch

nachts schweißüberströmt stößt das herz mich wach 4× schlägt die uhr dann tiefer 3× wo? ein

dom? stralsund? wetzlar? eine dorfkirche? welches
bett wo ist die tür fenster wand was für ge-
räusche licht? vom mond? vom nachbarhaus? von
der straße? schreit ein tier? war es ein mensch ir-
gendwo motoren diese sekundenbruchteile in den
nächten bis man weiß ob man wach ist ob der traum
schlimmer war oder die wirklichkeit der unablässig
wechselnden lagerstätten immer noch finnland doch
uwe ist längst bei den schlössern an der loire in bay-
reuth waren parsivalproben martin gibt cosima her-
aus wie ist es möglich daß ich im januar buchenwald
geschrieben habe ohne den see diesen see zu ken-
nen filbinger hat sie aufgefordert sofort den platz in
wyhl zu räumen wenn sie nachgeben ist alles
aus die buchmesse fängt gleich an ich verstehe das
grün nicht petrarca unten im tal michaux oder
char gelbe iris iris vauccluse während die flinken
jungs auf den berg fahren mit ihren flinken flotten wa-
gen oben ein stück über steine hüpfen für die fernseh-
kameras urs und nicolas burda petrarca geld für das
hirngeschädigte kind eines toten mont ventoux kei-
ner von ihnen sieht wie zu füßen das jahrhundert die
augen schließt unter den sandaletten der mädchen
küchenlorbeeerkeusch born handke witwenbekränzer
rowohltlektor bazon brock darf nicht alt werden es
ist so grün doch inzwischen weiß ich es

1942

Don Quijote gab
mir ein Gedicht
von sich

in einer Stadt in Schlesien
arbeitete eine polnische Frau
der Mann gefallen, das Haus zerstört
die Kinder, man weiß es nicht.
Die polnische Frau arbeitete im Bergwerk.
Dann starb sie. Aus Schwäche? Aus Kummer?
Die Arbeiter wollten die Frau begraben.
Sie gingen zum Schreiner.
Wir brauchen einen Sarg sagten die Arbeiter.
Für wen fragte der Schreiner.
Für eine polnische Arbeiterfrau.
Für eine polnische Arbeiterfrau gibt es kein Holz.
Die Arbeiter fanden die vier Bretter
und wollten Farbe kaufen den Sarg zu streichen.
Für wen brauchen Sie die Farbe?
Für eine polnische Arbeiterfrau.
Für eine polnische Arbeiterfrau gibt es keine Farbe!
Sie baten den Pastor um den Wagen
den Sarg zum Friedhof zu fahren.
Für eine polnische Arbeiterfrau gibt es keinen Wagen.
Sie trugen den Sarg.
Als sie zum Friedhof kamen
waren keine Seile da den Sarg hinabzulassen.
Für eine polnische Arbeiterfrau gibt es keine Seile.
So warfen sie den Sarg hinein,
sagte der Pfarrer
bei einem Luftangriff
an meiner Brust.

Tagebuch *ich sah den see plötzlich den see mit schwänen nach don quijotes gedicht und das land um den see auf dem schwäne schwimmen die so weiß sind ist viel zu grün für den ort der am ufer liegt da begriff ich don quijote hat mich dorthin geführt im jahr der frau ravensbrück ich sah die kranzschleifen in den sprachen europas bedruckt auf keiner fand ich die namen von damals sie machen bücher sie machen filme in denen die kinder die enkel der frauen von ravensbrück rede und antwort stehen wenn ein reporter aus westdeutschland ihnen das runde ding vor den mund hält wissen nicht daß es menschen sind die einfach weitergemacht haben wie die schwäne auf dem see von ravensbrück*

Stuttgart Landesbibliothek

Angenehm, bravo den Architekten, Wasserbecken spiegeln Blumen, schön geschrieben hängen die gelben Birnen Hölderlins von der Decke herab neben Jussuf Prinz von Theben, Symbiose aus Zweck und Anmut wohin man sich wendet, Treppen, Glas, Beton, Emporen lassen Bücherlasten schweben, verteilen alles im Licht. Bald saß ich im wohltemperierten Lesesaal. Doch kaum begann ich die großen schön gebundenen Zeitschriftenbände aufzuschlagen, fror ich, schwitzte, es schüttelte mich, nimm dich zusammen, Sancho Pansa, du fällst aus dem Rahmen all der fleißigen Leser, Studierenden, die sich hier offensichtlich so wohl fühlen.
Was ich vor dreizehn Jahren verlor, das Feuilleton über die Untermenschen, fand ich nicht; DAS REICH, die großdeutsche Wochenzeitung, war nicht mehr unversehrt. Halbe Jahrgänge fehlten. Seiten, Stücke herausgerissen, Spuren von Nagelscheren. Der einst begeistert begrüßte Tesafilm hatte alles mit ihm Verklebte braun gemacht, wen störte es, daß es verdorben, unleserlich war. Noch einmal sah ich Bilder, die Fotos, wie meine Brüder und Schwestern verreckten, schön verpackt in Kulturelles, übergangslos, von den europäischen Fronten bis zu den Schützengräben um Berlin.
Nach drei Stunden hab ich gefunden, wonach ich niemals suchen wollte: Namen, Freunde, Demokraten, umbeschriftete Wegweiser, nachdem alles zu Ende war. Dichter und Maler, Woche um Woche, oder doch wenigstens einmal pro Jahreszeit ließen die Reiter ins Morgenrot reiten, Fäuste um Handgranaten sich ballen, Wipfel im Abendwind rauschen, als es galt, Hitlers Krieg über die Erde auszudehnen, um sie uns untertänig zu machen. Bis zum Endsieg.
Ich schlage die Zeitschriftenbände zu, DAS REICH verging, ich

laß die Zeit vergehen, ich will euch nicht mehr auf der Messe begegnen, mein Esel gibt Fersengeld, wenn er aus der Heimat vertriebenen Gräfinnen hoch zu Roß gegenübersteht. Ich höre auf, meinen alten Bauch in Jeans zu stecken; richtets euch und laßt es euch richten. Macht es euch und laßt es euch machen, ich spiele nicht mehr mit.

Cervantes

»... ich weiß von nichts ich war im Keller; was gehen mich fremde Angelegenheiten an? Wer kauft und nicht die Wahrheit spricht, dem nützt der ganze Handel nicht; und, nicht wahr? nackt bin ich auf die Welt gekommen, nackt bin ich geblieben, kein Verlust, kein Gewinn; selbst wenn sie hätten, was macht's mir aus? Mancher denkt, er hat Speckseiten, und hat nicht einmal Haken, sie dranzuhängen, wer kann Türen auf freiem Feld bauen? Und wenn sie Gott gelästert haben, was wird man erst von ihnen sagen?«
»Gott steh mir bei!« rief Don Quijote. »Was für Unsinn redest du da durcheinander, Sancho! Was haben deine Sprichwörter mit unserem Thema zu tun? Bei deinem Leben, Sancho, schweig und denke künftig nur daran, deinen Esel anzutreiben, und tue es nicht in einer Angelegenheit, die dich nichts angeht. Begreife überdies mit all deinen fünf Sinnen, daß alles, was ich getan habe, tue und tun werde, durchaus mit Grund und gemäß den Gesetzen der Ritterschaft geschieht, die ich besser kenne als alle Ritter, die sich jemals zu ihnen bekannten.«

Avalon

Über die Aussichtslosigkeit einen Menschen live im Buch darzustellen auch wenn man hundert Tonbänder hat

Sieben Jahre lang gab es nichts, was ich dringender wollte als: aufschreiben, festhalten, treu und genau, wie irgend möglich, wie eben möglich, was dieser unschlagbarste meiner Herren, dieser geschlagenste von sich gibt. Morgens und mittags und abends und nachts. Das müssen Sie, das ist Ihre Aufgabe, das sind Sie der Nachwelt schuldig, sagen mir immer wieder mal Fachleute die Bescheid wissen über Don Quijote. Aber um gotteswillen nicht mehr Alma Mahler. Behrens-Corinth. Statt der Gilot oder Eckermann gibt es jetzt zuverlässige Apparate. Heutzutage ist man authentisch oder man ist überhaupt nicht. Video video video video. Als könne man mitschneiden wie ich male, sagt Don Quijote. Und schneide. Und denke. Als er lang genug ärgerlich war, als er lang genug darüber gelacht hatte, gab er mir Geld: Wenn es dich weiterbringt, wenn es dich fördert, wenn es deine eigene Arbeit betrifft, dann kauf das beste. Aber laß es mich niemals merken, hörst du? So brach nach der Zeit der Zettel und Schulhefte die Zeit der Kassettenrecorder an. Ihre Entwicklungsstadien waren die meinen. Ich versteckte sie an den möglichen und sogar an unmöglichen Plätzen; manchmal wurde Don Quijotes Rede plötzlich steif, gestelzt wie wenn Fernsehn da war. Oder ein ungeschickter Interviewer. Manchmal hatten wir Spaß wenn ich nicht merken sollte, daß er Bescheid wußte und wir einander zu übertölpeln glaubten. Einmal im Weimarer Elefanten sagte er: mach deine keuchende Tante aus, du kannst das nie. Wenn dann der Augenblick kam wo er gut war, wo er so war daß es mich umschmiß, wenn das Wort der Stunde, des Tags, des Monats fiel, war das Band voll, verfitzt, gerissen, die Kassette zum Drehen, die Batterie verbraucht; gibs endlich auf, sagte Don Quijote. Katarakte sind ins Nichts gestürzt. Was kommt es darauf noch an. Ich probierte es mit dem Telefonadapter. Zeichnete Gespräche auf, Stunde um Stunde. Und jetzt? Was mein Herr immer sagt: der Schnee von gestern. Wer was wählt aus dem zufällig Übriggebliebenen, das ist genauso willkürlich wie die Gedächtnisprotokolle unseres Lebens, wie alle wörtlich angeführten Reden aller gedruckten Bücher seit Gutenberg. Don Quijote griff nach Höllerers »Elephantenuhr«, um die ich mich bisher gedrückt hatte, und las die Stelle vor mit den Tonbändern. Das war das Ende. Don Quijote lachte, wie man ihn nicht oft lachen hört. Eines Menschen Leben reichte nicht aus, das eines anderen abzuhören, geschweige in die Maschine zu tippen. Noch nicht. Er hat es gewußt von Anfang an. Seither modern die Geräte still vor sich hin. Und hundert Kassetten voller Plunder und Köstlichkeiten. Sprache im technischen Zeitalter? Ich kehre zurück zu den Zetteln. Atavismus aus Bruchstücken, Fetzen, weiße, grüne, graue, rote, Fetzen von Fetzen, Zeitungsränder, Eintritts- und Garderobenscheine, Buchumschläge, Rechnungen, Quittungen, Etiketten, Packpapier, vollgekritzelte Einkaufstüten, Abreißkalender, Hotelcouverts, Korrekturfahnen, Fotos, Paketkarten, Aufklebeadressen, Prospekte, Kataloge, Arznei- und Nahrungsmittelpackungen, einmal sogar auf Kfz-Papiere. Keine der kostbar gebundenen oder zweckmäßig eingerichteten Schreibmöglichkeiten: Perforiertes, selbsttätig Leuchtendes, Durchzuschreibendes und zu Löschendes für alle Taschen, Kleidungen, Fahrzeuge, Aufenthaltsorte – nichts war dem Don-Quijote-Streß gewachsen. Also fange ich zum wievielten Male an wie ich seit zwanzig Jahren anfange:

IN DIESEM AUGUST EINES AZORENHOCHS

Don Quijote über SOMETHING HAPPENED: die Abwesenheit

jeglicher Lüge die Vermittlung des Eindrucks von Abwesenheit obwohl man von den Tatbeständen, Orten gar nichts weiß im Allgemeinen nennt man das Kunst. Dieses Europa ist ganz anders, da ist viel mehr Geklirr, Rüstungen in der Luft aufeinander ineinander Puppe in der Puppe

Nicht zum Schlamm noch Schlamm zum Absurden Absurdes hinzufügen

Don Quijote zu Strindberg/Bergman: Ich mag die Schwanzanbeter sowieso nicht, die Gott und den lieben Heiland dort suchen, wo er bestimmt nie war

Das absterbende Bürgertum infiziert ja immerfort die heraufkommende Klasse

SERVUS ES IST ALLES EGAL von Thomas Bernhard lesen

Don Quijote ... niemand hat Zeit, niemand hört zu, die Leute stoßen einen an, sagen Verzeihung, gehn weiter, und in dem Moment muß die Fahne entrollt sein

Die Einsamkeit heute ist nicht die Wüste, sondern der rasende Verkehr auf einem Platz

Aber hat Don Quijote nicht recht mich da immer neu wegzuholen von dieser Ohnmacht des Schreibenden an dem die Jahrzehnte vorüberrasen während er meint durch Meditieren etwas zu ändern an den Computern daß sich alles gleichzeitig zuträgt und er frei Haus geliefert bekommt was er ein paar Jahrtausende lang in der Lage war selbst herzustellen

Cervantes

»Ich passe«, sagte Sancho. »Ich gehe jetzt lieber mit dieser Pastete an den Bach da und esse mich für drei Tage satt; denn ich habe meinen Herrn Don Quijote sagen hören, der Schildknappe eines fahrenden Ritters müsse, wenn was da ist, essen, bis er nicht mehr kann, weil es vorkommt, man gerät in einen so dichten Wald, daß man in sechs Tagen nicht wieder herauskommt, und wenn dann der Mensch nicht satt oder sein Schnappsack nicht gut versehen ist, so schrumpft er, wie das oft vorgekommen ist, zu einer Mumie ein.«
»Da hast du recht, Sancho«, sagte Don Quijote, »geh, wohin

du magst, und iß, soviel du kannst, ich bin schon gesättigt und will nur noch meiner Seele eine kleine Erquickung gönnen.«

Zu den Weinbergen der Väter nach Wyhl

Ein kalter Oktober
den Bauern freut,
bringt den bösen
Raupen Leid

Im Gilbhart räum den
Garten, denn willst du
warten, dann kommt
die Kälte und nimmt
die Hälfte

Am Urscheltag muß 's
Kraut rei sonst schneit
Simodjaud drei

Simon und Judi jag's
Vieh in d' Studi,
Marte stellt i,
d' Kathri mueß
Fuettermagd si

Keine Frage, den Bauernkriegsengel mußte ich selber nach Wyhl fahren. Ohne Vorankündigung. Endlich den Ort der Geschichte betreten: den besetzten Platz, auf dem das Kernkraftwerk gebaut werden sollte, die Nato-Rampe am Rhein, das Freundschaftshaus, jenen offenen Rundbau im Sumpfwald, wo man ums Feuer sitzt, inzwischen auch Volkshochschule mit dem elften Vierwochenprogramm. Bauern, Fischer, Weingärtner, Arbeiter, Bürger aus allen Berufen lernen hier, was geplant ist mit ihrer Heimat, wie das am Ende aussehen und funktionieren soll. Was es für Folgen haben wird. Und was das ist: Solidarisierung. Professoren und Laien von überallher scheuen den Anreiseweg nicht. Es gibt weder Honorare noch Fahrtkosten. Jeder bringt was er kann für eine Zukunft, unter der er sich das Gegenteil einer Zukunft für die KKW-Industrie vorstellt. Auch den Auwald wollte ich sehen. Einen der letzten in Deutschland mit seinen bedrohten Pflanzen und Tieren. Sehen wollte ich wo der Wein wächst, der eine solche Rolle spielt. Was ich sah: Nebel, eine Handvoll Wächter saßen auf roh gezimmerten Bänken, Männer, junge Frauen, Kinder dazwischen, es war naß und kalt, von den Dörfern herüber Mittagläuten, hinterm Küchenherd im Wald stand eine alte Frau und schöpfte. Zwischen die Teller, gefüllt mit dampfendem Sauerkraut und Kartoffeln, legte ich den Engel mittenhinein auf den Tisch. Sagte: Was ihr tut, steht da drin. Und wie es anderswo zugeht. Verschwand. Acht Wochen später wußte ich, mein Vertrauen in diesen Ort war nicht verfehlt.

Avalon

Die Katzengeschichte hätt ich gern ausgespart. Aber weil Don Quijote keine Gelegenheit ausspart, zu behaupten, in meinem Gehirn entstünden, keineswegs vom Aussparen, Löcher wie im Schweizer Käse, muß ich sie wohl oder übel berichten. Don Quijote hatte keine Katzen mehr. Rama und Sita waren gestorben, hundertjährig, an Altersschwäche, ihr siamesischer Nachwuchs verstreut. An einem Morgen im Januar saß plötzlich ein roter Kater da. Wärmte sich auf dem Dach des Schwimmbeckens. Der Frost wurde strenger, die Katze magerer, sie ließ sich nicht anfassen, aber sie blieb. Ich legte Futter hin. Menschen, die in Ferien fahren, werfen ihre Tiere manchmal Don Quijote übern Zaun: der mag die Tiere, der wird sie schon nicht verkommen lassen. Don Quijote aber mochte die Tiere nicht mehr. Es waren zu viele gewesen. Im Februar hatte der Rote, satt, kräftig geworden, eine Gefährtin. Einäugig, schwarz, er ließ sie mitfressen, auch wenn es mir deutlich mißfiel und ich Anstalten machte, sie wegzujagen. Katzen sollen Mäuse fressen, war Don Quijotes ständige Redensart. Statt dessen tanzen mir beide auf der Nase herum. Ich stellte mir vor, wie die Einäugige beim Sprung immer danebentraf. Sie tat mir leid. Don Quijote warnte mich. Im Mai waren die beiden zu fünft. Eine tückische Mehrheit, niedlich anzuschaun, wild und kühn und bandenartig taten sie alles miteinander, was man bei Menschen pervers nennt. Der Rote ließ so lang an sich saugen, bis das nasse Fell am Bauch zusammenklumpte wie Zitzen. An keinem Ort war man mehr vor ihnen sicher, nirgendwo konnte man ein Blatt Papier, ein Stück Nahrung liegenlassen. Sie sprangen vom Dach auf einen herunter, während man schlief, doch anfassen ließ sich keine von ihnen. Im Juli sagte Don Quijote, er würde den Feldschütz anrufen. Im August sagte Don Quijote, der käme nicht, weil er nicht schießen dürfe. Im September sagte Don Quijote, er hätte die Tierärztin angerufen. Aber die Katzen ließen sich nicht fangen. Im Oktober sagte Don Quijote, er halte es nicht mehr aus. Danach hörte ich Don Quijotes Schrei im Garten. Ich rannte und sah ihn einen Asternbusch auseinanderbiegen. Junge Katzen lagen darin. Ganz neue. Bevor sie uns wahnsinnig machten, beschloß Don Quijote sie zu töten. Er schickte mich weg. Als er zurückkam, war er sehr blaß. Später sprach er vom Wasserfaß. Von einer Plastiktüte. Daß sie nicht kaputtgingen. Schon die Augen offen gehabt hätten. Er hätte sie dann begraben. Im Fernsehn erschlug ein Schafhirt Wolfwelpen, irgendwo in Usbekistan. Einen bettelte sein kleiner Sohn frei, was entsprechende Folgen hatte. Don Quijote schlief diese Nacht nicht. Ich beschloß, meinen Herrn zu erlösen, denn längst ging das mit den Katzen nicht mehr mit rechten Dingen zu. Bevor es hell wurde, lauerte ich ihnen auf, bis ich eine nach der anderen erwischte. Kofferraumdeckel auf, Katze rein, Kofferraumdeckel zu und ab, wo Kühe schreien, Misthaufen rauchen, wie Raketen schossen sie später aus ihrem Gefängnis mitten ins Dorf. Daß ich Kratzer, Bisse, Blut ignorierte, war nicht mehr als recht und billig. An die Einäugige wagte ich mich nicht. Die sah mich an wie Gäa. Aber den Roten fing ich und fuhr ihn kilometerweit in den Wald, wo es schön ist, wo er eine Chance hat. Als die Aktion beendet war, ging ich zum Arzt in die Hauptstadt. Dann erst, gereinigt, genäht, verbunden, mit allen nötigen Spritzen versehen, meldete ich mich bei Don Quijote. Es dauerte, bis die Schwellungen abklangen, und ich brauchte noch Penicillin.

Nach der Buchmesse bekam ich Kopfweh. Keine Tablette half. Als das Kopfweh nicht mehr auszuhalten war, ging ich zum Internisten. Als der Internist nicht weiterwußte, ging ich zum Orthopäden. Es war nicht die Wirbelsäule wie bisher. Ich übergab mich. Nach den Spritzen, nach den Massagen, nach der Behandlung der Wirbelsäule war das Kopfweh schlimmer als je. Der Orthopäde schickte mich zum Neurologen. Doch da war nichts. Auch das Gemüt ohne Befund. Ebenso beim Kardiologen. Als man auch keinen Gehirntumor fand, blieb ich auf meiner Luftmatratze liegen und war nicht mehr zu gebrauchen. Die Ärzte hatten Mitleid mit mir und steckten mir Kapseln, Tabletten, Zäpfchen zu, jede Nuance zwischen Betäubung, Aufmunterung, Substanzen, die das Zentralnervensystem erreichen, Opiate, mit dem Gift hätte man ganze Hippiekommunen versorgen können. Es war umsonst. Ich verdämmerte die Tage, steif ausgestreckt, bewegungslos, unterm nassen Tuch auf der Stirn, das allein war noch von mir übrig: Stirn, nichts als Stirn, der Schmerz, links vorn, wanderte nach rechts, dann nach hinten, rechts, links und dann wieder nach vorn. Oder umgekehrt. Dann fand ich die Knoten.

Hinter den Ohren, haselnußgroß, und am Hals, unterm Kinn. Also noch einmal zu den Ärzten.
Nein, von den Knoten fühlte sich niemand betroffen. Man zog einen Zahn, entfernte Plomben, in der psychiatrischen Klinik maß man den Druck der Augäpfel, ich trug eine Manschette um den Hals, falls es doch die Wirbelsäule war, auch hatte ich mich damit abgefunden, daß ich bestraft werde, wie die Ärzte prophezeiten, für meine Lebensweise. Ob jetzt das erwartete Ende im Rollstuhl begann? Die Moiren sind es, ich schlug ihnen ein Schnippchen, jetzt bin ich dran, sie zahlen es heim. In der Hoffnung, ich könnte die Ärzte auf etwas wie die Tollwut bringen, von der ich weiß, daß man dran sterben muß, erzählte ich allen die Katzengeschichte. Vielleicht hatte ich nur ein bißchen Tollwut? Vielleicht konnte man ein bißchen Tollwut heilen? Sie lachten mich aus, ein bißchen Tollwut gäb es so wenig wie ein bißchen schwanger. Alle meine sieben Leiden und die sieben Operationen, nichts davon war so schlimm wie das Kopfweh. Mann, ach Biermann, der Eiserne Vorhang, die Mauer ist doch kein Katzenschlupf, wie konntest du annehmen, dreißig Jahre mit deiner Stimme auslöschen zu wollen? Du bist kein Welpe mehr, du bist ein Wolf, in dem russischen Fernsehfilm, vor dem Don Quijote die Katzen ersäufte, hatten sie Angst um ihre Herden und erschlugen ihn. Obwohl er des Menschen Gefährte war. Was aus dem Hirtenjungen wurde, hab ich vergessen. An der Stubentür von Don Quijote hängt jetzt ein Blatt: TOD UND JÜNGLING, beide spielen Gitarre, tanzen, unter die Füße des Jünglings schrieb einer, der sich erkannte, bevor Don Quijote ihn kannte, erkannte, wen er damals ins Totentanzholz schnitt.

In solcher Welt nicken die Gehenkten
Ihren Henkern dankbar zu:
Die Toten erweisen ihren Mördern
Die letzte Ehre
Es stinkt zum Himmel
Und Gott hat keine Nase

Wolf Biermann
für Don Quijote, 21. Mai 66 in Dresden

Totensonntag 76, 0 h 17, das Wort LOVE in der Mitte des Blattes fehlt im Totentanzbuch Don Quijotes zwischen Tod und Jüngling. Don Quijote unterschrieb diesmal nicht. Während ich schreibe, was vor einem Jahr mit mir passierte, Biermann, vielleicht hattest du auch ein bißchen Tollwut, singst du, nur ein paar Schritte von hier, in der Stadthalle, Tränengas, Biermann, weiter, ohne zu wissen wofür.

Als ich nicht tot war am Totensonntag, fand ich mich mit dem Leben ab, tat meine Arbeit, so gut ich konnte, fuhr Don Quijote, wohin er wollte, bis endlich niemand mehr zuständig war für meinen Kopf mit Knoten hinterm Ohr, weil Weihnachten kam, und danach Neujahr, und auch an Dreikönig liefen die Ärzte noch Ski. Ich wünsche dir gute Ärzte, Wolf Biermann. Die meinen sagten an Ostern: »Wir haben im Herbst möglicherweise eine Meningitis gehabt.« Hirnhautentzündung. Auf dem Kanapee. Und ab und zu am Steuer, zum Beispiel:

Zu den Äckern der Väter nach Herrenberg

Eine kleine Stadt, in die Welt kam ihr Name durch Jörg Ratgebs HERRENBERGER ALTAR. Das Werk ist in der Staatsgalerie, die leere Kirche am Felshang droht einzustürzen. Man muß rasch handeln, bevor es zu spät ist. »Ich habe mir da so gedacht . . .« sagte der Tübinger Funkintendant zu Don Quijote. Der machte sofort aus den Gedanken des anderen einen Holzschnitt. Und über Nacht, als wärs ein Brot, ein Fisch, mit denen man fünftausend sättigt, brachte die »Vertreibung aus dem Paradies« den Herrenbergern fünfzehntausend Mark. Millionen fehlen für die Rettung der Kirche. Bei der Übergabe im Rathaus erinnerte Don Quijote an den Maler, der Herrenberg zum Ruhm verhalf. Sancho Pansa las seinen Ratgeb vor, und der Oberbürgermeister sagte, das alles habe man in dieser Stadt doch ziemlich verdrängt; er selber nähme sich keineswegs aus und wolle versuchen, die gefährdete Kirche und Ratgeb wieder zusammenzubringen. Dann wurde die rote Vierteilung nach Herrenberg geholt, eine Opferbüchse daneben: »bittet für sein ›zerstückeltes Werk‹ und die Stiftskirche«.

November tritt oft hart herein, braucht nicht viel dahinter sein

Wenn der November schneit, hat der Winter verkalbt

Um Martin schlachtet der Bauer das Schwein, es muß zu Lichtmeß gegessen sein

Bauernkrieg (1935)

Stuttgart

Zum Jubiläumsjahr hat man sich dort etwas Besonderes einfallen lassen: »Der Altar ist für die Öffentlichkeit nicht zugängig.«

Lampen nennt man Glühbirnen heute. Wohin man schaut, verfremdete Birnen. Wo kommt der Birnenboom her? (Vielleicht gibt ein Kinderbuch die letzte Antwort auf Don Quijotes historische Bemühungen; das Kinderbuch heißt: WIR BAUEN EIN KERNKRAFTWERK.)

Don Quijote im Allgemeinen Deutschen Sonntagsblatt Hamburg, Oktober 1975

Der Wind bläst ins falsche Hörnlein

Ich schlage heute das *Sonntagsblatt* auf, und gleich leuchtet es mir ein, warum man sich nicht mehr versteht. Hüben wie drüben. Die lustigen Glühbirnen, die diesmal über die Seiten DS-aktuell und »Gott und die Welt« verteilt sind, sagen es mir. Sie sind das *missing link*, das mir bisher gefehlt hat, um nachzuweisen, woran es bei uns liegt, daß wir nicht immer ernst genommen werden. Wir sind selber unernst! Ich meine nicht die witzige Abbreviatur der elektrischen Birnen, die Sonne, Mond, Meer und Welt in den – übrigens luftleeren Raum – einschließen.
Nichts gegen den zeichnerischen Esprit. Aber da, wo die Karikaturen stehen, stehen sie falsch. Ist es Absicht, dann weiß ich, warum »im sozialistischen Bildungssystem die Respektierung der Andersdenkenden nicht besser verwirklicht werden kann« – was der Landesbischof von Sachsen auf dem Kirchentag in Erfurt als »atmosphärischen Gegenwind« empfand. Ein Wind, der von außen kommt. Oft kommt das daher, daß wir unsere Geschichte zu wenig kennen. Und dann bläst der Wind ins falsche Hörnlein.
Aber wer denkt schon bei uns, wenn er eine harmlose elektrische Glühbirne sieht, in historischen Kategorien? An die Sowjets? Die Synodalen und Bischöfe von Eisenach wußten schon, was 30 Jahre verändern können. Den Marxismus-Leninismus sehen sie draußen, um sich herum. Und darum einen Konflikt, wo er nicht ist. Ein Schicksal, das der Gemeinde auferlegt sei. Ist das so?
Diesen Sommer kam ich an einer kleinen Kirche vorbei. An der Transitstraße zwischen Greifswald und Oranienburg. Dort sah ich ein Plakat im Schaukasten vor der Kirche. Eine Glühbirne war darauf gemalt. Von einem Laien. Ich war betroffen. In die elektrische Birne ragte die Hand mit dem Wundmal.

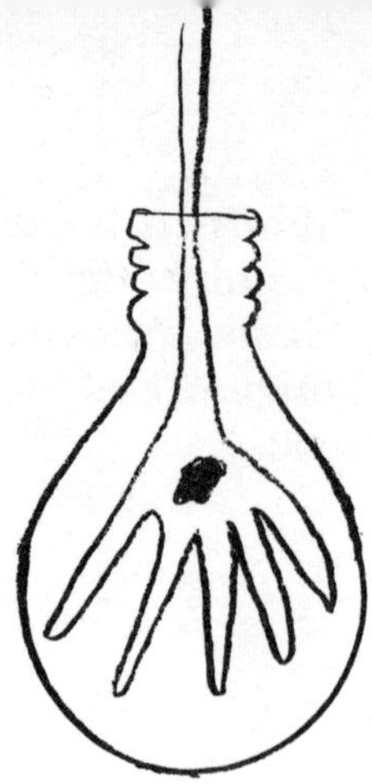

Gleich fiel mir der Satz von Lenin ein: »Kommunismus – das ist die sowjetische Macht plus Elektrifizierung des ganzen Landes.«
Als Schüler wußten wir schon, daß die Sowjets an einem Tag und zur selben Stunde in einer ganzen Provinz das elektrische Licht eingeschaltet haben. Von Soldaten hörte ich: Sie seien in Bauernhäuser gekommen, da habe in der Ikonenecke reich geschmückt auf rotem Tuch eine ausgebrannte Glühbirne gelegen. So undifferenziert kann wohl heute Geschichte kaum nachvollzogen werden.
Der Schriftsteller Heinar Kipphardt, dem ich das Plakat von der elektrischen Birne und der Hand gezeichnet habe, schreibt mir dazu: »Nachgedacht habe ich über die Glühbirne mit der Wundenhand, das ist eine verblüffende Verkürzung, aber man wird das ohne Kommentar nicht leicht verstehen, aber dann eben mit Kommentar. Einwand 1: Die Leninsche Formel ist herausfordernd massenwirksam aber auch flach. Der Gang der Geschichte hat sie nicht bestätigt. Einwand 2: Die Sache könnte mit der Wundenhand eine enorm religiöse Symbolwirkung haben und mir paßt es nicht sehr, menschliche Befreiungsbewegungen in religiöse Zusammenhänge gebracht zu sehen ...«
Ich denke, es geht einem da schon ein Licht auf. Über die eigene und eine spätere Generation. Über die, welche drüben leben und über die, die hier sind. Zum 450. Jahrestag des Deutschen Bauernkriegs ist uns schon nicht viel eingefallen. Und zu den »Themen der Zeit« gehört die Feststellung: »Traditionen bilden sich nicht von selbst, sie sind vielmehr das Ergebnis mehr oder weniger aktiver Förderung.« Die Landeskirchen der DDR haben die Ergebnisse der Europäischen Sicherheitskonferenz in Helsinki als »wichtige Station im Entspannungsprozeß« verstanden. Können wir die Verständigung fördern und die Wunde offenhalten?

Don Quijote

privilegiert? gewiß bin ich das weil mein kopf mehr tun möchte als meine hände aber ob das ein glück sein soll? unter verhältnissen die meine hände wollen? privilegiert sein ist wählen zu können meine möglichkeiten waren groß glück und übel hielten sich immer die waage wenn ich die glücksschale vollschaufelte dachte ich nie an jene kleinen gewichte aus messing 11 g 5 g 10 g schon als kind griff ich immer nach den großen schwarzen eisenkilosteinen wog sie in den händen ließ mich beeindrucken von ihrer schwere inzwischen lernte ich aufs übel mich zu stürzen ohne das glück noch zu beachten das ist anstrengend mehr als trauerarbeit doch das ziel ist hoffnung vorausgesetzt das mit dem gleichgewicht funktioniert noch eine weile

bei don quijote ist nichts vorhersehbar alles ist unaufhörlich anders als man es erwartet und doch ist da ein grundprinzip das ich nur schwer begreife an dem gar nichts zu rütteln ist das ihm von außen aufgezwungene leben hat er sich längst gefügig gemacht handhabt es als eine art bedingung eine voraussetzung wofür? und also auch für den der mut hat seine don-quijote-glücke zu teilen

die schöne landschaft einsamkeit wenn man nicht unterwegs ist die unverdorbenste natur frisch auf den tisch von der ihr euch vollklimatisiert und schön beleuchtet nichts träumen lassen könnt auch wenn ihr sonntags mit mir tauschen möchtet wenn don quijote mit meinen letzten violetten seidenstrümpfen und meinem schal obwohl er 23 davon hat damen und herren ganze fernsehteams auf die decke legt für sie ist es ein tag aus sonne blumen tieren frischgefallenem schnee und don quijote seiner lagerstatt aus zibetkatzenfell zwerglamas seinem arbeitstisch aus einer dicken redwoodplatte auf zwei böcken und der einbildung frisches holz zu riechen für mich ist es ein rosenkranz aus den begleiterscheinungen dreck nässe kälte hitze tage trabend zwischen seinen manuskripten meinen von einer hütte zu der anderen und in die küche wäsche geschirr die lagerstatt inmitten käfern fliegen spinnen läusen mäusen und ihrer exkremente wenn ich zähneputzen will man kann dann nur noch in ein wasser steigen das heiß ist klar und lieblich dampft wenn ringsherum eiszapfen hängen rosen und unter einem ungeheuer blauen himmel so oft man will am tag nach island schwimmen auf die insel delos oder dem orion entgegen wenn er günstig steht   man kann die rauhreifäste brechen hören   oder den esel zwischen schafen schrein   man kann auch in fünftausend bücher stürzen   mäuse wohnen darin   und siebenschläfer   wenn man die nester im flaubert nicht scheut   die lücken bei jean paul   die reste wittgenstein die ihre zähne übrigließen   die wochenbetten in picassobänden   mäusepisse quer durch die jahrtausende   manchmal ist wenn man beckmann sucht noch ein kykladenidol übrig   man kann auch farbig fern geschichten sehn von seltenen menschenexemplaren sehr weit weg unter extremen freiwillig wie wir   und kann dabei vergessen wer man ist

don quijotes pfau blieb von fünfzig tieren übrig   nicht mehr jung   winters halbtot   und schon sehr wunderlich geworden   im sommer jedoch jeden tag noch dreizehn stunden lust (louis armstrongs frau er war nie müde wenn liebe in der luft lag)   sein schrei über den gräbern seiner gefährten aus denen seltsame blumen blühen   oder die don quijote aufaß   molk schor und was daraus gewoben und genäht worden war trug er vor fernsehkameras während er nachkommen fütterte   bis man ihn für franziskus hielt   der pfau versucht mit seinem schrei neuerdings längst gestorbene katzen nachzumachen   das affenkeckern   hunde   oder jenen rhythmus in dem der ara einst lokomotiventöne imitierte närrische pfauen können sich zu einem fulltimejob auswachsen   wie ich es genieße dieses von don quijote verpönte wort hierherzusetzen   wo man lebt geht und steht setzt dieses tier von tag zu tag tückischer seine haufen manchmal zehn   macht in zehn tagen wenigstens siebzig   man muß den kopf zur erde wenden   unablässig   aus der man genommen ist   und jeden schritt bedenken   schließlich tritt man direkt aus sand und dreck in die hütten   jedwede art von schuhabkratzern auch die borstigsten besetzt das tier ganz dicht mit seinen exkrementen   einsamkeit   vor zwanzig jahren hat die pfauinnen der fuchs geholt   die hühnermesalliancen funktionierten nicht   warum bringe ich ihn nicht um anstatt ihm Leckerbissen zuzustecken weil er mit seinem schrei die längst gestorbenen auferstehen läßt

ob ich   er nimmt mir alle bücher weg in denen die terminologie der ottomane vorkommt wie ers nennt nachdem er sie selbst mit vergnügen las wie eben ANGST VORM FLIEGEN *ob ich also unterbewußt das alles in die wege leite um es lebenslang zu haben   pfauen-*

*scheiße?   mein bargeld für das glück?   diener von kö-
nigen zu sein die sich seit knossos pfauengärten halten?
don quijote ist es der fünfmal täglich von den böden
schuhen teppichen die pfauenscheiße wegwäscht   an-
statt ich   keine kinderwindel ohne zu kotzen   was ist
glück   meines?   minutenlang wie es die eigenschaft
der glückszustände ist das ewig alte neu zu haben?   in
all den wochen irgendeinen tag an dem die berge hügel
weiden wälder felder korn felsen gras ein stein in einen
eindringen wie eros   soll ich sex sagen?   das kann man
aber nicht kaufen leute   nicht herstellen   das kann
man nur haben oder nicht   und man muß früh da rein-
gefallen sein   brünstig als kind   später kaum je noch
zu erreichen   natürlich weiß ich wie sie es zum kotzen
finden   die höllererzöglinge kölner realisten semantiker
linguisten benseaner   doch irgendwann haben dann
auch sie den augenblick ES IST   der wegrand   eine li-
nie   silhouette   ICH BINS   ein baum   und eine
neue welle ist geboren   in ihrer topsprache   unendlich
über eure oberflächen ränder felder weg zieht der stein
kreise   irgendwo fangen sie an zu schluchzen   neue
innerlichkeit   tendenzwende   das zieht seine spuren
durch die gegend   und wenn dann mein mittelgebirge
so aus dem nebel aufsteigt   und plötzlich haben sie ent-
deckt der abenteuerspielplatz ist ja scheiße   ein baum
kann so viel wert sein wie katmandu   der augenblick
ists auf ihn kommt es an   doch er verweigert sich je
dringender ich ihn begehre   so selten nur noch wie man
wo ich lebe im märz manchmal oder im herbst was kei-
ner glauben kann der es nicht sah ganz ungeheuer weit
weit weg die alpen sehen kann   wie damals als
einer hier spazieren ritt und dann sein pferd plötzlich nach
süden wendete und nicht zurückkam*

Avalon

Don Quijote, als ich beim Zähneputzen würgte: »Der helle Teppichboden ist ja so empfindlich, sagt Peter Weiß, weshalb wir, eh wir eintreten, Pantoffeln anziehn müssen.« So stehts da. Im unerschöpflichen Magazin. Du könntest also Peter Weiß niemals besuchen, sagte ich. Das wollte ich nicht damit sagen, antwortete Don Quijote, auch wenn es richtig ist. Ich wollte dir vielmehr zur Überlegung anempfehlen, ob du dich nicht an einen Herrn verdingen solltest, der »Großer Raum mit Oberlicht, seit der Jahrhundertwende ideales Maleratelier. Statt einer Staffelei hat Peter Weiß den Schreibtisch aufgestellt. Im Kopf, und in Karteikästen«, wie dieses Foto trefflich wiedergibt, »die ÄSTHETIK DES WIDERSTANDS, Zweiter Teil«.

Ein wenig später, noch am selben Tag, fand ich im Tagebuch, das nichts enthält, als meine hundert Zettel, Don Quijotes Handschrift:

Der Städter ekelt sich vor vielem, was er auf dem Lande sieht, aber der Bauer ekelt sich gründlicher vor dem, was er in der Stadt sieht.

Nirgendwo, sagte Don Quijote, kommt bisher zum Ausdruck, daß Sancho Pansa ja eigentlich ein Städter ist. Wie könnte er sonst Chauffeur sein?

Zu den Urenkeln der Väter nach Mannheim

Niederlagen pflegt Don Quijote auf die bekannte ihm eigene Weise zu korrigieren; manchmal stolpert er dabei mittenhinein in die nächste oder verfängt sich im eigenen Garn. Don Quijotes Verhältnis zur Gewerkschaft ist ein Kapitel für sich. Sie gab ihm, nach Chaplin, ihren Kulturpreis. Also war es nicht weiter verwunderlich, daß Don Quijote zweihundert von den auf der Buchmesse verleugneten ENGELN vom Verlag zurückkaufte, nachdem man ihn wissen ließ, beim DGB, Büchergilde Gutenberg, hätte man sich nun doch entschlossen, mit ein paar kleineren Ausstellungen an das Bauernkriegsjahr zu erinnern. Don Quijote nähte dem ENGEL ein neues Gewand, über die glatte, goldschimmernde Folie schlug er rauhes Packpapier, worauf er Plakate reproduzierte; doch dieses Mal war es zu grob gesponnen. Das Gewand. Auf dem einen Zipfel kriecht ein Bauer auf der Erde, vor den Pflug gespannt, am Himmel über ihm der Morgenstern schwingt selbst einen Morgenstern. Auf dem anderen Zipfel rotten sich Bauern zusammen, man sieht, wie aus einem Einzelnen ein Haufen wird, eine Collage nach einem alten Flugblatt. Auf der Brust trägt der ENGEL ein Thomas-Müntzer-Bild. Alle Plakate hingen lange in Don Quijotes Werkstatt was nicht oft vorkommt. Denn er hat sie nicht selbst gemacht. Sogar eine Lizenz brauchte er, um den ENGEL damit zu bekleiden.

Nr. 51–300 Signiertes und numeriertes Ausstellungskonvolut. Die Plakate zum 450. Jahrestag des deutschen Bauernkrieges mit Erlaubnis des Zentrums für Kunstausstellungen der DDR

Nr. 1–50 Zentrum für Kunstausstellungen der Deutschen Demokratischen Republik

Mit der Lizenz brachte ein Mann 250 Plakate aus Ostberlin, damit jedem ENGEL ein Original-Plakat beigegeben werden könne. Als ob so etwas eine Chance hätte, gut über die Bühne zu gehn! Don Quijote glaubte fest daran. Die signierten Ausstellungs-ENGEL, für eine Veranstaltungsreihe gekleidet, die nie stattfand, waren im Handumdrehn bei der Bauernkriegsausstellung im Mannheimer Künstlerkeller vergriffen. Jemand ist immer da, der begreift, was Don Quijote auf die Beine gestellt hat, während er zugreift. Begriffe er, wie tief Don Quijote jedesmal in die eigene Tasche greift, um begriffen zu werden, sicherlich würde er noch flinker zugreifen. Denn unterm grob gesponnenen Packpapierhemd fühlt der ENGEL sich gleich wieder weich an; wer dann noch zu multiplizieren versteht, braucht gar nichts mehr zu begreifen. »Erfolg mit Don Quijote« stand in der Zeitung. Das war Don Quijotes Niederlage. Und die Plakate vergaß man. So konnte Sancho Pansa wiederum auf seine Weise dafür sorgen, daß sie zuerst in Rosinantes Bauch und von da unters Volk gelangten. Etwa: Zu den Studenten von Tübingen:

Von dort drüben kämen sie, sagten sie, Don Quijote überrumpelnd, als ich mal wieder seinen Schlaf nicht bewachte, wo die aus allen Nähten platzende Stadt oben, abseits, auf der Ackerlandhochfläche, ein Universitätsviertel gebaut hätte, Modell Frustration; das blitzte, wenn man vom Albrand herübersah – oder gefahren kam, je nach Wetter und Tageszeit, kilometerweit in der Morgensonne, wenn sie kräftig genug auf Glasfronten traf und Metalle; Herbstnachmittage oder manche Winterhimmel machten was her mit der Silhouette am Horizont: schöne neue Welt, Schreckensvision Zwing Uri Beton, Jerusalem du hochgebaute. Ob Don Quijote wüßte wie sie leben? Funktionieren um Funktionen am funktionieren zu halten? Wie im bisher kaum zu belebenden Studentendorf ein Versuch nach dem anderen scheiterte, im Amorphen, im Pluralismus, in dem schwankenden schwappenden Brei, in diesem Sieb aus Fluktuationen einen Zellkern zu bilden. Ein Kristallisationspünktchen. Kultur gegen die Vereinzelung in den Waben: Veranstaltungen, jetzt hätten sie eine Zeitschrift gemacht, die erste Ausstellung solle zum Thema Bauernkrieg sein. Ob Don Quijote vielleicht ein Plakat hätte? oder auch zwei? Don Quijote sagte: »Da, an der Wand, ihr könnt alles herunternehmen, das Jahr ist um.« Es waren die Bauernkriegsplakate der DDR. Als die Ausstellung im Studentendorf eröffnet werden sollte, fehlten die Bilder, die Kollegen hatten die Kollegen im Stich gelassen. Don Quijote gab, was er fand, sagte, ihr müßt es aber allein machen, ich fuhr mit Rosinante hinüber und am Abend standen auf Tischen, gegen den Beton der Neubauwände gelehnt, noch einmal die Bilder, die ein bewegtes Jahr hinter sich hatten. Noch einmal der rote Jörg Ratgeb. Ratgeb? sagten die Studenten, diesen Namen haben wir nie gehört. Auch solche, die Kunstgeschichte hören. Der Tutor aus Ungarn versuchte mich zu trösten: Woher sollen sie es denn wissen! Ja, ach ja, woher denn. Also las ich mein Gedicht vor, und ich sah in den Gesichtern, daß sie es annahmen wie ich als Kind im Schullesebuch die Gedichte von König Karls Meerfahrt, Konradins Knappe, Gorm Grymme. Dann erzählte ich, angefeuert von den Liedern aus Karsunkes Bauernoper, die eine Studentensonggruppe sang, warum es einen ENGEL DER GESCHICHTE gibt und wie es kam, daß Don Quijote sich mit Bürgerinitiativen beschäftigt. Alle Furcht fiel von mir ab. Wie sollte sich Sancho Pansa nicht fürchten, der nie eine Uni von innen sah. Nur Dummköpfe fürchten sich nicht, sagt Don Quijote. Das Abfallen meiner Furcht im Studentendorf hatte Folgen für mein ganzes weiteres Leben.

Im Studentendorf Tübingen

Lang war ich im Kreis gefahren, bis ich das Haus, wo sie zusammenkommen, fand. Was dort vor mir in den Nachthimmel sich türmte, wo meine Vorfahren hinterm Pflug gingen, was mich abwies, sich mir in den Weg schob, war so bedrohlich wie EWG, der Gebäudekomplex in Brüssel, Summe aller Möglichkeiten dieses Jahrhunderts der Unmöglichkeiten, wo Don Quijote sich zum erstenmal überflüssig vorkam. An solchen Stätten studieren sie, Hunderttausende, Sancho Pansa, das ist doch nun einmal nicht mehr und nicht weniger als ihre Jugend, versteh das doch endlich, es ist das Problem derer, die nicht auf den Schlachtfeldern Europas untergingen wie deine Generation – hallo! laßt euch nicht terrorisieren, auslöschen, einverleiben von diesen Baumassen, von der Wartungsabhängigkeit, vom Architektenwahn der sich aufbläht zum Gesetzgeber! Noch seid ihr aus demselben gemacht, aus dem ich gemacht bin, auch wenn ich anders jung war als ihr. In diesem Augenblick akzeptiere ich, was mir fehlt und alle Grenzen, an die ich unablässig stoße, wenn ich denken und lernen will; auf den zubetonierten Äckern meiner Väter mach ich Bilanz und per Saldo habe ich mehr als ich entbehre: angesichts meines Nichtvorhandenseins in diesen Schluchten unter den Silos voller Studentengärfutter bin ich ein Individuum aus Hochmut, Selbstvertraun, gut genährt aus Wurzeln, die noch kein Bagger bisher erreichen, keine Planierraupe einebnen konnte,

allen Vertilgungsmitteln gewachsen, bin ich von keinem Stoff zu ersticken, kein Gewicht erdrückt mich.
»Bauernaufstände –« sagte der ungarische Botschafter zu Don Quijote vor dem roten Ratgeb, »da haben wir ja ein gemeinsames Erbe.« Zur Eröffnung der Ungarnwoche im Studentendorf war kein Dozent, kein Assistent gekommen, Don Quijote blieb der einzige Vertreter der alma mater Tubingensis. Ein Gespenst hatte umzugehen begonnen: § 88 a. Don Quijotes Hilfe verging wie die Ringe im Wasser, die Studentendorf-Aktivitäten waren suspekt, le Berufsverbot wuchs zur Drohung heran, drei Wochen später sollte ich wiederkommen mit meinen Gedichten.

Avalon

Don Quijote sagte: Sancho Pansa, was fällt dir ein! was machst du mit meinem Bauernkrieg? Kernkraftwerke, Radikalenerlaß, wie soll denn das noch weitergehn!
Ach Don Quijote, ich bin nur geworden, was du aus mir gemacht hast, antwortete ich meinem Herrn. Man soll Gott mehr fürchten denn die Menschen.
Seit wann hast du es mit dem lieben Gott? sagte Don Quijote.
Ach, sagte ich, Don Quijote, deinen lieben Gott hat auch der Fuchs gemessen. Was du so treibst mit Totentänzen, Kreuzwegen, Nonnen und Madonnen, ist doch nichts anderes als der liebe Gott in deiner eigenen Brust. Dabei warst du auch noch evangelisch.
Don Quijote sagte: Als wir jung waren, glaubte ich, man gibt die Welt allein an. Heute wissen viel mehr Junge, daß auch andere die Welt angeben.
Und wenn Sie jetzt, falls noch geneigter Leser, meinen, dieser kurze Disput hätte weder Sinn noch Verstand, kann ich nur eingestehn: Er ist der typischste Don Quijote-Disput, den zu rekonstruieren mir bisher gelang.

Cervantes

Don Quijote lachte, als er diese Reden hörte, und sagte mit großer Ruhe:
»Kommt nur her, ihr ehrlosen und schlechterzogenen Menschen; nennt ihr das Straßenräuberei, wenn man Gefesselte befreit, Gefangene losmacht, den Elenden Beistand leistet, die Gefallenen aufrichtet, den Bedürftigen hilft? Nichtswürdiges Volk, für eure niederträchtige Dummheit verdientet ihr, daß euch der Himmel nie die Trefflichkeit, welche die Fahrende Ritterschaft in sich beschließt, empfinden ließe, euch niemals die Sünden und Unwissenheit, in denen ihr befangen seid, er-

kennen ließe, wenn ihr nicht mit Achtung schon auf den Schatten eines fahrenden Ritters, geschweige auf seine wirkliche Anwesenheit blickt. Kommt doch her, ihr Häher, nicht Häscher! Ihr Straßenräuber im Namen der Heiligen Bruderschaft! Wer war der Dummkopf, der einen Verhaftsbefehl gegen einen solchen Ritter wie mich unterschrieb? Wer wüßte nicht, daß die fahrenden Ritter von jedem Gerichtsverfahren befreit sind, daß ihr Schwert ihr Gesetz, ihr Mut ihr Richtstuhl, ihr Wille ihre Vorschrift ist? Wer war jener Hirnrissige, frage ich nochmals, der nicht weiß, daß kein Edelmann so außerordentliche Vorzüge und Privilegien genießt, wie der fahrende Ritter an dem Tage erhält, an dem er zum Ritter geschlagen wird und sich zu dem harten Beruf der Ritterschaft verpflichtet? Welcher fahrende Ritter zahlt Steuern, Kopfgeld, Zoll, Markt-, Wege- oder Fährgeld? Welcher Schneider legt ihm eine Rechnung über angefertigte Kleidung vor? Welcher Schloßherr nimmt ihn in seine Burg auf und läßt ihn Zehrgeld bezahlen? Welcher König zieht ihn nicht zur Tafel? Welche Jungfrau gewinnt ihn nicht lieb und vertraut sich nicht gänzlich seinem Wunsch und Willen an? Und endlich: welcher fahrende Ritter war, ist und wird je in der Welt sein, der nicht den Mut hätte, für sich ganz allein vierhundert Häschern, die sich ihm in den Weg stellen, vierhundert Prügel zu verabreichen?«

Bitte, lassen Sie nicht außer Acht, sollte Ihnen das jetzt folgende noch mehr mißfallen als bereits Bekanntes, daß es sich zutrug vor einem Jahr, als niemand wußte, was mir fehlte; in meinem Terminkalender steht: NOVEMBER Kopfweh Kopfweh Kopfweh Fieber Fieber Fieber Fieber Kopfweh Orthopäde Neurologe Röntgen Kopfweh Fieber Röntgen 9. Spritze 11. Spritze Kopfweh Fieber Schädelröntgen Wirbelsäule TÜBINGEN GEDICHT MACHEN FÜRS STUDENTENDORF

Fragmente zum Radikalenerlaß
(gewidmet den Tübinger Studenten)

Wars nicht vom Besten als man jung war Schulter an
Schulter
untergehakt und in breiten Reihen vorwärts voran
lachend schreiend gegen die Hindernisse winkend oder
mit Blumen
vielerlei Transparenten Fahnen
was für Farben an was für Stöcke gebunden
für was für Namen Vietnam Amnesty Notstandsgesetze
Chile Portugal Griechenland
oder im Kneipendunst mit Köpfen voll Hitze und Fäusten
hungrig nach Kommunikation
Argumenten
in den Gemeinschaften wohnend schlafend
mit denen die wie man selbst
warteten bis man erwachsen sein würde
voller Angst vor dem Wort Integration
sich anpassen zu müssen wo man nicht hinpaßt
nicht mehr ausbrechen können

Jetzt also war das nicht Jugend gewesen
wie sich die Väter als möglicher Marquis Posa
Woyzeck Karl Moor oder Prinz von Homburg gebärdeten
sondern Subversion
Danton persönlich
und wie das endet lernt man auf jeder Penne

wars das? war es das wirklich? alles?
oder wars mehr? wars doch mehr?

»Sicher weiß man Ihre Dynamik zu schätzen
Angepaßte bringen keine Innovationen
sicher sind Sie stärker leistungsorientiert als
die bequemen Studenten«
aber wir müssen uns davon überzeugen
daß Ihr Verhalten die Gewähr bietet
daß Sie sich »jederzeit für die freiheitliche
demokratische Grundordnung im Sinne des Grund-
gesetzes«
einsetzen
haben Sie demonstriert?
haben Sie sich engagiert?
in einer Gruppe?

Kommission?
in der Studentischen Selbstverwaltung?
Listen aufgelegt?
Unterschriften gesammelt?
an Aktionen teilgenommen?
»Ein falsches Nein bietet später zusätzliche
Handhabe gegen Sie wenn Sie als radikal entlarvt sind«
halfen Sie Kinderspielplätze bauen?
Gastarbeiter aufzuwiegeln?
haben Sie Wohnungsbesetzungen mitgemacht?
gaben Sie Ihren Namen für Bäume?
Vögel? Fische? Sumpfdotterblumen?
für reines Wasser? für reine Luft?
»Zur Abwehr akademischer Systemveränderer
haben die Personalbüros
großer Firmen inzwischen Prüfungskriterien entwickelt
mit denen der politische Hintergrund
der Bewerber ausgeleuchtet werden soll«
Kennen Sie Wyhl?
und KKW?

was halten Sie von Verflechtungen?
»Beim Einstellungsgespräch wird der Bewerber
befragt über den Sinn des Unternehmerprofits
oder die Stellung des Unternehmens in der Gesellschaft«
wenn Sie dafür sind daß in Chile
jedes Kind seine Milch erhält
wird Ihr eigenes Kind keine Milch haben
wenn Sie behaupten in 60 Ländern
würde gefoltert um von politischen
Häftlingen Geständnisse zu erpressen
haben Sie sich disqualifiziert
Amnesty bedeutet Täter wieder in Tätigkeit zu setzen
Solidarität ist ein Reizwort
»Absolventen ›roter‹ Unis
(Heidelberg gehört nicht mehr dazu)
müssen einen besonderen Glaubwürdigkeits-
nachweis erbringen
und haben sehr viel geringere Chancen
eine attraktive Eingangsposition zu bekommen«
wie stehn Sie zu den Minderheiten?
wie stehen Sie zur Dritten Welt?
Kriegsdienst?
Ersatzdienst?
Entwicklungshilfe?
kennen Sie Barriadas Bidonvilles Favelas Slums?
»intakte Universitäten sind
Köln München Münster«
was halten Sie
vom Langen Marsch der jungen Anwälte
Lehrer Ärzte Genossen Fachleute
»Die NOFU des Bundes Freiheit der Wissenschaft
bietet einen speziellen Informationsservice
zweimal jährlich Namenslisten«

Aber wußtet ihr denn nicht wohin das führen würde, hey?
aber meintet ihr das geht so ewig weiter

Sie wissen genau: was sie euch jetzt zuteilen
(und die Kulturhoheit der Länder)
ist ihr Triumph
darauf warteten sie
endlich dürfen sie es euch heimzahlen
es ist nicht euer Problem
es ist ihres
als sie so alt waren wie ihr jetzt seid

(Die Zitate wurden dem Manager-Magazin November 1975 entnommen)

Die Stuttgarter riefen an: ist das wahr? Sie haben eine Kantate geschrieben gegen den Radikalenerlaß? Im Tübinger Blättle stand etwas von einer Uraufführung. Können wir so was auch bekommen? – Ich bin krank, sagte ich. Und es sind bloß Fragmente. Aber ich kann schon was vorlesen.

Nikolaustag Protest-Marsch gegen Berufsverbot

Nicht das Kopfweh wars, das mich hinderte, mitzumarschieren. Schon beim Amnesty-International-Schweigemarsch vor ein paar Jahren hab ich gemerkt: es geht nicht mehr. Ich bin genug marschiert. Unberechenbare Empfindlichkeiten wachen auf gegen Ordner, Führer, Beobachter. Und daß ich in Paris in eine Demonstration gezogen wurde, von der ich nicht wußte: sie ist gegen Golda Meir. Am Mahnmal beim Stuttgarter Schloß, das Wotruba nicht hatte machen dürfen, blieb ich stehn: sah ihre Fahnen, Transparente, freute mich, daß sie jung waren, hörte ein wenig zu, ein wenig weg, ging durch die Straßen, an deren Enden ab und zu ein Stück vom Zug zu sehen war.
Als sie kamen, war ich schon da. Rings um die große Halle, einstweilen auf einen vorläufigen Baugrund gestellt, Einsatzwagen der Polizei mit Blaulicht in Tätigkeit, Abstand diskret, grad um nicht bedrohlich zu wirken, junge Männer mit Schäferhunden, strenge Kindergesichter in Uniform, sie unterschieden sich nicht von denen, die, ein wenig müde, durchfroren, nach und nach eintrafen, ordentlich, still, zweitausend, von achttausend übriggeblieben. Bier und Cola und Wurst und Brot in den Händen ergossen sie sich sanft in das Hörsaalprovisorium, Wärme, wohltuend, trug dazu bei, sich zu verteilen, auf Gänge in Blöcke, bis alle Sitzreihen gefüllt waren, eine Band zu spielen anfing und die ersten sich auf den Boden niederließen, anfangs noch von den Ordnern gestört, Männer, Frauen, Frauen mit Kindern, Männer mit Kindern und sogar Hunde, wie die Polizeihunde draußen, lagerten drinnen, Kindergefährten. Herburger las ein Dialektgedicht. Dann sangen welche. Nochmal die Band, bis der Hauptteil begann: die Berufsverbotskandidaten, aufgerufen, einzeln, wie vor Gericht, traten aufs Podium, vor die Mikrofone, stellten sich vor mit dem kurzen Bericht eines Lebens, das noch lang währt, falls es währt, waren es zwanzig, dreißig? Dann bin ich dran. Es ist lauter geworden. Eine Stunde Wärme hat sie munter gemacht. Summend, ein Bienenkorb, das Klischee, der ge-

miedene billige Vergleich, hier war er plötzlich ganz neu, er stimmte: ich hatte Angst vor den Bienen – wenn ich sie reize? zweitausend gegen ein armes Gedicht. Ganz langsam fang ich zu lesen an, es summt weiter, die Mikrofone funktionieren vorzüglich, drei, vier, fünf Zeilen, das Summen nimmt ab, verebbt, es wird still, ganz still, atemlos still: ich habe sie: mein Jewtuschenko-Augenblick (zehntausend auf dem Roten Platz) (wie viele Verräter darunter? künftige Henker?) (wenn Don Quijote wüßte)

AUFFORDERUNG

Warum fragt ihr denn nicht eure Väter und ihre Brüder
warum laßt ihr sie die Köpfe abwenden
fragt sie doch die das für euch erfanden
dieses beste Grundgesetz
fragt seine Kanzler
Präsidenten
drei Jahrzehnte Ministerlisten
alle die es einsetzten absegneten
waren dabei
waren doch noch dabei
zu Lande zu Wasser und in der Luft
an der Front und an den Heimatschreibtischen
wilde Gesellen vom Sturmwind durchweht
hoch auf dem gelben Wagen

laßt sie nicht die Köpfe abwenden
Spandauer Memoiren lesend

Ihr werdet es jetzt kennenlernen
heimlich geflüstert hinter der Hand
weitergegeben von Mund zu Mund
von Stockwerk zu Stockwerk
von Haus zu Haus
straßauf straßab
im Viertel
der Stadt:
DER DER DIE DIE

wie viele
wurden in diesem 26. Jahr
des Grundgesetzes befragt?
durchgekämmt?
vierhundert?
viertausend?
vierhunderttausend?
vier sind zu viel.

Und vier Menschen zu denunzieren
braucht es vier mal vier
da ist schon wieder ein Volk unterwegs
Hausleute Nachbarn Freunde Feinde
unversehens
und unter der Hand

der Friseur der Tankstellenwart
Menschen die nie den Menschen sahen
über den sie Auskunft erteilen
Erst das Hemd das ihr tragt
und euer Haar
dann wann ihr kommt und geht und mit wem
noch bevor der Hahn dreimal kräht
haben die das Brot mit euch brachen
euch schon verraten
fragt sie doch
fragt eure Väter was euch bevorsteht
fragt sie warum in Dachau bloß ein paar Nonnen huschen
wie verstohlen als wärs eine Schande ein Mann eine Frau
fragt sie warum nach Auschwitz kein Gedicht möglich sei.

Keiner sagte ich habs gesehn
ich war dabei
ich machte den Plan
ich hab die Befehle abgeschrieben
ich hab die Akte angelegt
ich hab die Meldung erstattet
ich hab das Zeugnis ausgestellt
ich habs nach Vorschrift weitergegeben
ich hab die Baracke entworfen
ich hab sie kopiert
ich lieferte Nägel Holz fuhr den Transport
ich war bei der Bahn
ich gab das Signal
ich ließ die Schranke herunter damit die Züge durchfah-
ren konnten
ich kontrollierte die Güterwagen

ich entfernte die Leichen nachts unterm Stroh
ich siegelte
ich brach die Siegel auf
keinen kenn ich der Fragen stellte in den Registraturen
der Rathäuser
auf dem Einwohnermeldeamt bei der Versicherung
obwohl überall eines Tages einer nicht mehr da war
abgereist wie der Kaufmann an der Ecke
einer der Zeitungen austrug oder die Klavierlehrerin
traf ich keinen der es rauchen sah
roch
von Knochen Zahnbruchgold etwas wußte
keinen der einen Ofen gegossen gemauert zusammenge-
setzt geheizt hat
geschweige
Blut
geschweige
»Dein goldenes Haar Margarete
Dein aschenes Haar Sulamith«

Irmtraud Morgner: » . . . der operative Montageroman« sei die Romanform der Zukunft, für eine Autorin und berufstätige Hausfrau. Er entspreche ihrem »gesellschaftlich, nicht biologisch bedingten Lebensrhythmus«, der nicht zulasse, jahrelang an einer Konzeption festzuhalten. Um ihre täglichen Erfahrungen und ihre Bewußtseinsentwicklung mitteilen zu können, müsse sie kurze Prosa schreiben und dann aus Fertigteilen ein Ganzes montieren.

Sancho Pansa: ich kann nicht sagen, sucht nur sucht, es sind gute Stücke darunter, ich schmeiß euch einen Ausverkauf hin, ich kann euch nur zu bedenken geben, unter welchen Bedingungen ich das schrieb; mal auf dem Esel, mal unterm Schwanz, mal im Biwak. Schließlich ist Bauernkrieg.

Avalon

Zum 400. Todestag von Hans Sachs lud die Nürnberger Dürergesellschaft Maler und Schriftsteller ein, sich an einer Hommage zu beteiligen. Ich hab den Schuster nie gemocht und brachte meine Schuhe anderswohin. Don Quijote, der Gerechte, obwohl die Nürnberger ihm ein paar Jahre vorher übel mitgespielt hatten, weil er ihnen übel mitspielte, indem er sie ehren wollte wie sie ihn ehrten, malte Hans Sachs und schnitt ihn ins Holz. Die rechte Hand schwingt elegant das Schusterhämmerchen; die linke, plump, preßt beschriebene Blätter gegen die Brust über dem hochfahrenden Meisterhaupt. Und weil ich mich weigerte, etwas dazu zu schreiben, suchte Don Quijote nach den Totentanzbuchstaben und probierte lang, bis er den richtigen Platz auf dem Blatt fand für seinen Text. Auch mir hat es nicht behagt, was Hans Sachs in seinem Ständebuch über den Holzschneider schreibt, knurrte Don Quijote, doch entsprach es der Wahrheit. Von Albrecht Dürer und anderen großen Herren weiß man, sie lieferten die Zeichnung und das weitere machten die Handwerker. Don Quijote korrigierte Hans Sachs mit seiner Hommage:

Nicht vorreißen tut
Der Formenschneider
auf das Furmbrett
gehe ich recht in der
Annahme ist
Hans Sachs
Oberstaatsanwalt
geworden

Tagebuch

wochenlang tut das schwimmbad nichts   dann die tage der orgien im becken   philosophische politische quintessenz von don quijotes denken   wie soll ich damit fertig werden   wie schreibt man quintessenzen auf   das tönt in die luft   flattert zu den löchern hinaus   sancho pansa ißt gern eier   sancho pansa ißt gern käse   legt er eins aufs andere löscht eins den geschmack des anderen aus   »wenn man bedenkt   vor einem halben jahrhundert   hab ich mich mit klee auseinandergesetzt   lang bevor   da warens kaum zwanzig   keine maler kritiker kunstleute   niemand gab es   man war allein   mit ein paar juden die es begriffen   und jetzt hängt sich da einer den klee um   (don quijotes demonstrative gebärde däubler in der ägäis badend)   wie eine rüstung   einen pallasch   wie ein kostbares geschmeide   und wird gerühmt   gleichzeitig scheint der garten herein durch die offene tür und indirekt durch das milchige algenbewachsene plexiglas ringsherum avalons blumen   tausend arten   mutationen   kämpfe   verschmelzungen   skalen von farben formen tönen   dali   kannibalismus des herbstes sagt mein herr zu dieser für niemand vorhandenen herrlichkeit des verwesens der übergänge   »da bin ich doch froh einen hans sachs zu machen um diesem da etwas entgegenzusetzen   nürnberg   wo alles verdarb   der dürerpreis   das strengt den kopf so an sagen die leute   wir verstehen nicht was sie meinen schließlich kommen wir grade aus bangkok   was die da so an die tempel machen   im roten meer hab ich korallen gefischt   es sind nicht allein taxichauffeure oder briefträger   alle sagen verschonen sie uns   auch die museumsherrn mitsamt ihren schönen frauen   oder was internationes schickt   nice   wonderful   die glaskugel im garten   und wenn sich dann noch der pfau darin spiegelt brauchen sie nichts sonst zu sehen zu hören   dagewesen sein wollen sie   als ob das bei klee anders war   neulich der spielmann wunderte sich als ich sagte kubin schrieb über klee   sicher hat er ihn nicht verstanden   aber gespürt hat er was da los ist   wie es bei klee spukt«   sancho pansa erinnert sich an winterthur   wie don quijote ihm den älpler zeigte   den thomas bernhard der malerei   die frühen sachen   die malbriefe   und den mißverstandenen kinderklee kunsterzieherklee   postkartenklee

Zweimal zehn Stunden Bahnfahrt, sagte Don Quijote. Ich sagte: wir könnten fliegen. Das ist ja noch schlimmer, sagte Don Quijote. Jeder von uns beiden hätte die Sätze des anderen sagen können. Bis hierher. Doch dann sagte ich: Du hast mir versprochen wenn ich gesund werde fahren wir nach Hamburg. Don Quijote sagte: Weil du meinst, das Sauspiel sei das große Taschenklappmesser. (Als Don Quijote ein Junge war, wünschten sich alle Jungen ein großes Taschenklappmesser zu Weihnachten.) Wenn wir nicht zur Premiere fahren, fahren wir nie, das weißt du genau, sagte ich. Nicht mal zur Bauernoper vor der Haustür hat es gereicht. Bis nach Ulm mußte ich ihr nachfahren. Und dem Hölderlin bis nach Rostock. Was dem Orff recht war, sollte dem Walser wenigstens billig sein, sagte ich. Vielleicht passiert doch noch ein Wunder. Nürnberg betreffend. Deine Geschichte. Vielleicht holt der Walser das für dich herein. Ich weiß, daß es Wahnsinn ist bei diesem Wetter. Und den Fahrplänen. Das Auto fährt immer. Aus halb Europa werden sie da sein. Nein ich fahre nicht allein, sagte ich. Dich wollen sie haben in Hamburg, nicht mich. Und ich denke auch nicht daran, mir einen jüngeren Herrn zu suchen. Wer von uns beiden hat eigentlich laufend dieses Textbuch gekauft und verschenkt, noch bevor ich es lesen konnte?
Du hattest ja deinen Gehirntumor, sagte Don Quijote. Und die anderen haben Handke und Morgen Augsburg. (Das war unser Kennwort für Thomas Bernhard und das Unaufschiebbare.) Sie spien den Hochhuth aus, den Peter Weiß, und sie werden den Walser ausspeien, sagte Don Quijote. Rosinante kommt gar nicht in Frage.
Daß dieses Dezembergespräch stattfinden konnte, hing so zusammen: Walser schrieb ein Stück über Nürnberg, das alle auf der Bühne versammelte, die zu Hans Sachsens Zeit dort gelebt hatten. Albrecht Dürers Bauernsäule, der Denkmalsentwurf, kam Martin Walser nicht recht geheuer vor, auch wenn man ihn allenthalben abbildete, um damit zu demonstrieren, Dürer habe sich auf die Seite der Bauern gestellt. Requiem? mit den Requisiten? Don Quijote lachte, als Walser ihn fragte. Schickte ihm sein Dürerzitat, das zum bekannten Bauerndenkmal gehört, und das so gründlich mißverstanden wurde:

Winterfeldzug zum Sauspiel nach Hamburg

Sitzt das Laub noch fest am Ast, wird der Winter ein schlimmer Gast

Ist der Himmel voller Sterne ist die Nacht voll Kälte gerne

Sturm im Dezember und Schnee, dann schreit der Bauer juchhe

»Wer eine Viktoria
aufrichten wollte darum,
daß er die aufrührerischen
Bauern überwunden hat,
der möge ein solches Zeug
dazu brauchen, wie ich
hernach lehren will.«

Das Zeug:
auf einem Sockel steht ein Butterfaß
auf dem Butterfaß steht ein Krug
auf dem Krug steht ein Garbenbündel
auf dem Garbenbündel steht ein Worfelsieb
auf dem Worfelsieb hockt ein Bauer
im Rücken des Bauern steckt ein Schwert.

Beide fanden, man verstünde sich. Also fingen sie an, sich zu verstehn. An einem heißen Sommertag war DAS SAUSPIEL mit der Post gekommen. »Für Don Quijote« stand vorne drin, gedruckt. Lauf in die Stadt, sagte mein Herr, kaufs, ich will sehn, ob es dort auch drinsteht.
Don Quijote legte sich sofort in die Sonne damit. Als er lange genug gelesen hatte, fragte ich: schleckst du immer noch an deinem Eis? – Am Eisen, antwortete er ohne aufzusehen, und bei großer Kälte.
So kam es, daß wir kurz vor Weihnachten in unsere letzte Schlacht fuhren.

Hierher, meine ich, würde es gut passen, wenn ich unseren Aufbruch beschreibe, denn es fing zu schneien an. Damit Sie sehen, wie das ist. Nein, meinem Herrn ging es nicht mehr gut. Die Sommerfarbe blätterte ab, Don Quijote glich einer alten Ikone, blaß trat darunter manches zutage. Er rang nach Luft, saß viertelstundenlang nachts vor der Tür in der Kälte. Was trieb mich bloß, eine Reise durchzusetzen, die uns beide das Leben kosten konnte. Angst? vor dem Tod? ein Trotz, etwas Letztes herauszufordern, nachdem Don Quijote mich ein Jahr lang zu so vielen Reisen gezwungen hatte? Dieses eine Mal ich?
Ohne Spikes kommen wir hier nicht mehr weg. Alles Scheiße, was die da zusammenschreiben über die neuen Winterreifen. Nichts geht. Überhaupt nichts geht. Sonst kämen ja schließlich die Taxis herauf. Bisher war das Ehrensache. Oder Chauffeure mit Herrschaften, die meinen, bei Don Quijote könne man jetzt rasch noch ein Weihnachtsgeschenk einkaufen.

Oder ein bißchen Lebenstrost. In der Zeit der Toten- und Helden- und Trauer- und Buß- und Bettage. Weil er doch in der Wildnis und einsam wie das zu allen Zeiten war, wenn einer in den Verdacht kam, weise oder so etwas wie heiligmäßig zu sein. Oder die Post: Waschkörbe voller Briefe, Päckchen, Rollen, Pakete. Dankeschönsager um bitte zu sagen. Bitteschönsager um danke zu sagen. Nur eine kleine Gefälligkeit, Don Quijotes Namenszug, Autogramm, Signatur, bitteschön da, und nirgendwo anders, und wenn möglich ein Foto dazu; fürs Kind, das eben geboren ist, für den Onkel der starb, die Frau im Rollstuhl, der Sohn studiert Kunst. Und kaum einmal eine Rückadresse, Rückporto, eine Paketkarte, Sancho Pansa hier, Sancho Pansa dort, und die Briefmarken sind alle, ab und zu ein selbstgebackener Lebkuchen einer Verehrerin, den wir zusammen verzehren, und gewaltige Mengen Wein, Wein, Schnaps, Sekt, Cognac – nein, Don Quijote kann das nicht trinken. Und Sancho Pansa auch nicht. Die es herauffahren, kriegen geschenkt, was die vorhergegangenen daließen. Das ist besser, als Sancho Pansa schmeißt es voll Wut an die Mauer. Brächten die doch wenigstens, was man den Vögeln füttern kann. Endlich hört es mit Schneien auf. Es wird klar. Ich seh schon Sterne. Scheiße, jetzt gefriert das Ganze. Ob ich Ketten kaufen soll? Don Quijote sagt: Damit noch mehr nutzloses Zeug im Kofferraum rumpelt, weil du nicht mit umgehen kannst? Im Gewächshaus der Pfau rührt sich nicht von der Stange.

Je aussichtsloser es wurde, desto emsiger war ich tätig. Drin, in den Hütten, Koffern, Taschen, Fächern, Schubladen, draußen im Schnee, sobald es Tag war, untersuchte ich die Wege, die uns von Avalon wegbringen konnten, Erdklumpen, Steine, Herbstblätterhaufen, überschneit und überfroren, schaufelte Rosinante aus, scharrte und schob und kratzte und streute, wärmte, taute mit Salz, heißen Tüchern, bis Rosinante bereit war, zu fahren: Mandarinen, Ackersalat, für Don Quijote, Rapunzel Rapunzel, unten im Dorf, um auszuprobieren, welches die sichersten Abfahrten sein würden, welcher Feldweg mich auf die Straße bringt, welchen Steilgrad kann ich riskieren, ohne daß Rosinante abrutscht. Nein, es muß nicht sein, daß wir reisen. Bloß weil Frau Walser am Telefon sagte, Martin hätte gesagt, vielleicht kommen die. Weil Sancho Pansa es sich gewünscht hätte. Ich muß da doch nicht hin. Diese Stadt, die jedesmal russisch Roulette mit mir spielt.

Don Quijote tat dasselbe. Telefonierte, wozu er sonst kaum zu bewegen war: Züge, Feiertagsfahrpläne, Hotels; stand vor dem Spiegel: der weiße? der rote? der bunte Schal von den Pa-

riser Studenten? Pelzmütze oder Arbeitermütze mit dem schmalen Stück Zobelstreifen anstelle des Bandes, der Kordel? Dürer Dürer. Lila Strümpfe, violettes Hemd. Oder rosa? Die Lawine, das rollt nun ab. Wie er kämpft um Luft zu kriegen, kurz vor Weihnachten – was tu ich denn, he, he, Don Quijote, wir bleiben daheim! Jetzt kannst du mich doch nicht abschießen, Idiot, sagte Don Quijote. Sehr ruhig.
Ich, mit dem Jahr heruntergekommen, hatte nichts mehr als Arbeitskleidung, viel zu lang schon im Dreck, in der Nässe, Ärmel, Rücken, die Hosenbeine von Dornen gerupft und ausgebeult, blankgescheuert ein riesiger Hintern. Sauspiel. Ich finde da nicht mehr raus. In der Hauptstadt meine Wohnung, Puppenstube, Bibliothek, nachtstromspeichergeheizt, während ich feuchte Kohlen aus dem Eis hacke, um sie von Hütte zu Hütte zu schleppen. Und ein Bett, ein richtiges Bett, Teppiche, einen Kleiderschrank, in dem griechische, chinesische, finnische Gewänder auf Bügeln warten, von mir getragen zu werden. Nach Mitternacht, als ich an mir heruntersah, fiel mir die Kleiderbürste der Großmutter ein: Spuck drauf, nichts reinigt besser, mein Kind. Zwei Weltkriege lang. Und noch den Siebzigerkrieg. Wie es mir grauste. Jetzt war es so weit. Minus zwölf Grad, auf die Bürste gespuckt, alles wieder angezogen, unter die Wolldecke, drei Stunden Schlaf, falls Don Quijote überhaupt noch erwachte.
Heiliger Gott was für ein Mond, Sterne und alle Konturen der Landschaft. Der Versuchung widerstehn, rasch ins dampfende Wasser zu tauchen, weil Don Quijote es auch unterließ, was nur vorkam, wenn er halbtot war. Rosinante stand sechshun-

dert Meter entfernt, wo die Abfahrt am möglichsten war. Auf dem Weg fiel die Kälte uns an, schnappte, biß, schnitt den Atem vom Mund. Unten im Tal die Lichterschlangen der zur Arbeit fahrenden Arbeiter. Don Quijote keuchte. Da wußte ich, daß ich mich abwesend stellen müsse. Dann war ich es lieber gleich richtig: Was kann ich dafür, daß der Mond mich verrückt macht, seit ich ein Kind bin; ich hab ja nicht einmal gewußt, daß er wieder, schon wieder voll ist. Sehr viele Monde gabs nicht dieses Jahr. Eigentlich bloß den Ernst Jünger-Mond. Ostersamstagsnachtmond. Warm war es. Wie so oft wollte ich das aufschreiben. Schaffte es nicht. Wie wäre das auch zu schaffen gewesen: Ernst Jünger achtzig. Daß Don Quijote diesem zähen zierlichen Greis einen Blumenstrauß übern Zaun gab? Weil er sein Nachbar war? Einmal sein Pferd auf jenem Ritt ins Nonnenkloster an Jüngers Gartenzaun festband? Der gemalte Blumenstrauß PHILEMON UND BAUCIS, fürs Buch. Don Quijote ist nicht Ernst Nikisch. Seine List mit Ovid. Und betrunken wie nie. Während er mit Jünger signierte. Ostersamstag, mittags um zwölf, umkippte, und die Straßenkinder, bis ich den riesigen Körper drin hatte in der Rosinante die Treppen achtzig hölzerne Osterhasen in meinem Garten ich kochte Suppe aber er erlaubte sich nicht, abends die Geburtstagsparty einfach zu schwänzen. Es war ein Fest aller Konservativen gegen das Pirckheimers Party die schiere Revolution war. Ich will daß der Walser siegt, daß sein Mond heute morgen den Auferstehungsmond, Marmorklippenmond, Stahlgewittermond, Käfermond, den subtilen Jagdmond besiegt. Sein Mond ist stärker und kälter und glitzernder als der Ostermond, er springt mich an, als wär nichts mehr zwischen ihm und mir, als wolle er mich niederwalzen und die Sterne herabstürzen lassen. Wüßte der Walser daß Don Quijote Blumensträuße gemalt hat und wie er die Blumensträuße büßte, von Berlin durchs Brandenburgische bis nach Karl Marxstadt im Mai, der Walser hätte ihm nicht sein Sauspiel gewidmet, Hermlin hätte die alten silbernen Drachmen vor Don Quijotes Füße geschmissen, seit dreißig Jahren schreibe ich Briefe an Ernst Jünger und zerreiße sie, sogar den Curare-Brief. Und wenn ich Don Quijote jetzt umbringe mit dieser Reise ists wegen Ostern, auch wenn ich das gar nicht wußte.

Rosinante sprang an. Rollte bergab. Fuhr, ohne Stau, ohne Eis, ohne Nebel, alle Ampeln auf Grün, bis zum Bahnhof, fünfzig Minuten, fünfzig Kilometer, das Parkhaus war neu wie der Zug. In der Wärme, gegenüber den schön gekleideten Damen und Herren erst, sah Don Quijote meinen Zustand. Speisewagen, sagte er; Teetrinken, und hängte mir seine Jacke um. Die

Kolinskis. Ärmellos. Hundert russische Feuermarder. An der rechten Tasche die Köpfchen, Schnäuzchen, Äugchen, Öhrchen darüber hatten sie ihm abgeschnitten. Souvenir Souvenir, bei den Filmaufnahmen, als er fürs Fernsehn den Maler spielte, der die Irre gesund machen soll. Seine Bedingung: ich erfinde meinen Text. Nie derselbe. Bei jeder Klappe neu. Jasny las Don Quijote aus der Hand. Nach dem Tee fanden wir ein leeres Abteil. Die Walserfrau sitzt schon lang im Zug. Der Bodensee ist noch weiter weg von Hamburg. Ihr Mann hat das Stück geschrieben. Die Tochter spielt eine Hauptrolle. Ich will wenigstens zusehen wie das ist: vielleicht löscht es alte Alpträume. Don Quijote legte das Textbuch auf meine Knie. Es ist wohl die höchste Zeit. Er selbst hatte nichts. Keine einzige Zeitung. Dazu hat es nicht mehr gereicht. Was jetzt? Don Quijote ohne Zeitungen? Anlaß, damit rechnen zu müssen, daß er einfach irgendwo aus dem Zug stieg. Fassungslos sah ich auf den Taschenbuchtitel, den er aus seinem Mantel zog. Das obszöne Cover. War mein Herr so krank? er grinste: aus dem Bücherweihnachtspaket deines Freundes. Dem Kritiker. Der alles verschenkt, was er doppelt bekommt. – Ich habe Canetti gefunden. – Da hast du Pech gehabt. Bald lasen wir uns gegenseitig vor, Bruchstücke, mit den Wörtern Ping-Pong spielend, einander steigernd, Runde um Runde rascher, präziser: Don Quijotes Huren gegen Walsers Faust-Karikatur, Paracelsus, Melanchthon, Pirckheimer in den Häusern von Madame an der Westküste Amerikas, während in Nürnberg das Henken florierte zur Lust der Meisterwitwen. Theodorakis? – Lassen wir uns überraschen, sagte Don Quijote.
Beim Chinesen, gleich neben dem Schauspielhaus, ließen wir uns den Magen richten: Morcheln, Totentrompeten, schwarze Pilze, weißer trockener Reis, alles heiß. Mit dem Jasminteegeschmack auf der Zunge gingen wir zur Welturaufführung: endlich ein deutsches Stück das man in beiden deutschen Staaten würde spielen können. Mit dem Jasminteegeschmack auf der Zunge nickte Don Quijote im Foyer allen zu, die zu treffen er sich gefreut und gefürchtet hatte.

»Aber ich hätte dieses Jahr 1526 und die Nürnberger Ereignisse von damals nicht benutzt, wenn sie mir nicht als solche interessant und lehrreich vorgekommen wären. Ich wollte sie nicht bloß als Vehikel benutzen, sondern auch als solche darstellen. Und da ich sie darstellen wollte nach den Erfahrungen, die ich als Zeitgenosse des 20. Jahrhunderts gemacht habe, mußten jene Ereignisse und meine Erfahrungen das haben, was man Affinität nennt: Verwandtschaft. Die mißglückte Geschichte von damals ist in unseren Erfahrungen immer noch wirksam. Und unsere Erfahrungen mit mißglückter Geschichte werden verständlicher, wenn wir sie in einer verwandten Geschichte ...«

Singend, Maiblumen in den Händen, hielten sie auf der Bühne Einzug, unsere Kinder, Wiedertäufer von Berkeley, Frankfurt, Prag, Berlin, Paris, Friedfertige und nicht ganz so Friedfertige aller Schattierungen, Söhne, Töchter der Senatoren, ihrer Gemahlinnen rings im Parkett: Vivat Walser!
Die Kritiker waren sich in der Pause schon einig. Ihre Daumen zeigten nach unten. Man blieb bloß noch um das Schwein zu sehen. Seine Hinrichtung. Metzelsuppe. Als es dann endlich auf die Bühne kam, stöhnte auch mein Herr aus Herzensgrund und verhüllte sein Antlitz. Kein neues deutsches Stück war geboren.

Zettel und Notizen in mein Sauspiel-Programmheft gekritzelt

der walser hat unsere schlacht verloren   wer hat sie ihn verlieren lassen   was   nirgendwo eine spur von nürnberg   hamburg liegt an der elbe   im zug ach im zug wie war das stück gut   warum kommt nichts davon über die rampe   abstoßend unappetitlich jörg graf musikant im nachbauernkriegsjahr   was immer an dieser blindenaufmachung historisch sein soll es ist verkehrt wenn der betrachter sich ekelt statt für die hauptfigur sich zu erwärmen   autorenidentifikation soll das sein alles ist feig falsch unentschlossen   pirckheimer   dürer im schlabbergewand wie auf ein t-shirt gedruckt initialien   ad love   tom mix   joseph beuys sagen sie sei albrecht dürer   pflastersteine für phantasie und genauigkeit   don quijote o mein gott   die machen unsere schlacht kaputt   zimmerschlacht zwischen dr. faust montanexperte leiter eines institutes für verfahrenstechnik und walsers tochter in einer siemens-chefbüroetage   rosi ach rosi einhornschürzenjägerkristlein hat doch zählen gelernt   vier stunden text holt immer der teufel mit kompromissen statt dem verstand   raffungen statt auszuspielen   dehnungen anstatt zu straffen   hin und her du alte hure schlachtenglück   die jüngsten filme bringen plötzlich wahrheit ans licht aus der vogelperspektive   wechselndes glück heißt: mängel irrtümer fehlerhäufungen   strategie statt parteinahme   rings um mich stöhnen   schläfrigkeit   immer mehr gesichter er-

löschen die nicht von vornherein verkrustet waren
weißdorngemeinde   opheliamädchen   halbherziger
prunk silberner hosenlätze flüstert don quijote   viel zu
lang das ganze gewimmer das gold das silber das erz das
eisen der ton der stein in der kommuneutopie   während
die alten zu murren anfangen kriegen die jungen ver-
zückte gesichter   »wenn unser sterben einen sinn haben
soll muß es trainiert werden«   haschgeruch   quasseln
statt in zungen zu reden   unsere aus den studenten-
maistürmen übriggebliebenen blumenkinder singen so
lieblich so geschmückt in der nürnberger folterkammer
hochgeholt mit der bühnenmaschine als seis ein lsd-
trip   man sollte uns die permanente anwesenheit unse-
rer ungezogenen kinder zumuten   etwa in einem aufge-
schnittenen haus sagt don quijote   wenn schon nicht
unablässig angestrahlt so doch als dunkler klumpen im
keller der anarchistenszene
ein klischee nach dem anderen fädeln die kritiker auf ihre
lanzen was nicht von vornherein klischee war   ich seh
schon die titel der rezensionen bevor sie geschrieben
sind   jede polyestersau niki st. phalles wäre besser ge-
wesen als das was kam nach der pausenbelustigung sau
am grill   die wahre die wirkliche sau auf die man viel
zu lang warten mußte hätte ungeheuer sein müssen   ein
gebadetes geschornes rosarotes schwein wie aus marzipan
machte dem stück den garaus   lustlos verdrückte es sich
wie das publikum dessen reihn sich zu lichten begann-
nen   statt die patrizier von dazumal mit den patriziern
von heut auf den rängen in den niedlichen logen zu mi-
schen hätte man umgekehrt verfahren sollen   auf die
plötzlich verödete bühne hätten wir alle gehört um uns
geil an jenem spiel zu delektieren wie wirs allabendlich
im fernsehn tun   unsere eigenen zwischenrufe   an-
feuerung zur grausamkeit   und die glitzernde kälte der
damen   während das spiel dem geplanten höhepunkt
zutreibt schäkern die schauspieler mit ihrem publikum
»die nachtigall gilt wieder was die stillen sterne haben
das wort«   hans sachsens sauspielbeschreibung geht un-
ter   man begreift nicht warum da geschrei ist   fixiert
auf die sau die nicht mitspielen will entgeht einem wie
sich die blinden verraten   wer schlug wen warum und
plötzlich geblendet

Später nach der Lektüre der Kritiken

ja hat denn keiner das textbuch gelesen wenn schon das alles der scheinblinde blinde der zur strafe geblendete so befrachtet mit aller symbolik seit jahrtausenden und der kritik warum nennt niemand die folge des blindstellens und der blendungen brillenschleifen zucht- und arbeitshaus temposteigerung rasch expandierende industrie »ich glaube daß wir da am anfang einer großen entwicklung stehen der mensch ist viel viel leistungsfähiger als man früher glaubte und er leistet gern viel wenn man ihn nur richtig behandelt er ist sogar richtig stolz wenn er was leistet wir wissen heute schon der mensch schöpft aus nichts eine so große befriedigung wie aus einer leistung dem tragen wir rechnung . . .« warum wenn es gestrichen wurde von der dramaturgie nennt es keiner worauf doch alles hinauslief damals weshalb es uns gibt und wir sind wie wir sind warum alles so ist wie es ist es steht doch da und die beschreibung der musik die wir nicht zu hören bekamen »schlagerhaft« »sentimental« die blinden schleifen gläser und singen dabei und der fortschritt wird vorgeführt unvermittelt michelangelesk statt dessen die schlußapotheose getürmt dürers befestigungslehre scheißspiel

Hinterher Premierenfeier. Verleger der seinen Autor sucht. Nepp in den man uns dirigierte. Ein paar schlaue Italiener mimen: dem Ansturm nicht gewachsen sein. Nur wer sich zur Theke durchboxt, kriegt was zu essen, zu trinken: man gießt Gläser ineinander, Reste, Chaos, keiner merkt, daß es weitergeht wie auf der Bühne. Rosi-Franziska, ein Bier, eine Schorle, Leber, Franziska, und frischen Salat, hörst du, für Siegfried, und noch einmal, für die links von ihm, für die rechts von ihm, Teneriffa-Westerland-Austauschfrauen, braungebrannt, leis klirrt ihr Schmuck, knöcherner Standard, Jochbeine, Gelenke, die mit weichem Fleisch ausgestattete rosige Tochter rennt fiebernd, erschöpft, so vielen Gästen wie möglich zu dienen, überreicht Don Quijote ein Glas Bier, um das er nicht gebeten hatte, das er entgegennimmt als wär es Wein aus den Kellern des Escorial, sich an die Zeit erinnernd, da Premierenbesucher die Pferde losschirrten, um die Kutsche mit der Schauspielerin, mit dem Dichter selber zu ziehen, Leber, Rosi, wo bleibt denn die Leber, Tränen rinnen ihr übers Gesicht, sie ignoriert es, die totenblasse Frau des Dichters geht umher, wo die Figuren aus Walsers Romanen an den Wänden entlang sitzen.

Träumte mir, ich hätte Theodorakis gesehen? seine Hand gedrückt? aber nicht seine Musik gehört? Träumte mir unser Bauernkriegslandrat, der schwarze Rote aus Oberschwaben, säße in einer Nische und wiese das verdorbene Fleisch zurück? Träumte mir, ich hätte zu Unseld gesagt, er müsse jetzt sofort den Walser holen? und wo er sich verkrochen hätte, ohne sein Stück auch nur anzusehn. Hat er gewußt? Nach den Proben gewußt, daß im Elend verkam, was zwischen Nürnberg und Tübingen zu Haus gewesen wär? oder in Rostock? Nein, über das Stück sprach niemand. Don Quijote umarmte den Walser, als er mitternachts aus seinem Loch kam. Er hat ihn seither nicht wiedergesehn.
Früh, vor dem ersten Hahnenschrei, unterm Christbaum in der Hotelhalle saßen Kapitäne, Lametta wehte im Staubsaugerwind der Putzfraun, ohne Frühstück zogen wir, verstümmelt, geschlagen, nach Haus. Lasen im TEE, abwechslungsweise, wie auf der Elbe ein Schiff unterging, während der Sauspiel-Uraufführung und warum die Männer ertranken; EIN KUNSTGESPRÄCH ÜBER DEN MALER JÖRG RATHGEB: Pirckheimer: »Einverstanden, Helena, nur, statt Naturell und Schicksal würde ich sagen: Charakter und Schicksal. Ich habe immer das Gefühl gehabt, daß die Kunst dieses wilden Alemannen, die ja eine Antikunst ist, daß sie auch eine Art Volksurteil ist über unsere ganze spätzeitliche Geschmackskultur. Ich glaube, das ist überhaupt Rathgebs wichtigste Funktion, dieses Volksurteil zum Ausdruck zu bringen. (Dürer bricht in einen Weinkrampf aus.)«
In Wyhl versteigerten sie die von Don Quijote gestifteten Bauernkriegsengel. Geld für den Widerstand. Friede auf Erden, eine Million Arbeitslose, Radikalenerlaß, Antiterror-Gesetzesdebatte. Bankraub. Entführung. Chile unverändert. Das Dritte Körbchen von Helsinki immer noch leer. Unser Bauernkrieg war ein Gespensterfeldzug gewesen: nichts hat man in der Landeshauptstadt davon bemerkt. Oder tat man bloß so, als bemerke man nichts? Nur ein einziges Mal schrien sie auf: in einer Zeitung soll gestanden haben, Don Quijote hätte einer DDR-Zeitung ein Interview über den Bauernkrieg gegeben. Ein ganz unglaubliches. Bitteschön:

Holzschnitte an Wäscheklammern – Don Quijote zum Bauernkrieg

Sonntag: Don Quijote, Ihre Holzschnitte sind durch Ausstellungen und die Editionen des VEB Verlag der Kunst in der DDR gut bekannt. Seit wann beschäftigen Sie sich mit dem Thema des Bauernkrieges?

Don Quijote: Ich habe es immer als meine Aufgabe betrachtet, meine geistige Haltung neu zu begründen. Von der Existenzfrage des Menschen her, die in der Basis auch eine Bewegung sieht, deren Gesetze nicht unmittelbar im Überbau widergespiegelt werden, sondern mehrschichtiger Vermittlungen bedürfen. Ich sehe diese Prozesse natürlich mit den Augen eines Künstlers, und Sie dürfen von mir nicht erwarten, daß ich eine philosophisch richtige Ableitung der entsprechenden Briefstellen von Marx und Engels liefern kann – im terminologischen Sinne, denn vom Anliegen her sage ich es auch. Die Konfession eines Künstlers tut sich immer ein wenig schwer mit den Begriffen – denn wenn er es sagen könnte, brauchte er wahrscheinlich nicht die Mehrdeutigkeit des künstlerisch geformten Gegenstandes. Aber reden allein nutzt nicht immer, und das Gebiet der Kunst ist nun einmal das der konkreten Anschauung. Deswegen habe ich auch eine gewisse Vorliebe für Feuerbach. Nicht für seine Schlußfolgerungen, aber für die Art seines Beginns, die ja den jungen Marx nachhaltig beeinflußt hat. Ich wiederhole es: Für den Künstler sind die Bewegungen, die in der Basis stattfinden, selbstverständlich – darüber zu reden wäre fast eine Tautologie. Aber er muß die Gesetzmäßigkeiten in dieser Basis kennen – das ist die Voraussetzung seines Schaffens. Denn der progressive Künstler in der bürgerlichen Gesellschaft schafft immer Dinge, die zunächst unbequem sind. Einfach unbequem. Diese Art von Unbequemlichkeiten sind »Widersprüche« erst auf einer anderen Stufe der Reflexion. Sie entstehen erst aus der Reaktion der Umwelt auf diese Kunstwerke. Meine Bilder kommen aus dieser Basis. Naiv gesagt: Zuerst leben die Menschen und haben eine Aktion, und aus dieser Aktion entstehen meine Werke. Sie haben mich über den Bauernkrieg befragt. Nein, das ist nicht einfach das Thema des Bauernkrieges, das ist alles, das ist meine Existenz, das ist die Existenz der Menschen. Ich bin der Art und der Mentalität der Menschen aus dieser Gegend verwachsen. Ich kenne sie und ich kenne ihre Reaktionen. Um ihre Gegenwart zu verstehen, ihr vorhandenes oder mangelndes Selbstbewußtsein zum Beispiel, muß man die Vergangenheit kennen.

Sonntag: Würden Sie Ihre Bilder »erklären« wollen? Worin sehen Sie die Grundtendenz Ihres Schaffens?

Don Quijote: »Zu meinen Bildern fällt mir nichts ein«, hat Chagall einmal zu mir gesagt, als ich ihn besucht habe. Das

Grundprinzip des Künstlers besteht in seinem ständigen Zweifeln. Deswegen wird er auch manchmal leichter nervös als einer, dessen Alltag glatt in die selbstverständlichen Dinge und Gewohnheiten eingebettet ist. Unsereiner lebt auch ein wenig von der Reizbarkeit – auch im positiven Sinne. Ein bildender Künstler ist ein Mensch, der unterwegs ist. Zum politischen Aspekt: Ich kann mir eine Situation vorstellen, in der in einem Staat alles in Ordnung ist, aber in dem Staat, in dem ich lebe, ist das nicht der Fall. – Und so beziehe ich meine künstlerische Stellung zu diesem Staat.
Sonntag: Wie kam es zu der kürzlich erschienenen Bauernkriegsmappe in Zusammenarbeit mit Künstlern der DDR, die auch Arbeiten von Ihnen enthält?
Don Quijote: Ich arbeite eigentlich schon viele Jahre an diesem Thema – angestrengt. Dabei verwende ich alte Flugschriften und ähnliches Archivmaterial. Immer das Richtige zu finden ist gar nicht so einfach. Hier, an dieser Mappe mitzuarbeiten, die in Leipzig erschienen ist, hat Freude gemacht. Da, wo ich herkomme, direkt die fortschrittlichen Traditionen des Bauernkrieges aufzugreifen ist gar nicht so einfach. Die Tagespresse verdirbt mit ihrer Trivialisierung und Verballhornung der Geschichte sehr viel.
Wie kam es zu dieser Mappe? Vor einem Jahr weilte ich zu meinem Geburtstag in Berlin, um ihn mit meinen antifaschistischen Freunden zu feiern. Jedenfalls ergab sich während der Gespräche, die wir hatten, daß eine solche Mappe doch »in der Luft liege«. Und da haben wir sie eben gemacht. Die Schwierigkeiten bestanden darin, daß die historischen Orte, an denen sich das wechselnde Schicksal des Bauernkrieges abspielte, berücksichtigt werden mußten. Und die verspäteten Versuche, den Bauernkrieg auch für eine Art bundesdeutscher Erbe-Rezeption zu verwenden, sind ja bekannt. Der Bauernkrieg hat sich hauptsächlich in Franken, in Württemberg, in Schwaben und um Mühlhausen herum abgespielt. Das sind die Orte meines Lebens, meiner Heimat. Die großen Bauernhaufen kamen direkt aus Schwaben.
Sonntag: Es gibt jetzt Versuche einer ideologischen und emotionalen Rettung der Bauernkriegsaktionen für den Geschichtsunterricht in den westdeutschen Schulen. Was halten Sie davon?
Don Quijote: Historiker haben in der BRD über dieses Thema geschrieben. Zu wenig im Detail oder zu viel im Detail, kurz, es bleibt ein unbefriedigendes Gefühl dabei. Wichtig für uns ist, daß der Bauernkrieg vor 450 Jahren zwischen Ostern und Pfingsten eine der großen Eruptionen dessen war, was als Volk begriffen werden kann. – Und das wird nicht genügend

zum Ausdruck gebracht. Die Untersuchungen zu den geistigen Strömungen im Vorfeld des Bauernkrieges – im ausgehenden Mittelalter von einer fast unübersehbaren Vielfalt – kommen dabei zu kurz. Aber die Historiker in der BRD haben keine gute Position. Als die Historiker der DDR sich mit den Historikern der BRD in Memmingen trafen, da hat sich gezeigt, daß einfach zu wenig kompetente Leute dafür dagewesen sind. Es hat aber doch eine gewisse Korrektur des Geschichtsbildes unter den bundesdeutschen Historikern stattgefunden. – Memmingen ist in den Annalen des Bauernkrieges durch den Baltringer Haufen bekannt geworden. Traditionen des Baltringer Haufens und des Hellen Haufens sind im Bewußtsein der Leute, die dort leben, noch vorhanden. Die Bauern haben sich von der Niederschlagung ihres Aufstandes, Hunderttausende wurden einfach niedergemetzelt, nie wieder erholt. Sie erhielten keine politische Macht und waren auch in den Landständen nicht vertreten. Die Bauern wehrten sich gegen die Zunahme der anonymen Mächte, die sie nicht verstanden, insbesondere gegen das Römische Recht, das juristische Instrument der Territorialfürsten. Ein Vergleich zur Gegenwart liegt nahe, auch wenn die Umstände andere sind: Wir leiden unter den Mächten, welche die Umwelt zerstören und die Kreatur bedrängen. Diese Vorgänge haben einige unter den Bauern schon bemerkt. EWG und die Sanierungsprojekte des Club of Rome – die Bauern wissen, daß es Gemeinden gibt, die keinen Nachwuchs mehr haben, einerseits, und andererseits nehmen die Ballungsgebiete in unserer schönen Heimat zu. Deshalb käme es zum Beispiel auch darauf an, den Bauern als Landschaftspfleger zu honorieren. Wir haben schon Aktionen begonnen, an denen ich beteiligt war. Der Bauer fühlt sich von den für ihn häufig anonymen Zwängen bedroht, die der Kapitalismus freisetzt. Dagegen etwas zu unternehmen war von jeher mein Anliegen, mein Engagement. Die Bundesregierung ist am spontanen Interesse der Bauern vorübergegangen, den Bauernkrieg zu würdigen. Studenten einer landwirtschaftlichen Schule in Hohenheim haben dann eine Woche lang Feiern und Seminare veranstaltet. Die Studenten haben ein Thomas Müntzer-Haus, eine Mensa eingeweiht, ein Plakat gedruckt. Die Beteiligung der Bauern war stark, weil es für sie nach wie vor um Existenzfragen geht. Wir haben über die Probleme gesprochen. In einer Halle, die doppelt so groß war wie hier in Rostock, hingen von einer Seite auf die andere, von einem Fensterkreuz zum anderen, meine Holzschnitte aus 30 Jahren. Wir haben sie mit Wäscheklammern festgemacht. Über dem Podium hing das große Jörg Ratgeb-Triptychon, zwei Meter lang, eineinhalb Meter hoch,

mit Reißzwecken befestigt. Es waren etwa 1000 Bauern in der Halle, die der Gewalt dieser flatternden Blätter erst völlig hilflos gegenüberstanden, die sich dem Eindruck aber nicht entziehen konnten und dann allmählich warm wurden.
Sonntag: Ergeben sich weitergehende politische Konsequenzen aus diesen Zusammenkünften?
Don Quijote: Jedenfalls war das eine wirkliche Bewegung an der Basis. Wie weit sich diese Bewegung dann politisch umsetzen läßt, das ist eine andere Frage. Vor einigen Jahren wäre noch undenkbar gewesen, was jetzt einer der Anwesenden sagte: Wir haben eine Korrektur vorzunehmen, mit Thomas Müntzer und mit Luther. Und, das füge ich hinzu, mit den großen Künstlern dieser Zeit, die ja alle mit den Bauern umgekommen sind.

(Das Gespräch führte Wolfgang Schneider)

Cervantes Die Silvesternacht verbrachte ich mit alten Freunden, erzählte:

»... daß es nichts Köstlicheres auf der Welt gibt, als der geehrte Schildknappe eines fahrenden Ritters zu sein, der auf Abenteuer auszieht. Es ist wohl wahr, daß die meisten, auf die man stößt, nicht so vergnüglich ausschlagen, wie man wohl möchte, denn von hundert, auf die man trifft, geraten neunundneunzig vorbei und quer. Das weiß ich aus Erfahrung, denn in einigen wurde ich geprellt, wieder in anderen geprügelt; aber doch bleibt es immer ein trefflich Ding, sein Heil zu versuchen, Gebirge zu durchziehen, Wälder zu durchdringen, Felsen zu erklettern, Burgen zu besuchen, in Schenken ganz umsonst zu herbergen, ohne auch nur einen verfluchten Maravedi zu bezahlen.«

1976 Stuttgart Wie immer am Neujahrsmorgen war ich in meinen eigenen vier Wänden zu Gast und sah nach dem Rechten, das nicht mehr recht war. Kinder und Katzen und Hunde und Ziegen nebst den Mietern und Untermietern, ein entlaufener Mönch, der die Krätze hatte, den zu einem anständigen Kerl zu machen, keinem meiner Weibsleute gelingt, der nur danach trachtet, das bißchen Habe anderer unter das zu kriegen, was ehemals seine Kutte war, hebt das Bein, pißt überall hin, um seine Duftmarke abzusetzen – nichts mehr war, wie ich es verließ; meine Stimme verlor an Gewicht, alle trachteten, Macht zu bekommen, aus den Fenstern fiel der Kitt, weil die Jahre ihn verbraucht hatten, im Verputz Risse, im Gebälk der Wurm und der Garten ein Trauerspiel, Äpfel und Birnen und Nüsse gestohlen, wahrlich, ich faßte die löblichsten Beschlüsse. Doch das Gekeif meiner Lieben, die Vorwürfe, wann ich nun endlich zu Hause bliebe, um das Meine zu ordnen und mehren oder doch wenigstens ein Testament zu machen, ließ mich bereits am zweiten Januar an meinen guten Vorsätzen zweifeln: daß ich das verödete Feld mit Gemüse bestellen wolle, weil der Bauernkrieg zu Ende sei.

Und sieheda, es fügte sich, daß Don Quijote zur Jahreswende ebenso mit sich zu Rate gegangen war:

Cervantes »Es tut mir sehr leid, Sancho, daß du gesagt hast und sagst, ich sei es gewesen, der dich aus deiner Hütte gelockt hat, obwohl du doch weißt, daß auch ich nicht zu Hause geblieben bin: mitsammen zogen wir aus, mitsammen lebten wir, mitsammen streiften wir umher; gleiches Glück und gleiches Unglück wurden uns zuteil; und wenn sie dich einmal geprellt haben, so hat man mich hundertmal geprügelt, und siehe, das ist alles, was ich vor dir voraushabe.«

»Und das geschah mit Recht«, erwiderte Sancho, »denn wie Euer Gnaden selbst sagen, gehören die Unglücksfälle mehr zu den fahrenden Rittern als zu ihren Schildknappen.«
»Da irrst du, Sancho«, antwortete Don Quijote, »denn es heißt: quando caput dolet ... und so weiter.«
»Ich verstehe nur meine eigene Sprache«, antwortete Sancho.
»Ich meine«, sagte Don Quijote, »wenn das Haupt schmerzt, schmerzen auch alle Glieder: wenn ich also dein Herr und Gebieter bin, so bin ich dein Haupt und du bist ein Teil von mir, da du mein Diener bist, und deshalb muß auch das Übel, das mich trifft oder treffen wird, dich schmerzen und mich das deinige.«
»So sollte es sein«, sagte Sancho, »als sie aber mich, das Glied, prellten, stand mein Haupt draußen hinter der Mauer, und ohne auch nur den kleinsten Schmerz zu empfinden, sah es zu, wie ich durch die Luft flog; da aber die Glieder den Schmerz des Hauptes mitleiden müssen, so sollte auch das Haupt verpflichtet sein, ihren Schmerz mitzuempfinden.«
»Willst du damit sagen, Sancho«, antwortete Don Quijote, »es habe mich nicht geschmerzt, als sie dich prellten? Wenn du das meinst, sage es nicht und denke es nicht einmal, denn ich empfand damals im Geiste mehr Schmerzen als du in deinem Körper. Aber lassen wir dieses jetzt, denn es wird sich schon eine Zeit finden, in der wir es gegeneinander abwägen und gegenseitig aufrechnen werden.«

Kurzum, wer hätte diesen edlen Worten, über fünfzig Kilometer Entfernung durch ein Telefon gesprochen, widerstehen können? Sofort machte ich Rosinante startbereit, schleppte die frischgewaschene Wäsche, Rechnungen, Mahnungen, Steuerbelege, Schuhe mit gerichteten Absätzen, eine aufgeblühte Hyazinthe, Manuskripte, Bücher, Zitronen, einen riesigen Granitstein, um die Tür zum Bad festzuhalten, wenn der Sturm blies, und schwarze Oliven wie gewohnt siebzig ehemalige Weinbergstaffeln hinab und gab Gas, um schon am zweiten Tag des Jahres wieder bei meinem Herrn zu sein.

Cervantes

». . . und ich erbiete mich erneut, Euer Gnaden treu und ehrlich zu dienen, so gut und besser als nur irgendein Schildknappe, der jemals in vergangener und jetziger Zeit einem fahrenden Ritter gedient haben mag.
Erstaunt hörte sich der Bakkalaureus diese Redeweise Sancho Panzas an. Er hatte zwar den ersten Teil der Historie seines Herrn gelesen, aber niemals geglaubt, daß Sancho wirklich so

spaßig sei, wie er dort geschildert wird; da er ihn aber jetzt von Testament und Kodizill reden hörte, das nicht revoltiert statt revoziert werden könne, so hielt er alles, was er von ihm gelesen hatte, für wahrscheinlich, überzeugte sich, daß er einer der großartigsten Wirrköpfe unseres Jahrhunderts sei, und sagte sich, daß zwei solche Narren wie dieser Herr und Diener einzig in der Welt daständen . . .«

Wo solche Sommer sind, solche Herbste, wie müssen da erst die Winter sein? Sicher, geneigte Damen und Herren, Männer und Fraun, übertreffen die Winter auf Avalon alle Postkarten- und Kalenderbilder, alle Dias, Filme von Wintern in allen Ländern, in denen Schnee fällt, wo es Frost und Rauhreif gibt. Die Farbe Weiß, das Adjektiv blau, das Wörtchen absolut sind vermarktet, selbst für ein Gedicht fände ich keine unbenützte Zeile mehr; also laß ich es sein. Bis auf Schwarz: Bäume, Büsche, die Strukturen der bewaldeten Berge, die kahl sind. Der Streit was denn die Schönheit sei. Vielleicht wenn man jung wäre sähe man sicher nicht dieses alles auf Avalon. Tage, an denen es einfach still ist. Eben weiß. Oder grau durch Nebel; je nachdem, was der Ausguck bietet, unterhalte ich mich mit Amundsen, Herligkoffer, höre nachts das Geklingel der Troika, wolfumheult und denke an Euch, die Ihr in Euren Städten sitzt, schön geschachtelt und geschichtet, lauter Puppen in der Puppe, die mich beneiden um das Weiß, Schwarz, Blau, die Sonne, den Nebel. Spuren im Schnee, wenn sich viel hundert Vögel einstellen um vor Don Quijotes Fenster zu picken, solche, die schon kein Förster mehr kennt. Von Sibirien gekommene, die Avalon für den Süden halten. Wenn man Goldfischen ein Loch ins Eis schlagen muß, wenn sich Hasen und Marder herumtreiben, ob etwas für sie abfällt, wenn oben Raubvögel ihre Kreise ziehen, rütteln, herabstoßen, als läge Avalon am Phaidriadenfuß, ein Neujahrsmorgen vor zwanzig Jahren eh die Touristen kamen.

Kommt alle, die ihr mühselig seid und beladen, ich zeige euch was ihr träumt: Es fängt zu Schneien an. Es hört nicht mehr auf. Das Quecksilber fällt. Avalon ist kein Hotel, wie ihr es vom Après-Ski kennt, hier dürft ihr wie eure Vorfahren sein, zwischen Salz und Asche leben, Kohlen schleppen, hacken, fegen, schippen, schaufeln, Wege, Pfade, talwärts, bergwärts. Wenn ihr Glück habt, erwischt ihr den Tag oder die Woche: das Wasserrohr reißt, der Strom fällt aus, der Sturm hat das Dach abgedeckt, tot ist das Telefon, kein Räumfahrzeug kommt mehr, man lebt mit dem, was man hat, Arzt, Post, Apotheke sind unerreichbar, vor der Brettertür ist es kälter als in der Tiefkühltruhe, wenn man nicht aufpaßt, zu viel heizt, zu wenig, wenn man nicht Posten steht und gleichzeitig die gefährdeten Stationen abgeht, hört alles ganz einfach von selber auf: erst die Pflanze, dann das Tier, und am Ende der Mensch wie zu allen Eiszeiten. Einmal ists immer die letzte Batterie, die letzte Röhre, das letzte Salz. Wie lange schaffen wir das noch? Wir sind nicht jung, wir waren nie systematisch genug für ein solches Überleben zwischen explodierenden Flaschen in Rosinantes Bauch oder anderswo, in den Hütten

Der Tag nimmt zu
Zu Neujahr einen
Hahnenschritt,
Heiligen drei
Könige einen
Hirschsprung,
Lichtmeß eine ganze
Stund

Wenn der Tag anfangt
zulangen
So kombt der Winter
gegangen

Ist der Januar
frostig und kalt,
lockt uns bald
der grüne Wald

Je mehr Goldammern,
je höherer Schnee

Wenn fremde
Wandervögel nahn,
so deutet's große
Kälte an

die Papiere für die wir leben sind wie Eis, feucht geworden, brechen, reißen, Don Quijotes heiliges Holz ist gefroren und beschneit und krümmt sich und längst kann man nicht mehr unterscheiden, was da knistert und knackt und stöhnt, Siebenschläfer und Mäuse fressen, wenn sie in seinen Pelzmützen erwachen, was mein Herr einst in dieses Holz schnitt, was er druckte, was übrig bleibt, wird man dereinst ins Museum schaffen.
Daß Don Quijote den Winter immer noch wunderbar findet ist eine bessere Hilfe zum Überleben als Beckett. S'hat a frischs Schneele gschneit, lacht er und jauchzt es direkt und ins Telefon, malt es und schneidets und adressierts zum Neuen Jahr an die halbe Welt. Selbstverständlich mault Sancho Pansa, wenn er damit ins Tal zur Post stapfen muß, doch sein Herr sagt: »Das tat ich auch, wenn die Post nicht zu mir hochkam. Früher trug ich sogar das Wasser, als noch kein Brunnen gegraben war, auf meinem Rücken herauf. Ich erinnere mich, daß ich einmal Mineralwasser bekam und alle Tiere niesen mußten.«
Heute niest Don Quijote; Winter um Winter wirft es meinen Herrn schlimmer darnieder. Holt er sich in immer kürzeren Abständen Grippe, Erkältungen, das Fieber tobt unberechenbar wie er selbst. Nein, Don Quijote ist kein Naturbursche, allen Zeitungsschreibern zum Trotz; so verhält sich kein Landmann, kein Jäger, kein Eremit vom Berge Athos, wo es nicht halb so kalt ist, Don Quijote war immer nur Künstler, ein verdammter Intellektueller. Wenn er von grimmiger Kälte spricht, fröstelt, sich vermummt beim Hinauslaufen in ein Baumwollfetzchen aus Afrika, weiß ich, es können acht Grad plus sein; reißt er das Hemd auf über der Brust, weil es ihm heiß ist, während er nach dem passenden Holzstück im Schnee sucht, weiß ich, minus zwölf Grad sind möglich. Hinterher renn ich wie irr herum: Süppchen und Honig und Tee und Zitronen, Halsweh, Herzweh, Husten und längst müßte ein Doktor, wie soll man dem Doktor zumuten, hier heraufzukommen, oder, falls er doch heraufkäme, ihn überzeugen, meinen Herrn nicht für immer mitzunehmen. Jahraus jahrein dasselbe Theater und nie weiß ich, wie es ausgeht; sommers und winters dieselben Gewänder, keine Strickjacke, kein Pullover, keine wärmere Wäsche, »das kratzt«; Don Quijote schmeißt sich ins heiße Wasser, hinterher in den Schnee, wenn dann auch noch das Telefon schellt und es ist Hilde Domin, wird das einmal sein Ende bedeuten; sich in den nächsten dreißig Minuten auch nur ein Leintuch überzuwerfen, ist ihm bisher noch nie gelungen. Immer mehr passe ich mich meinem Herrn an und benehme mich, wie er sich benimmt.

Man kann nicht dreißigmal am Tag Mantel und Stiefel und Handschuhe anziehen, ausziehen und wieder anziehen, eines schönen Tages wird man uns steifgefroren auf Avalon finden. Manchmal erwischt es uns zusammen, dann wird mein Herr böse, weil eine Figur beim Wetterhäuschen draußen sein muß, während die andere im Bett liegen darf. Manchmal kriegt Don Quijote Besuch. Intendanten, Präsidenten, sogar ein Bischof kann es sein, auch Dekane verschiedener Fakultäten, die wissen wollen, woran sie mit ihm sind:

Cervantes

»Sie entschlossen sich also, ihn zu besuchen und zu prüfen, ob sich sein Zustand wirklich gebessert habe, obgleich sie das für fast unmöglich hielten, und kamen überein, ihn in keiner Weise auf die Fahrende Ritterschaft zu bringen, um sich nicht der Gefahr auszusetzen, die noch frische Wunde wieder aufzureißen.
Sie gingen also zu ihm und fanden ihn im Bette sitzen, in einem Wams von grünem Flanell und mit einer bunten Toledaner Mütze; er war so mager und ausgetrocknet, daß er wie eine Mumie aussah. Sie wurden sehr freundlich von ihm aufgenommen, und da sie sich nach seinem Befinden erkundigten, gab er darüber und über sich selbst sehr verständig und in sehr eleganten Wendungen Auskunft. Im Verlaufe des Gesprächs kamen sie dann auf das, was man Politik nennt, und auf Regierungsarten zu sprechen, wobei sie denn diesen Mißbrauch verbesserten, jenen verurteilten, eine Gewohnheit wieder herstellten, eine andere abschafften, so daß ein jeder von den dreien sich zu einem neuen Gesetzgeber aufwarf, einem modernen Lykurg oder nagelneuen Solon, und erneuerten dabei den Staat auf eine Weise, daß es nicht anders schien, als hätten sie ihn in eine Schmiede gebracht und ihn völlig umgearbeitet wieder abgeholt, wobei Don Quijote über alle Gegenstände, die berührt wurden, so vernünftig sprach, daß die beiden Prüfer ihn für völlig geheilt und vollkommen vernünftig hielten.«

Sancho Pansa als Delegierter Notizen

als ich gerade klatschen will wird mir vom nebenmann die hand festgehalten   bist du verrückt   das istn idiot   sollen wir hier vielleicht wörter klauben   schriftstellerei betreiben   der tonfall wie er das wort schriftsteller ausspricht   §88 a 13 lattmann: es gibt zwei falsche entscheidungen von denen ich diejenige ergreifen muß die weniger falsch ist   karsunke: ich hab den graß in 5 jahren nicht 1 × bei einer versammlung gesehn in berlin wenn alle so wären hätten wir überhaupt keinen verband keine verbandsarbeit und keine gewerkschaft sancho pansa ärgert es daß graß mirnichtsdirnichts die ddr ins treffen bringt gegen die er seit jahrzehnten mault ihren sprachstandard unter den schriftstellern daß wir bald keine literatur mehr hätten wenn wir so weitermachten mit dem verbandsdeutsch schwengerdeutsch jetzt ist kind / brunnen kuh/ eis wo kann man in stuttgart tanzen gehn fragt mich das lockenkopfkindergesicht mein gott das hab ich dem günter eich beigebracht damit fang ich nicht noch einmal an alles ist viel zu lang schon zu lang abtreten sancho pansa der graß soll nicht den volker braun die sarah kirsch ins maul nehmen dürfen wenn man die rundfunkgebühren erhöht wem denn kommt diese erhöhung zugute uns doch nicht doch bloß der musik diesen endlosen scheißmagazinen sag ich das laut werd ich abgewählt warum dürfen die uns zwei tage lang in ihr niederträchtiges geiles hundsföttisches terrorlicht tauchen obwohl sie doch bloß minutenweis drehn straflager scheinwerferschikane wachhaltezellen schweine wann wird es dunkel und dann die anträge die abstimmung die wahlen wer ist mein mann dein mann sein mann unser euer ihr mann / frau sagt da jemand was von intrigen und der sieger verlangt jetzt ein messer schneidet den großen blumenstrauß auf sagt wanderpokal überreicht ihn der drewitz nach dem zweitagegemetzel wie konnten die mich zum delegierten machen wenigstens hab ich nun auch noch diese niemals angestrebte erfahrung links gucken rechts gucken unwillkürlich was tun die andern wie entscheiden sie sich wo ist die mehrheit mehrheit ist gut bei der mehrheit kann einem nichts passieren wenn man so wenig bescheid weiß wie ich mehrheit ist solidarität mehrheit ist demokratisch ist also mehrheit ist delegierter sein etwas absolutes gegen das individuum gegen das denken gegen die phantasie initiative lahmlegungen instanzenweg antrag um antrag pro contra zwei vor drei zurück hü hott rechts links herum bis zur entscheidung recht hat die mehrheit mehrheit hat recht es lebe die kunst der diskussion ermüdungstaktik bis minderheiten es satt haben der letzte bus abfährt der letzte allerletzte elan zerredet ist scharpie die frauen zupften es im ersten weltkrieg aus alten leintüchern als verbandswatte hab ich zugesehn? meinen sie bloß nicht ich hätt was dagegen   meinen sie bloß nicht ich sei nicht dafür   daß jemand da ist der so was tut denken prüfen wägen entscheiden handeln   gemeinsam   bloß ich will das nicht ich möchte sancho pansa bleiben jetzt hab ichs gehabt jetzt weiß ich wie das geht jetzt hab ichs ein für allemal hinter mich gebracht

Drei Ereignisse würzten den Januar: Ich erfuhr, daß meine seltsame Krankheit vom Herbst nach den Katzenbissen Toxoplasmose heiße. Die Volkshochschule Wyhler Wald lud mich ein, meine Heimatgedichte vorzulesen. Don Quijote mußte eine Palme drucken, die er im Herbst ins Holz geschnitten hat. Noch waren die Zeichen nicht zu erkennen, die das Jahr nach dem Bauernkriegsjahr bestimmen sollten.
Die Nachbarin hatte herausgebracht, wonach ein halbes Dutzend Spezialisten ohne Ergebnis forschten, was die AOK Tausende kosten mochte. Katzen? sagte sie, suchte eine Vene für Blut, was bei mir wie Lotteriespielen ist, nahms dann vom Handrücken, tats in ein Gläschen, schickte mich in ein Labor, wo Männer vor der Tür saßen, denen man sonst in der Großstadt nicht begegnet, und über Schweine und Schafherden sprachen. Eines Morgens, ich belud Rosinante, rief die Nachbarin durchs Fenster: du hast kleine Tierchen im Blut. Was ähnliches wie Malaria. Tritt in Schüben auf. Wird behandelt. Geht im Lauf der Zeit zurück. Wird vorwiegend von jungen Katzen übertragen. Die Nachbarin ist Kinderärztin. Sie gab mir Arznei. Iß Bäckerhefe, sagte sie. Die Sulfonamide setzten meinem Magen zu. Eigentlich setzten sie ihm fürchterlich zu, denn mein Magen ist mein Seismograph. Galle kann nicht mehr überlaufen. Doch was halfs, mit dem Namen der Tierchen würde ich wohl fertig werden, nachdem sie selber mich nicht geschafft hatten.
Zweitens: Wyhler Wald, das ging so: Geschieht dir ganz recht, sagte Don Quijote. Du hast etwas in Anspruch genommen, wofür du bisher nichts tatest. Jeder meiner Engel war eine Aktion, bevor er gedruckt wurde. Jammere nicht herum, schreib was Neues, statt bloß die alten, oft verhökerten Gedichte mitzunehmen. Und fang an, dich daran zu gewöhnen, daß du künftig derlei ohne mich wirst machen müssen.

Sancho Pansas zweite Reise nach Wyhl

Unterm Rauhreif brachen die Bäume fast, während ich fuhr und fuhr, wie immer den Schwarzwald im Auto unterschätzend, weil ich ihn so oft zu Fuß und mit dem Fahrrad durch-

quert hatte. Westwärts, die Weltkriege kamen mir hoch, in den Dörfern kaufte ich Bäckerhefe, hoffend, mein schmerzender Magen würde sich nach deren Genuß beruhigen. In Stuttgart fängt jetzt der Opernball an, Flieder und Rosen, der Sohn des Feldmarschalls tanzt mit der Frau des Ministerpräsidenten, der die Suppe eingebrockt hat, was plagt mich denn sie auszulöffeln, in dieser Kälte in dieser Nacht? anstatt wie Wohmann im Warmen zu stricken, an einem Fußbänkchen, für den Parnaß, oder wenigstens für ein Schinkenbrot, in den Elendsvierteln von Santiago, statt mich mit Musik anzufeuern, sagt das Autoradio, sind mehr als 50 % arbeitslos. Die Chilenen haben Hunger. Sie bitten im Auftrag von Brot für die Welt, das fehlte noch, einen halben Liter Milch pro Kind, hatten wir schon, sind zwei Gedichte geworden, was änderts, was hilfts, wenn die ganze irrsinnige Trauer nur meine Trauer ist, das irre Glück nur mein Glück. Endlich der Kaiserstuhl, Sasbach, die VHS Wyhler Wald wechselt winters die Lokale der Dörfer. Wie die Aliteration zur Landschaft paßt, zur weichen Ebene zwischen den Gebirgen.
Abends, im Wirtshaussaal, eine Treppe hoch, ist es eiskalt, erst gegen acht machen sie in einem sehr großen Blechofen, wie ich noch nie einen sah, Feuer; unten, wo's warm war und laut und Automaten, drängelte man sich um die Theke. Schließlich kamen dann doch fast hundert, so gegen neun, und mit dem Bus gerade zurück von Offenburg, wo sie mit der Landesregierung verhandelt hatten wegen dem Stillhalteabkommen. Daß sie da waren, die kalten Hände sich reibend in Mänteln an langen Tischen saßen, riß mich mit, Junge von weiter her, Männer und Fraun, was zum Dorf gehört, mitsamt dem Arzt, Lehrer, Apotheker, da war der Bauernkrieg wieder ganz nah, mir wurde heiß, also tat ich den Mund auf. Am nächsten Morgen wollte ich früh nach Haus fahren, doch es kam anders: für ein Gedicht hatten sie meine Rede an die Wyhler Bevölkerung gehalten, und weil es ihnen gefiel, wollten sie, ich solle es am Sonntagnachmittag noch einmal vortragen, man erwarte über tausend, drüben, in Weisweil, in der Festhalle, und aus dem Elsaß, Frankreich, der Schweiz.
Auf der Fensterbank stehn Palmen, hinter ihnen dicker Nebel, an der Scheibe ein zu früh aufgewachter Schmetterling, während der Pfarrer im Radio spricht, ich setz mich neben die Passionsblume, schau aufs Kreuz, die Marterwerkzeuge, der Kaffee wird von Hand gemahlen, die Wirtin sagt, den Zug kann man anhalten, wenn man mitfahren will, Kaiserstuhlbahn, die Kinder streiten, der Pfarrer spricht vom Lamm und vom Blut wie ich gestern Abend vor den Landleuten, Honoratioren, das gibt es also noch, Rheinfischer, Imker, der Meinrad

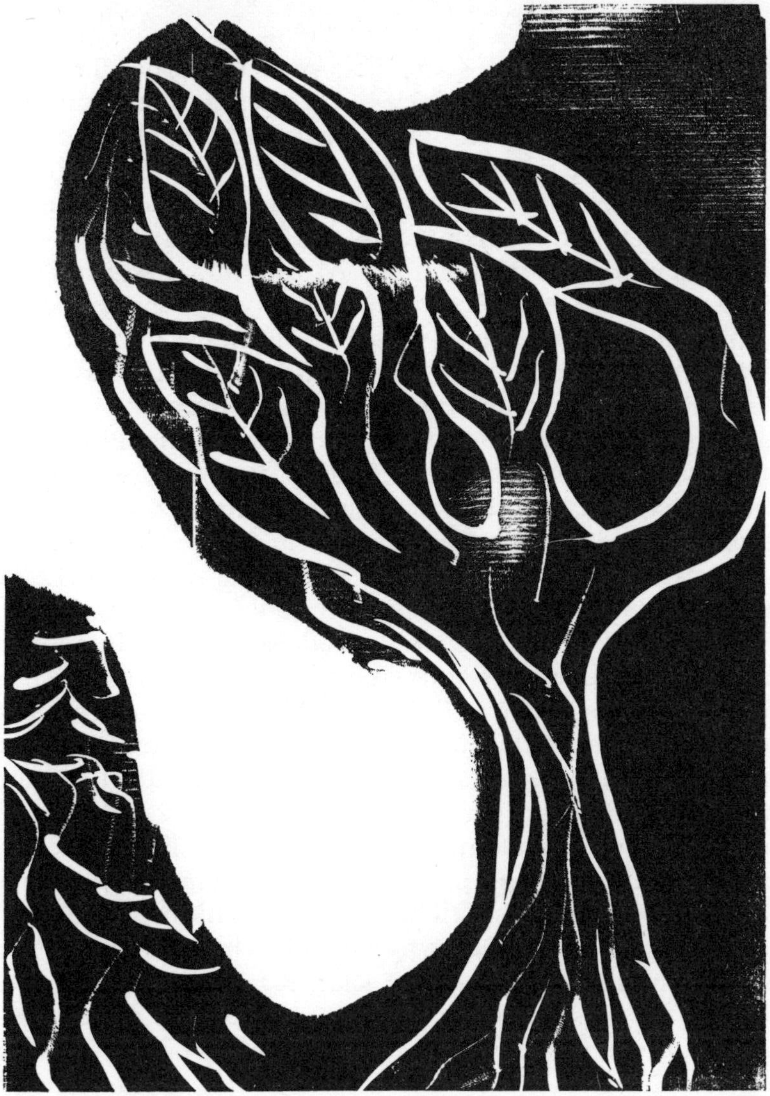

Schwörer sagte nach meinem Gedicht von den Flüssen, er sei in ihnen geschwommen wie ich, als er ein Bub war – mein Gott der Traum, jetzt fällt mir der Traum wieder ein von grad eben: Don Quijote tippt mich auf die Schulter, von hinten, er war gar nicht mehr Don Quijote, »komm jetzt«, sagt er, »denn schließlich haben wir längst schon den Rubikon überschritten«.
Einer von jenen ganz kurzen Träumen, nach denen ich blitzartig erwache wie als wärs vor Entsetzen über ein Glück das ich nicht begreife, dann denke ich noch eine kleine Weile nach über so Wörter wie Rubikon und vergess es, weils nichts bringt.
Nach dem Kaffee fahre ich zum Tatort: Wyhler Wald. Die Bäume am Straßenrand und der ganz dünne Schnee auf den

Äckern, wie sich das alles im Nebel verliert und das Besondere an diesem Ort, warum ich hier bin, verwirrt mein Gehirn; so sah ich nie Vögel auf Bäumen hocken, Raubvögel, ganz große braune, Bussarde mit Spannweiten wie Adler und schwarzglänzende wie in der Kinderzeit, Dohlen und Rabenkrähen, so dicht beieinander, so viele, ich weiß, daß es mit der Gegend zusammenhängt, dem bereiften Auwald der aus dem Nebel herüberscheint unter einer Andeutung von Sonne, doch die Atomkraft ist allgegenwärtig, Hiroshima, KKW, ich weiß nicht fahr ich durch eine Landschaft vor der Explosion? danach? Sind das schon Mutationen von Vögeln?

Da aßen sie im Herbst das Sauerkraut. An der Pforte vom Freundschaftshaus hängt ein Plakat: MENSCH UND HEIMAT SANCHO PANSA LIEST AUS SEINEN WERKEN. ORT: GASTHAUS ENGEL IN SASBACH (SAAL). Mir kam es vor, als sei dieser Augenblick mit dem Plakat an der Bretterwand durch keinen Augenblick meines Lebens zu übertreffen. (Auch wenn Don Quijote schon viele prächtige Plakate für mich gemacht hatte). Auch wenn alles starr und tot dalag. Dann sah ich ein dünnes Rauchsäulchen. Ein Typ, pfeilgrad übriggeblieben vom Bundschuhhaufen und vermummt, wie sichs für einen Januarmorgen vor 470 Jahren gehört, trat auf die Rosinante zu. Ich sagte: Können Sie fotografieren? Das da? Mit dem Plakat? Daß mans lesen kann? ich heiße Sancho Pansa. Der Typ beguckte sich noch einmal mißtrauisch Rosinante. Sah unter ihrem Schwanz den Aufkleber: Hand mit Blume auf blauem Grund: COMBATTANT POUR LA VIE. Als ich ihm fünfzig Mark in die Hand drückte, sagte er: Klar. Bis wann? Jetzt trat ein zweiter Typ aus der Hütte, der dem ersten in nichts nachstand. Sagte der zweite zum ersten Typ: Ich besorge den Apparat. Da drückte ich ihm auch zwanzig Mark in die Hand: Bis heut mittag, Weisweil. Und hier meine Adresse, für jeden Fall. Natürlich hörte ich nie wieder was von den beiden Schnapphähnen. Das Freundschaftshaus, diesen kurzen Traum, brannten sie ab, als das Stillhalteabkommen zu Ende war.

Links und rechts der NATOrampe stand LEINPFAD KEIN ÖFFENTLICHER WEG. Ich ärgerte mich, den Begriff Leinpfad vergessen zu haben, der mit dem Wasser, da war ich fast sicher, zusammenhing; am Fuß der Rampe blankes Eis, ich war allein, von irgendwoher hörte ich Kirchenglocken läuten, dann machte ich Bremsversuche. Und weil es mir gefiel, wie der Rhein dahinfloß, wie ihn die vielhundert Wasservögel belebten, was da alles sein Winterquartier von wer weiß woher genommen hatte, fuhr ich mit Rosinante Karussell und ließ sie auf dem Eis tanzen. Beim Mittagsfischessen in Weisweil lernte ich einen nach dem anderen kennen, die ich im Bauernkriegs-Engel zitiert hatte, einfach weil ihre Namen wunderbar klangen: Meinrad Schwörer, Balthasar Ehret, Annemarie die Winzerin. Ich saß neben dem Mann, seit Monaten gegen die Kernkraftwerke im Hungerstreik, ab und zu trank er einen Schluck Wasser, während ich heißhungrig meinen Fisch aß, leicht irritiert durch die Frage des Wirts: Wie darfs denn sein, mit Shell-, BP-, Esso- oder Aral-Geschmack? Rings um mich gewaltlose Widerständler, Graswurzelrevolutionäre, Auf-

wiegler, Abwiegler, Umtriebige, Neugierige und Betroffene, Rechenschaft Fordernde, die hören wollten, was da in Offenburg hinter verschlossenen Türen gelaufen war, wo die gewählten Vertreter ihrer Bürgerinitiativen der Landesregierung standhalten sollten. Aus dem Kofferraum verteilte ich ENGEL, bekam dafür Wein Brot und Fisch hineingepackt. Don Quijote wäre sicherlich mit mir zufrieden gewesen. Und das war meine Rede, bzw. was sie ein Gedicht nannten:

Das Beispiel Wyhl von Sancho Pansa

Gelesen auf der Kundgebung in Weisweil, am 1. Februar 1976, geschrieben für die »Volkshochschule Wyhler Wald«

Wyhl ist ein Beispiel. So wie der Wilhelm Tell. Die Stadt Troja war ein Beispiel. Hiroshima war ein Beispiel. Beispiele lassen sich nicht rückgängig machen. »WYHL IST ÜBERALL« – SO stand es auf den Spruchbändern. Tausende, die hierher kamen, nahmen es mit. Von Wyhl spricht man in Zürich und in Prag, in Brüssel, Amsterdam, Wien, Stockholm und Paris. Von Wyhl spricht man in jeder Stadt der Bundesrepublik, in jedem Dorf, in jeder Landschaft. Überall wo Kernkraftwerke schon gebaut sind, angefangen werden, noch auf dem Papier stehen. Die Wissenschaftler, die es sich ausdachten, die es priesen, bagatellisierten, fürchten sich heute vor »den Folgen, die nicht abzusehen waren«.
Bevor sie sich nicht einig sind, bevor der allerletzte Fachmann nicht überzeugt ist von der neuen Religion:

Das KKW ist nicht schädlich
nicht schädlich
im Gegenteil im Gegenteil
es wird in jeder Hinsicht
es wird in jeder Hinsicht
segensreich segensreich segensreich
sein

Solange sollte keiner hier am Kaiserstuhl und anderswo, keiner wie du und ich, sich Illusionen machen. Was ist mit den tausendsechshundert Professoren, die gerade jetzt öffentlich ihre Stimme gegen KKW's erhoben? Sie muß man überzeugen, eh gebaut wird, nicht das Volk!
Neun Monate im feuchten Wald, neun Monate in Regen, Schnee, Dreck, Kälte, wenig Sonnenschein, neun Monate haben ausgereicht, Wyhl zu dem zu machen, was unseren Vorfahren die Fahne in der Schlacht bedeutete. Das ist Geschichte, Heimatgeschichte, vielleicht Weltgeschichte. Wer kann das schon wissen?
Sollen Tausende von Bürgerinitiativen den Mut verlieren? Die Menschen vom Kaiserstuhl, ob sie wollen oder nicht,

bleiben das große Beispiel einer Freiheit, sich zu wehren, zu demonstrieren, sich zu informieren. Was für ein Beispiel sie uns gaben, wird die Zukunft lehren.

Sancho Pansa

Die Zukunft kam bald. Sie hieß Brockdorf. Ich brauchte nicht mehr an die Elbe zu fahren.

Avalon

Die Palme bringt mich in Schwierigkeiten. Die Palme gab Don Quijote den Rest. Aber eigentlich war es gar nicht die Palme, sondern das, was hinter ihr sichtbar wurde. Oder durch sie. Und es nützt auch nichts, die Geschichte der Palme zu erzählen, weil es sich nicht um ihre Geschichte handelt, die ich später erzählen werde, sondern darum, daß sie gedruckt werden mußte. Jetzt komm ich noch mehr ins Schwimmen, denn eben vom Drucken versteh ich nichts und schon gar nicht, was daran nicht mehr in Ordnung war. Und in Unordnung mußte etwas sein, denn Don Quijote, der Ratio den höchsten Stellenwert einräumend (hab ich das bisher noch nicht gesagt? es ist von großer Bedeutung bei jemand, von dem die Menschen das Gegenteil annehmen) – Don Quijote also, der alles Irrationale verabscheut, was ihn nicht hindert, den Mythos zu preisen, Don Quijote ging umher, sprach von einem dumpfen Grollen, und davon, daß es zu Ende sei, noch bevor das Jahr sich neige, würde ich sehen, es war überaus selten, daß Don Quijote Kassandra spielte und dann nur, wenn es um gewaltige Dinge ging und nicht um privates Wehweh. Kurzum, ich verstand ihn immer weniger, weshalb ich mich an die Palme halten werde: Sie sollte, auf eine sehr komplizierte und auch noch vornehme Weise, Geld hereinbringen – worüber ich eigentlich gar nicht sprechen darf – für das 500jährige Jubiläum der alma mater Tubingensis. Ehrensenator Don Quijote hatte wie üblich sein Bestes gegeben, jedoch, es nützte nichts. Die Palme, etwa so groß wie ich, Sancho Pansa, brauchte besonderes Papier, Japan war weit, und mittlerweile war eben, wie gesagt, Don Quijote auf etwas gestoßen, was ihn längst beunruhigt hatte, dessen Ausmaß er jedoch sich so spät wie möglich eingestehen wollte: nirgendwo fand er eine Buchdruckerpresse, die vom Holzstock der Palme hätte drucken können. Das lag aber nicht an ihrer Größe, denn noch im Sommer des Bauernkriegsjahres hätte Don Quijote überall gefunden, was er brauchte. Schon im November wurde es schwierig. Im Januar waren die Druckereien ausgeräumt. Don Quijote wußte, was das bedeutet. In einem verzweifelten Wettlauf mit der Zeit gelang es gerade noch, eine Presse zu finden, weit weg, und einen Fachmann, der sich der Palme annahm.

Noch einmal: es geht nicht um Palmen, sondern um Don Quijotes Identität. Und die ist nicht mehr und nicht weniger als fünfhundert Jahre alt. Don Quijote war nicht nur Maler und Holzschneider, er war auch Drucker. Sein Leben lang ging er mit einem Beruf um, wovon ich nicht das Allergeringste weiß noch jemals beobachtet habe, obwohl eine der Hütten auf Avalon eine Druckerwerkstatt ist. Obwohl ich jeden Gegenstand kenne, der drinsteht. Vielleicht kommt meine Zurückhaltung von Wörtern wie »schwarze Kunst«, die mir unheimlich klingen, immer hör ich da Nebentöne, Kellergeräusche, jahrhundertealt, Flugblätter, Angst, Verfolgung, Samisdat, oder sie kommt von den Bildern, auf denen mein Herr den Vorgang des Druckens malte und schnitt und gedruckt hat: immer steht da ein ernster auch heiterer, jedenfalls sehr gesammelter Mann, meistens er selbst, an der Druckerpresse, die verschiedene Gestalt hat, mal sieht sie aus wie eine Wiege, mal wie ein Sterbebett; Siegestor, seine Pfosten sind Bäume, Phallen, oder Raketen, fest verankert durch Querstreben, damit es nicht ins Ziellose geht. Noch immer nicht Grund genug mich zu fürchten, jedoch mein Herr hat ein Gegenüber, das mich ausschließt, und dieses war mein erster Eindruck, als ich in Don Quijotes Werkstatt blickte: ein halb schuppiges, halb gefiedertes Tier, ein Dämon, der Teufel selbst legt da Hand mit an. (Stimmt, sagte mein Herr und lachte.) Auf einem anderen Blatt sind es Engel die den gelungenen Druck abheben, hochhalten, Don Quijote macht einen Handstand auf dem Hebel, freut sich, tanzt, bis zwei Totenschädel mitre-

den, ihre Rippen aus Bleizeilen, knöcherne Hände greifen ganz leicht nebenher zu und das Blatt bleibt weiß – auch Don Quijotes Text brachte mich nicht näher:
»Wer drucken kann, hat gute Kameraden: Setzer, Ätzer, Papiermacher, Schreiner, Lithografen, Buchbinder und Buchdrucker. Wir sind alle den Meistern des Handwerks verpflichtet. Jeder von uns muß erst verstehen lernen, ehe er die Konvention mit neuem Elan durchbricht. Weil wir so viel beachten müssen, verstehen wir uns auch besser. Immer ist unser Metier gefüllt mit berufsfremden Dingen, Gedanken, die uns weitertreiben.«
Ein andermal wieder sagt Don Quijote: Jedes Handwerk ist reaktionär. Soll sich der Teufel auskennen, ich hielt mich da raus. Zur Strafe muß ich jetzt drüber schreiben, weil es das war, was über uns kam, wie eine längst vergessene Plage, Pestilenz, Apokalyptisches, im Jahr nach dem Bauernkrieg. Weil es nicht nur meinen Herrn betraf, sondern unvorstellbar viel Menschen, die noch immer nicht wissen, was die Stunde geschlagen hat. Erst wenn der Zeiger stillsteht, begreifen sie es. Wieso eigentlich? haben sie etwa begriffen, daß Blumen, Wäl-

der und Landschaften sterben? Wale und Schmetterlinge verschwinden? stört es sie, was in Lateinamerika, Afrika geschieht? es geht doch weiter, es steht doch nichts still, aus Wiesen sind Fabriken geworden, Arbeiter werden durch Computer ersetzt, gedruckt wird mit Licht statt mit Blei, was hat das mit Kunst zu tun? Wirtschaft Horatio. Mein Herr jedenfalls litt. In seiner Seele, von der er zwar sagt, daß es sie nicht gibt, muß sich allerlei abgespielt haben. Er sprach von der Erfindung des Schießpulvers, das vom Dynamit abgelöst worden sei bis die Kernspaltung wiederum – und er hätte sich keinen Augenblick seines bisherigen Lebens aufgegeben, wenn auch unablässig in Frage gestellt. Es gäbe jedoch Menschen, die daran sterben. Als ob es darauf noch ankäme. Wen interessiert schon, wie Bücher gemacht sind. Rezensieren, ins Regal stellen, Wegwerfware, das nächste bitte. Jeder Tag ist neu, das Zurückliegende interessierte meinen Herrn ohnehin kaum. Ein Archiv über sein Leben sei ihm ein Greuel, poltert er. Wie er aber erst poltert, wenn er suchen muß! nach einem Stück Vergangenheit, »um damit Zukunft zu schaffen« ... Sancho Pansa brachte Schießpulver, Kernspaltung, Palme nicht zusammen, aber er sah, daß Don Quijote seinen Schuh nicht mehr zubinden konnte. Und er weiß, daß zweimal zwei vier ist. Unversehens und unter der Hand war eine alte Sitte wieder eingeführt worden: der Briefträgerschnaps.

Die Flasche steht in der Küche neben der Tür; wenn der Mann auf dem Motorrad kommt, kippt er ein winziges Gläschen, es müßte wenigstens eine Woche vergehen, bis die Flasche leer ist, anstatt zwei oder zweieinhalb Tage. Don Quijote kann es sich nicht erklären, redet von Siebenschläfern, die mal einen kippen. Ärzte, von weit her und berühmten Universitäten, je weniger sie mit seinem Zustand zufrieden waren, brachten desto öfter prächtige Flaschen Cognac, was Don Quijote zwar irrational schalt, ihn jedoch nicht hinderte, sich mit einem Holzschnitt erkenntlich zu zeigen, für den er sich hundert Flaschen des edelsten Giftes hätte kaufen können.

Es gelang mir diesen Circulus zu unterbrechen mit Liebe und Zorn und nicht ganz ohne List, die er verabscheut. Was nicht ausschließt, daß er selber hinwiederum sich auf List versteht. Als ich dann auch noch Zigaretten sah, die mein Herr in Dresden für ewig und alle Zeiten in die Elbe warf, weil seine Tagesration hundert Stück oder keine betrug, wußte ich genug. Zum dritten und letztenmal: Von der Palme hatte ich begriffen, sie sei zu einem Projekt herangewachsen, wie es nur große Unternehmer der Branche riskieren könnten. Nichtsdestotrotz ließen sie alles auf Don Quijotes Schultern ruhen. Und da ich sah, daß ich handeln müsse, (auch wenn mein Herr mich hinterher dafür bestraft,) weil es so aussah, als hätte Don Quijote sich zum erstenmal selbst aufgegeben, rief ich den Unternehmer an: Sehr geehrte Universität, wenn Ihre Palme nicht signiert wird von Don Quijote, ist sie für den Markt ohne Wert. Wenn aber Don Quijote sie signieren soll, wird es allerhöchste Zeit, ihm das Leben zu retten. Kurz danach lag Don Quijote im schönsten Zimmer der Universitätsklinik. Tübingen

Im Hornung deinen Leib Purgier
Mit Aderlassen auch vexier
Schrepffen und dergleichen Sachen
Pflegen frisch und gesund zu machen.

Sancho Pansa fuhr hin und her, von der Klinik nach Avalon, rückte den Mäusen und Ratten auf den Pelz, klopfte und wusch jede Nacht bis zur Wolfsstunde einige tausend Bücher über einige tausend Jahre Kunst, die im Pferdestall verrotteten, baute eine Bücherwand auf und versuchte seine Gedanken während dieser Tätigkeit an einer kurzen Leine zu halten: Wie mochte das mit Don Quijote und dem Drucken weitergehen?

Vermutungen über mögliche Teil-Ursachen von Don Quijotes Krankheit (auch bei Cervantes wurde Don Quijote zwischen den Abenteuern auf einem Karren und einem Bündelchen Heu nach Hause gefahren) und seiner Stellungnahme dazu, die eine Zeitschrift »Der Druckspiegel« justament in dem Augenblick publizierte, als Don Quijote auf dem Siechenbett lag.

Also ich klopfe Bücher und werde fast verrückt vor Trauer und Einsamkeit, weil ich nicht weiß, an was mein Herr stirbt, da bringt ein junger Mann, den ich nicht kenne, die Belegstücke eines Interviews, das er als Fachmann mit meinem Herrn machte. Es ist die Hommage für einen sterbenden Beruf und besser als jedes weitere Wort von mir. Weil ich jedoch bloß die Worte meines Herrn ohne Genehmigung abschreiben darf (hat er gesagt), laß ich die Fragen des Druckers weg. Und wer selber keiner ist und das Ganze langweilig findet, möge getrost, wie schon des öfteren angedeutet, ein paar Seiten überschlagen:

Der Druckspiegel, Februar 1976
»Meine Lehrmeister, denen ich die Liebe zur Typografie und die Freude am Drucken verdanke, waren damals, Mitte der

20er Jahre, schon alte Männer. Möglich, daß der Setzermeister mit seinem vom vielen Bücken nach den schweren Setzkästen gekrümmten Rücken älter auf mich wirkte, im Gedächtnis ist er mir ein alter und weiser Lehrer geblieben. Wieviel hat er von Anmut und Grazie gewußt, wie sicher die Schönheit einer gesetzten Seite, eines Titelblatts erkannt! Sein Gefühl der Klarheit und Einfachheit machte die alten Satzregeln wieder lebendig. Seine Erfahrung vermittelte dem Lehrling eine Ordnung. Das Handwerk schien bei ihm ein lebensfähiger Baum, der während meiner Lehrzeit von Stürmen nur so geschüttelt wurde. Eine neue Typografie wehte von Holland und vom Bauhaus her. Sie fegte den Mittelachsensatz der Garamond, Didot, Bodoni hinweg. Ein elementarer Sturm riß an den Wurzeln der Grundlehre. Nur eine Regel, alles aus dem Setzkasten zu komponieren, mit Satzmaterial zusammenbauen, blieb stehen. An Stelle der Röslein aus Lettern gab es jetzt geometrische Typografie: Linien, Punkte und Quadrate. Wir Schriftsetzer erkannten sofort den Zusammenhang der Zeit.«

»Alles war noch im einzelnen und in seiner Tradition verankert. Es gab noch nicht das Spezialistentum, wie wir es heute zum Beispiel im Vergleich mit den Ärzten haben, daß jeder ein anderes Spezialgebiet betreut. Sie wohnen zwar in einem Haus. Der Gedanke, daß sie nun koordinierten, wenn man krank ist, wird nicht realisiert. Jeder ist des Nächsten Feind. Wenn man also eine Diagnose will, kann man auch das Pech haben, nur verschiedene Spezialmeinungen serviert zu bekommen und keiner ist da, der das richtig bündelt. So dürfte es heute mit den Abteilungen in Druckereibetrieben sein. Die Schriftsetzerei ist zu – eine Spezialabteilung, die im Glaskasten sitzt; wie die modernen Mixapparate, die in der Küche mit Glas ummantelt sind. Man kann nicht hineingelangen, ohne einige Hebel zu drücken, und sind die kaputt, dann muß man den Elektriker holen.«

»Die Druckerei und alles war überschaubar. Ich habe zwar Akzidenz gelernt, aber vielfach Aufgaben des Schweizerdegens mit ausgeführt. Ich stand auch an der Perforiermaschine und mußte anlegen. Alles war, wie ich vorhin schon sagte, nicht so aufgegliedert. Man hatte eine volle Entwicklung, und auch die Solidarität war nicht gebrochen. Zur Solidarität gehört ein geistiger Austausch. Unter allen, die in der Druckerei arbeiteten, gab es eine Kommunikation, einen geistigen Austausch, wie wir ihn wohl heute nicht mehr haben. Es gab eben keine weißen Mäntel – keine Leute, die nur an Schulen ausgebildet waren und dem Setzer einen Entwurf vorlegten, den er bloß auszuführen hatte.«

»... wenn man bedenkt, daß zur Zeit des Mittelalters 6000 Drucke von einem Model von Hand abgezogen wurden. Wenn man also heutige Auflagen, die eine Botschaft, ein Aufruf oder einfach ein Engagement des Künstlers sind, druckt, sind 20000 keine Zahl. An der Hochschule für Graphik und Buchkunst in Leipzig haben wir von den Stöcken zu ›Neruda‹ 20000 gedruckt. Der letzte Druck ist so gut wie der erste, denn die modernen Maschinen sind so fein einzustellen und haben ein so vielteiliges Walzwerk, daß fast jede Auflage zu drucken ist. Aber die Entwicklung geht immer mehr dahin, die Buchdruckmaschinen aus dem Betrieb zu werfen und auf Offset überzugehen. Das ist wohl das Ende des Drucks, der aus der Letter besteht. Das fing schon mit der Negativzeile an. Die Negativzeile, spiegelverkehrt ohne Prisma aufgenommen, ist auch als Klischee keine Satzzeile: der Buchstabe nicht geprägt, kein Stempel. Und so ist eigentlich Schrift im Flachdruck eben das, was sie auch nur sein kann – flach.«

»Ein Schüler, Josua Reichert, er nennt sich zwar Drucker – aber er meint natürlich, daß er auch Setzer ist. Er sucht alte Schriften zusammen, hat eine Schnellpresse und druckt darauf. Er wollte sich damit unterscheiden, daß er sich Drucker nennt. Ich sagte das vorhin – er meint das Geprägte, das wie ein Siegel ist. Ein Siegel hat ein ganz anderes Verhältnis zum Stoff, zum Papier, ein anderes Verhältnis zur Vervielfältigung überhaupt. Deshalb ist es auch völlig gleichgültig, ob ich einen drei Meter hohen Holzschnitt mit dem Löffel durchreibe oder einen solchen in die Presse nehme: es ist geprägt, es ist abgedruckt. Das hat man mit dem Model am Anfang auch gemacht. Man hat ihn ja nicht auf Stoff abgezogen, sondern mit dem Hammer bearbeitet. Also ich glaube, daß der Druck nicht zu trennen ist von der geschnittenen Type.«

»Das wäre jetzt gerade was Gutes für die Bürgerinitiativen, die in diesen 30 Jahren von der Demokratie sozusagen geschaffen wurden. Was mich bei den Flugschriften entsetzt – sie sind kaum leserlich, sind mit einer solchen Lieblosigkeit gemacht, wie eine Bierzeitung. Ich hätte mir vorstellen können, daß eine fahrbare Druckerschule, wo man Einladungen für einen Jazzabend, eine Ausstellung oder andere Initiativen sofort und vor Ort drucken kann, eine neue Zeit einleitete. Ich habe mich immer um Öffentlichkeit bemüht – oder dies wenigstens angestrebt – nicht die Kunstöffentlichkeit als das Wahre zu nehmen, das heißt, jene Öffentlichkeit, die in Galerien und vor einem bestimmten elitären Kreis stattfindet, sondern die eigentliche Öffentlichkeit anzusprechen, die sich mehr erweitert. Dazu gehörte das fahrbare Kino, dazu gehörte auch die fahrbare Druckerei. Gescheitert ist das natürlich einfach an den Kosten der Einrichtung, obwohl es nicht so teuer gewesen wäre.«

Tagebuch

*don quijote in der klinik, ›halbzeit‹ lesend, um beim sau-
spiel-autor einiges nachzuholen: lieber gott wenn ich das
gewußt hätte   wie da toter käfer gespielt wird   wie
das auf dem rücken liegt mit den beinchen hoch in der
luft   kafka oblomow dostojewski   stundenlang durch-
gehaltene prosa der man kein nachlassen vorwerfen
kann   muß mit den jahrgängen zusammenhän-
gen   diese tübinger germanisten   hätt ich das bloß
früher gelesen ich wäre nicht in die falle gelaufen   wo
man eben mal so vorbeikommt   lässig   seiden   sich
ans klavier setzt   das kann man doch mit mir nicht
machen   diese menschen waren nie meine men-
schen   wenn ich um mit einem mann zu reden einen
halben tag weit reite will ich nicht rubinstein hören ge-
schweige peter hamm   es ist immer dasselbe die angst
vor dem tod   der walser begreift mich nicht   er re-
flektiert das nicht einmal   ist ihm auch wurscht weil es
ihm nicht dient   diese leute sind nie allein   außer beim
schreiben   die funktion ihrer frauen   sie dabei abzu-
schirmen   und hinterher kriegen sie midlifecrisis   was
ihm fehlt ist daß die society   seine leute die mit ihm
soffen studierten zur sa und ss gegangen sind   alle
das wär die vergleichssituation   und er allein bliebe zu-
rück   bliebe er?   ich blieb   die paar antifaschisten
kamen nie aus der society die sich in seinen romanen
tummelt   das waren von vornherein außenseiter   da-
mals als ich so alt war wie walser gab es nichts als feinde
ringsum   hunger   der hat gut reden: verschonen sie
uns mit den alten geschichten   seine generation kam
zum zug   schrie sich aus wir wurden abgewürgt   hin-
terher auch noch »kahlgeschlagen«   ich hab immer da-
gegen gehalten   daß ich trotzdem hoch kam verzeihen
sie mir nie   und sie sind wieder in der überzahl   da
ist keine verständigung möglich   während von ihnen
tausende noch die geschichte zurechtzurücken versuchen
als sei sie bloß ein verrutschtes bild tragen wir die übrig-
gebliebenen antifaschisten zu grabe*

Zu dem, was Don Quijote übers Plakatmachen sagt, muß ich etwas vorausschicken, denn Holzschnittplakate sind schon Geschichte, ihre Zeit ist um und ich war noch dabei. Als Plakate noch Plakate hießen. Bevor Plakate Posters wurden. Eh man die Plakate von Toulouse-Lautrec und anderen billig nachdruckte und der Besitz des Originals noch nicht Prestige-Symbol eines Opinion-leaders war. Bevor der Siebdruck und POP den Grafikboom einleiteten und jedermann Plakate für jedermann machte, was Don Quijote freute, sobald sie gut waren, und ärgerte, wenn sie schlecht waren. Damals druckte Don Quijote von seinen Holzstöcken Plakate, für Türen und Fenster und Litfaßsäulen, Flure, schwarze Bretter und übers Bett, als Sammel- und Tauschmöglichkeit für jedermann, ungezählte Tausend im Lauf der Jahre. Und er signierte für jedermann, als Ausgleich für die ständig wachsenden Kunstmarktpreise, die er ignorierte. Warum sollte nicht ein Student oder Arbeiter ein Bild kaufen können, das ihm gefiel, zum Preis einer Schallplatte? Don Quijote wollte die Kunst revolutionieren. Es bekam ihm schlecht. Er erntete Vorwürfe, Klagen, Beschimpfungen; ihn störte es weniger, wenn Studenten Brathähnchen oder Kollegbücher einwickelten, wenn Amnesty-Leute seine Plakate als Packpapier benutzten, – es blieben ja immer noch welche übrig – als wenn sie sie dutzendweise verhökerten, um sich ein Auto dafür zu kaufen. Zugleich merkte Don Quijote, der sich am Anfang einer Entwicklung sah, daß er an ihrem Ende stand. Mit der technischen Veränderung der Reproduktion hört auch das Verständnis der Menge für eine vergangene Technik auf – schon wickeln sie wieder Brot in Plakate, doch dazu ist kein Holzschnitt mehr nötig.
Was Don Quijote vor Jahrzehnten anfing, wendet sich nun gegen ihn selber: man hat sich daran gewöhnt, daß die Künstler immer die ersten sind, die spenden, wo es um Engagement

geht; seit ich sein Sancho Pansa bin, rackert sich Don Quijote ab mit Plakaten, jetzt, da sie ausbleiben, fallen die gleichen Gruppen, die Hunderttausende kassierten, über ihn her:

Behinderten-, Spastiker-, Taubstummen-, Blinden-Vertretungen
Terre des hommes
Kinder in Not
Nachtkliniken
Release-Stationen
Resozialisierungszentren
Bürgerinitiativen für Reformen im Strafvollzug
    gegen Kernkraftwerke
    gegen Abholzung von Alleen
    gegen Ausweitung von Truppenübungsplätzen
    gegen Flugplatzvergrößerungen
    gegen Flußbegradigungen
    gegen Verplanung Zersiedelung
    für die Erhaltung von Baudenkmälern
    und Naturschutzgebieten
    gegen Berufsverbote und andere Paragraphen
Dichter
Studenten
Gastarbeiter
Iran-Geschädigte
Schwarzafrika
27 AMNESTY-Gruppen
Korea-Komitees
Vietnam-Komitees
Griechenland-Komitees
Chile-Komitees
und jeweils ein paar Dutzend Wählerinitiativen

sie alle bekamen Holzschnitte und Plakate, nein, das ist kein Gedicht, sondern die Wahrheit über einen Mann, der Don Quijote heißt. Und jetzt ist er selbst wieder dran im Druckspiegel: »Ja, wenn ich ein Plakat mache, ist das immer eine Anstrengung. Natürlich bin ich heute der viel moderneren Industrie angeschlossen. Das Plakat war für mich sehr lange eine Möglichkeit, Breite zu gewinnen. Man hat sich das Plakat für fünf Mark kaufen können. Ich habe das überwacht, so daß Schrift und Bild (der Stock) immer ein Ganzes waren. Aber der Erfolg hat mir hier einen Streich gespielt. Ein Plakat um fünf oder zehn Mark – hängt am nächsten Tag für 300 und 400 Mark im Schaufenster einer Galerie. Einer materialistischen Auffassung, der Habgier, ist Tür und Tor geöffnet. Zum Beispiel wurden Plakate gar nicht ausgehängt, sondern en bloc gekauft und sind gleich in den Kunstmarkt gelangt. Dort waren aber schon die Kenner. Mir kam es eigentlich vielmehr darauf an, neue Kenner, neue Sammler zu finden. Und deshalb war das Plakat auch als Plakat ein wichtiger, künstlerischer Ausdruck, also Schrift und Bild zusammen.«

»Ja, ich bin irgendwie blockiert worden. Man kann ja auch nicht einen einzelnen Betrieb innerhalb eines anderen Wirtschaftssystems sozialisieren. Die meisten Menschen nehmen eine Sache nur, weil sie wissen, was sie wert ist. Die Presse ist auch darauf ausgerichtet, Wert und Wertskala im Sinne des Marktpreises, der Bonität zu nennen. Die Entwicklung der Bundesrepublik hat hier in diesen dreißig Jahren nicht entgegengewirkt, sondern im Gegenteil, kaufmännisches Denken gefördert. Aus Laien sind nicht Kenner, sondern kleine Kunsthändler und Manager geworden.«

»Es hat sich gezeigt, wenn man mit Unternehmern spricht, daß es an erfahrenen Fachleuten fehlt. Leute kommen von der Schule, die das Metier nicht beherrschen. Es wird dann vielzuviel herumprobiert, wobei eine hohe Vorkalkulation durch Zurüstungen und alles, was dem Kunden angeboten wird, entsteht. Viel einfacher, mit bescheidenen Mitteln wie früher, könnte der Unternehmer heute Geld sparen. Es hat sich auch gezeigt, daß die Entwicklung im Sinne des Fortschritts (z. B. Typo-Designer) die Kosten steigert. – Jedenfalls habe ich gehört, wenn wir anders ausgebildete Leute hätten, dann könnten wir soundsoviel im Jahr einsparen.«

»Eine schwierige Sache: Es ist kein Handwerk, und es ist keine Industrie. Wir haben einen zu großen Apparat. Auch für den heutigen ersten Akzidenzsetzer ist es eine Sache seiner Ausbildung. Und ich zweifle nicht daran, daß die schulische Ausbildung gut ist. Aber der Betrieb ist heute so rationalisiert, mit einer kurzen Arbeitszeit und mit einem starken Stoßgeschäft. Da ist für viel Überlegung keine Zeit. – Was am Freitagmittag um 12 Uhr nicht gemacht wird, kann am Dienstagmorgen, wenn am Montag die Masche heruntergefallen ist, nicht wieder aufgehoben werden.«

»Ich bin noch nicht so weit, daß ich einen Rückblick über mein Leben mache. Es war immer provisorisch. Ich habe meist den Lebenspreis voll bezahlt. Es ist noch gar nicht so lange her, daß ich keine Sorgen mehr habe. Selbst diese sind wieder hereingekommen. Wer die Villa sucht, findet sie nicht. Man findet auch hier kein Gold vergraben. Aber ich hätte auch mit viel Geld am Grafikbetrieb nichts ändern können. Den Markt ändern kann man nicht. Er hat ein bestimmtes Volumen. In dieses geht soundsoviel hinein. Um die Aufnahmekapazität zu vergrößern, müssen Sie ausscheiden oder neue Kenner heranbilden. Was da an Kennern dem Geiste zugeführt wird, ist verhältnismäßig gering, weil ein großes Wissen und viel Muße dazugehören, um an den heutigen künstlerischen Aktionen teilzuhaben. Die Breite aber, die eigentlich sein müßte, war einmal in den Arbeiter-Bildungsvereinen und in den »Typographischen Mitteilungen« angelegt. Was Dressler damals aus der »Büchergilde« gemacht hat, Bücher ganz aus Holzschnitten, zielt in dieselbe Richtung. Das wiederum herzustellen, wird wohl nicht durch Not kommen können. Ich habe soviel Not in meinem Leben gesehen – eigentlich fast nur Not. Ohne ein Pathos kann man so etwas nicht wieder erreichen. Wir haben eine Nützlichkeits-Strategie, eine Überschätzung des Spezialwissens. Das wird sich wohl nicht ohne gesellschaftliche Reformen ändern. Der Holzschneider kann sich auch nur in dem Rahmen bewegen, den unsere Zeit hat, so daß ich oft die seltsamsten Auswege suche. Und das ist mit ein Grund, warum ich sehr viele Publikationen, soweit sie mir gestattet sind, im andern deutschen Staat mache: weil ich dort noch mit den Setzern, Druckern, Studenten zusammenarbeiten kann.«

»Ist der Druck abgehoben und hängt zum Trocknen an der Leine, bin ich bereits zurückgetreten. Ändere also nichts mehr. Nur solange die Bildvision mich ins Holz zwingt, bin ich beurlaubt. Diese Vision ergibt sich zwangsläufig aus meiner Existenz. Von einer Motivwahl kann man da nicht sprechen.«

»Es wäre sehr schön, wenn es gelungen wäre, daß der Holzschneider kein altertümelnder Handwerker, sondern ein hellwacher Zeitgenosse ist – insofern auch politisch. Politisch nicht in dem Sinne wie der Politiker, der ja alles nehmen kann, was Rabatz macht in seinem Sinne, was er gebrauchen kann. Der Bildende kann natürlich nur das aufgreifen, was ihm wirklich unter die Haut gegangen ist, was ihn selbst mit betroffen hat. Er kann also nicht in Szene treten, wenn beispielsweise irgendwo ein Unrecht geschehen. Es erreicht ihn nicht – es geht ihm nicht unter die Haut. Oder er hat nicht die Überschau. Da gibt es deutliche Sachen. Ein Fall: Ich habe einen Holzschnitt gemacht, den die Afrikaner in Angola, wo sie noch nicht in die MPLA usw. getrennt waren, zu ihrem Zeichen erhoben. Dies war nun dort auf allen Plakaten zu sehen – gehörte also zu der Befreiungsbewegung – ein Elefantenmann oder so etwas ähnliches. Nun haben sie mir wieder geschrieben, ich solle für eine einzelne dieser drei verschiedenen Gruppen etwas machen. Und da habe ich gesagt: Das kann ich nicht. Dazu müßte ich dort in dem Land und ich müßte auch schwarz sein, um das zu vollbringen.«

»Ich habe sogar ein Buch unter dem Thema »poesia typographica« gemacht. Ich nehme auf die Typografie Einfluß, wo ich es kann, wo ich mit ihr etwas sagen kann. Ich bin nicht der Ansicht, daß die Schrift nur als Beiwerk dient. Die Schrift ist von großer Bedeutung; sie ist von großer politischer Bedeutung. Wer damals das »J'accuse« von Zola in fünf Cicero abgesetzt hat, der wußte darum. Das hat sich nicht geändert. Ein Schriftmann in Leipzig hat sich heute so weit durchgesetzt, daß er für die ganzen Oststaaten die Schriften entwirft.
Ich schicke ihm manchmal Alphabete, die durch irgendwelche Ornamente interessant ausgestaltet wurden.
Eine Verbesserung der Typografie hätte ich mir gerne von »druck und papier« versprochen, nachdem die Schriftsteller in der Gewerkschaft sind – wenigstens ein großer Teil wichtiger Schriftsteller. Denn das Wort gehört genauso zu einer guten Typografie.«
»Ja, ich habe auch Landschaften mit Buchstaben gemacht, das stimmt. Ich habe gesehen, daß es eben nicht genügte – es kam eigentlich durch Werkman, diesen holländischen Drucker, der noch 1945 erschossen wurde. Und dadurch, daß ich für ihn zu drucken begann, habe ich Buchstaben geformt, die ausbluten; da fingen die Buchstaben an zu leben. Und im Gedächtnis an diesen Werkman habe ich mich auf rein typografische Dinge beschränkt. Gleichzeitig beschrieb ich anhand einer Postkarte von Breslau mit Ladenschildern eine ganze Schriftentwicklung. Das ganze hängt ja auch damit zusammen, daß ich immer Bücher gedruckt habe. Mit ihnen also erlebte, was man vor zwanzig Jahren noch mit 500 Exemplaren erreichen konnte. Heute müssen wir 3000 Exemplare von einem Buch auflegen, um dasselbe zu erzielen. Da ich über 170 Bücher mit Lyrikern gemacht habe, weiß ich, wie diese Dinge realisiert werden können. Weiß auch, wie ein Buch ankommt und wie ein Lyriker verkauft werden kann.
Es gab auch Bücher ohne Holzschnitte, zum Beispiel das Totenbuch von Neuengamme. Das sind einfach Namen in Kyrillisch, Polnisch gesetzt – Namen der Toten. Es ist ein sehr dickes Buch geworden. In diesem Buch ist überhaupt nichts gestaltet, ein sauberer Werksatz, wie er der Sache würdig ist. Man kann also mit Satz allein etwas sagen. Das ist nicht eine Frage der Qualität sondern eine Frage der Lebensauffassung. Beim einen spielt der Mensch eine Rolle und beim anderen die Maschine.«
»Manches hat sich seither geändert. In dem Buch »Das andere Ufer vor Augen« von Margarete Hannsmann sind viele Original-Holzschnitte enthalten. Ich habe nun festgestellt, daß die Bücher auseinandergenommen werden, um die Holzschnitte

aufzuhängen. Um das zu verhindern, habe ich den Einband aus Honanseide mit einem Original bedruckt. Die Kostbarkeit des Einbands ist ein Reiz, der erreichen sollte, daß das Buch beieinanderbleibt. Natürlich bin ich nicht der Macher dieser Zeit. Ich kann nur reagieren auf diese Dinge, wenn ich lebendig wirken will. Das war also der Grund, warum ich die Bücher wieder sehr sorgfältig eingebunden habe. Diese Sorgfalt habe ich auch längst wieder auf das Ordnen der Bücher innerhalb meines Wohnbereichs übertragen.«

»Also man macht seine Sache für keinen oder für alle. Und das ist es wohl. Ich mache meine Dinge nicht für den Markt, nicht für die Kunstöffentlichkeit. Die Tür ist offen. Ich weiß, daß nur soundsoviele hereinkommen können. Aber auf die Dauer, und weil ich überlebt habe, ist es wohl möglich gewesen, daß eben doch der Kreis sich immer mehr vergrößerte, als es sonst üblich ist. Sicher haben sich das auch viele jungen Künstler zu eigen gemacht. Ob sie aber gleichzeitig, ob sie dasselbe meinen, das weiß ich nicht. Denn der Kunstmarkt trägt nicht eine große Breite, der will ja klein und elitär sein.«

»Das war eine Strafe, dieser Preis. Ich bin eigentlich ein Dürerjahr-Geschädigter. Er wird ja auch nicht mehr verliehen. Sie hatten sich da ganz verirrt. – Mich hat die Übergangszeit interessiert, das Mittelalterliche an Dürer, das Anonyme, wo er noch zutiefst in der Gotik verfangen war. Er war derjenige, der den Bruch darstellt. Und damit hört es auch auf, Volk zu sein. Eine Zäsur, die wir mit dem Bauernkrieg erlebt haben. Und diese Sehnsucht ist wohl der Grund in mir, nach dem, was Bloch so einmal ausdrückt: Was in die Kindheit scheint und nie erreicht wird.

Das Handwerk, das man eigentlich seit Dürer kennt, ist schon Spezialistentum. Was an Handwerk-Tümelei, Gautschbriefen und sonstigem hereingekommen ist, war eine übergestülpte Maske. Das war nicht die eigentliche Tradition. Wir müßten heute verstehen lernen, die Maschine nur dort zu gebrauchen, wo sie sinnvoll ist, wo sie von selber läuft; aber nicht glauben, daß wir die Kraft machen. Und im übrigen unseren Kopf und unsere Sinne und unseren Geschmack gebrauchen. Unser Erbe wieder entdecken und in diesem Sinne auch schulen.«

Don Quijote, aus der Klinik zurück, rannte sofort auf den Gipfel des Berges, den er seit vielen Jahren nicht mehr bestiegen hatte, von wo die Reste der Burg seiner Väter herschienen und Sancho Pansa keuchte tränenden Auges vor Glück hinterher, denn dieses war ein großer Wunsch von ihm gewesen. Oben sagte sein Herr: Es wird sich alles erfüllen. Ich lebe.

»... mit dieser gütigen Erlaubnis«, antwortete der Pfarrer, »sage ich also, daß mein Bedenken darin besteht, daß ich mich auf keine Weise überreden kann, dieser ganze Haufen fahrender Ritter, den Euer Gnaden Herr Don Quijote aufgezählt haben, sollte wirklich und wahrhaftig als Personen von Fleisch und Blut auf der Welt gelebt haben; ich glaube vielmehr, daß alles nur Erdichtungen, Fabeln, Lügen und Träume sind, von aufgeweckten oder, besser gesagt, noch halb schlafenden Leuten erzählt.« Cervantes

Sancho kam herein, und der Pfarrer und der Barbier verabschiedeten sich von Don Quijote, an dessen Wiederherstellung sie nun verzweifelten, da sie sahen, wie fest er in seinen ungereimten Gedanken beharrte und wie erfüllt er von seiner einfältigen, schlecht fahrenden Ritterschaft war. Daher sagte der Pfarrer zum Barbier:

»Ihr werdet sehen, Gevatter: wenn wir am wenigsten daran denken, wird sich unser Edler von neuem aufmachen, um herumzuvagieren.«

»Daran zweifle ich gar nicht«, antwortete der Barbier, »ich wundere mich auch gar nicht so sehr über die Verrücktheit des Ritters wie über die Dummheit des Schildknappen, der das mit der Insel so fest glaubt, daß ich vermute, es gibt keine Enttäuschung, die ihm das aus dem Schädel austreiben könnte.«

»Gott helfe ihnen«, sagte der Pfarrer, »wir wollen nur auf dem Posten sein. Wir werden ja sehen, worauf dieser Haufen Unsinn eines solchen Ritters und solchen Schildknappen hinausläuft, da beide in ein und derselben Form geschmiedet scheinen, so daß die Tollheiten des Herrn ohne die Torheiten des Dieners keinen Deut wert wären.«

Nach Ostern, irgendeines Abends, Don Quijote hatte den Fernseher angemacht, passierte es: ein Steinchen rollte auf ihn zu und löste aus, was zur Lawine wurde, ORT: Baden-Baden; ZEIT:-genössische Maler, die von der Landesregierung »großzügig angekauften Kunstwerke« flimmerten auf, nahmen Festigkeit an, der Ton stellte sich ein: die HANDLUNG: ein Interview mit dem Kultusminister, war leider schon halb vorüber. Don Quijote traute seinen Ohren nicht: ... wenn man das Engagement in den Bildern vermisse, sei man wohl unter den Künstlern des Landes inzwischen zu anderen Einsichten gelangt... Und das Wort Tendenzwende fiel, stöhnte Don Quijote ins Telefon. Ich kann mich irren. Aber ich habs gehört. Don Quijote sagte: Es wird einen Aufschrei geben. Wenn das wahr ist. Wenn ich noch meine fünf Sinne beisam- Avalon

men habe. Als niemand schrie, als nirgendwo sich eine Stimme erhob, bat Don Quijote das ZDF, ihm Schwarz auf Weiß zu überlassen, was er zu hören vermeint hatte, um nicht länger an seinem Verstand zweifeln zu müssen.
Es dauerte ziemlich lang, doch darauf folgte endlich der Aufschrei, wenn auch aus meines Herren eigener Kehle: Sancho Pansa! ich werde – dem Minister – eine Antwort geben. Bring die Studenten vom Bundschuh her. Wenn sie die Thomas-Müntzer-Scheuer einweihen, muß ich etwas tun. Das hab ich ihnen versprochen damals, als sie ins Schloß nach Hohenheim kamen. Ich werde – Sancho Pansa setz dich hin – ich werde – einen – Jörg Ratgeb-Preis stiften. Dreitausend Mark. Nein, das ist zu wenig. Dafür kriecht heut keiner mehr hinterm Ofen hervor. Fünftausend. Bring die Studenten her!
Soll mich der Schlag treffen, sagte ich. Schmiß das Telefon auf den Boden. Jetzt geht das wieder von vorne los. Scheißbauernkrieg. Und gleich ist Mai.

Neujahrsumfrage der Zeitschrift ›Die Welt‹:

Tendenzwende? »Der Abgrund und der Tod sprechen: Wir haben mit unseren Ohren ihr Gerücht gehört!« Wo die Konflikte nicht mehr offen ausgetragen werden, wo man seiner Überzeugung keine Kraft mehr mitgibt, da wendet sich nichts. Es sind die erstickten Kräfte, die sich an uns rächen. Was aus purer Langeweile geschieht, ist keine Wende! Im Grunde herrscht längst ein antiaufklärerischer Zug, einen »lazaretthaften Zug« hat Arnold Gehlen das genannt. Ich weiß, er hat nicht dasselbe gemeint. Aber ich bin es auch müde, wenn immer wieder in unserem Unrat herumgewühlt wird, nur weil uns keine kraftvollere Tendenz eingefallen ist. Mit dem neuen Schlagwort wird nichts transportiert, wir sind auf eine pure Motorik hereingefallen wie ein Herrenfahrer, der glaubt, er macht die Kraft von seinem Automobil. Zu was wir uns einmal geeinigt haben, es zu wenden, weil es uns allen gleich schön schlecht ergangen ist – dazu führt uns auch die Angst nicht zurück.

Don Quijote

Tagebuch *graue kolonnen   im gleichschritt marsch   links*
zwo   links   ich will da raus   weg   in die luft
irgendwie   es muß gehn   meine großmutter sagte
immer am ganges hat er sich aufgelöst um in london ge-
stalt anzunehmen   hopp rosinante die deutsche version

per aspera bevor sie uns vollends geschafft haben automaten die strecke der zukunft von der zentrale aus wird das gesteuert aber ich bin ein mensch ich lebe noch nur noch von übertretungen hier am neuen verteiler allein siebenundvierzig verkehrszeichen vorgestern gezählt was wußte meine großmutter schon von entmaterialisation mistvieh du fliegst ja nicht weggeklügelt die letzte möglichkeit zwischen den kastrationen raus wo eben der haifisch rein siehst du es geht und nochmal links frei raus und rein und siebzig und fünfzehn schon ist der blaue nicht mehr zu sehen der uns das eben vorgemacht hat he verdammte lkw-hunde lassen keine rasierklinge zwischen überholverbot gegenverkehr in der luft oben ist es ja auch schon zu ende jetzt links frei ein schwarzer schrägstrich hm kolonne doppelt so lang wie unsre eigene gib es doch auf sei endlich vernünftig wer langsam fährt kommt auch ans ziel an der geduld erkennt man den mann wer gefahr liebt wird darin umkommen ich brauche doch nichts abzureagieren geduld ist für memmen wen die natur zu der gefahr bestimmt / dem hat sie auch den mut zu der gefahr gegeben fürchtegott christian sogar vergnügen soll sich der mann in gefahren suchen zischen an mir vorbei sechs sieben immer neue pressen sich rein vor mir hinter mir hupen und jetzt he he es gibt mich die klemmen mich ein was soll das wenns fertig ist man kann mich doch sehen groß und rot und der käsekühlwagen im rückspiegel wenn der bremsen muß bin ich im arsch das schafft der nicht abwärts der vor mir verliert seinen sand rutschbahn für camembert raus nichts wie weg zehnmeterchance die todesbrücke na wenn schon mal wieder frische spuren weg mit dem sandstreuer tankwagen langholz zack und zack und noch den nächsten und dann bloß noch den deuxchevaux mein gott der geht raus schulmöbel bauch auf die hupe schwein granatenschwein nützt nichts der weiß daß er stärker ist jesusmaria ichdarfnichtbremsen hintermirhatsicheinerdrangehängt dermitdenkleinenkinderndrin gas geben gas die familie muß rein links bis zum letzten meter schluß schluß damit aufhören drin bleiben schluß schluß schluß schluß schluß schluß schon fünfzig minu-

ten manchmal schaff ichs in der halben zeit leer frei das ganze abwärtsstück frei leer nichts noch immer nichts das ist doch nicht mehr normal wenn du jetzt nicht schwachsinn mit deinem lieben gott kismet und raus und gas und hundert moped wo kommt das moped her hundertzwanzig verdammt das war knapp hupen es ist ja längst vorbei wer möchte nicht auf der autoschnellstraße mal sein moped ausprobieren zwanzig mark strafe war damals für mich so viel wie heute dreihundert naja was ist schon eine halbe stunde sauerstoff in der apollokapsel todesurteil begnadigung vöglein wetzt schnäblein am diamantberg nur noch sieben kilometer natürlich weiß ich daß das zu Ende geht daß man das Auto abschaffen muß aber erst nach mir sirenengeheul die kolonne schert aus polizei steht winkt weiterfahren langsam-wei-ter-fah-ren-nicht-hin-sehn schwarzes was mal ein auto war wann mal war und rotes schmieriges vorsicht glas geflitter wie christbaumschmuck heiliger christophorus schütze unsere autoreifen polster vor blutflecken flache hügel sieht aus wie damals straßenentlang zugedecktes feldgrau trümmer schwelend im regen schon wieder sirenen luftalarm blaulicht die ambulanz aber dort hellblau im gras räder oben wann vor wieviel minuten sekunden hat es mich überholt glatt und heil blau hellblau seit wann regnet es frühling neben mir weiße lämmer hüpfen stoßen unter die mütter vor mir öffnet sich gegen süden eine wand aus zarten starken durchlässigen nie ermattenden bergformen die sich nach jeder serpentine verändern während ein soul im radio swingt ›ohne dich ist dieses land nur schein‹

Pforzheim

In berühmten Frühlingstagen / Sähen / Pflantzen Wohlbehagen / Schrepffen und das Aderlassen / kanst jetzt anderwegen lassen

In Pforzheim wollten sie schon lang etliches wissen: Was Don Quijote ihnen da eigentlich für ein Kuckucksei in den Ratssaal gelegt hatte, mit dem die Herren mehr schlecht als zurecht kamen. Ob man nicht verschiedenes aufhellen könne. Linien, die Don Quijotes Messer ins Holz geschnitten hatte und die ihnen reichlich dunkel schienen. Don Quijote hat ein paar Jahre gewartet. »Sie können eine Ausstellung machen; eine andere Antwort hab ich nicht.« Wir fingen an, den Bauernkrieg wegzuräumen. Wer weiß, wie alles gekommen wäre,

hätte nicht der Mann aus Stuttgart, der die Pforzheimer Ausstellung eröffnen sollte, Don Quijote auf Avalon besucht und etwas von Reife und Alterswerk angedeutet. Ob Don Quijote ihm diesbezügliches zeigen könne und ob er jetzt endlich genug Politik mit seinen Bildern gemacht zu haben vermeine. Was denkt der Mann, sagte Don Quijote am Telefon zu mir. Da gabs nur eins: ich nahm ihn beim Schopf und tunkte ihn tief in den Bauernkrieg und Jörg Ratgeb hinein. Was sich in den Scharnieren bewegt, kann nicht rosten.
Der Sonntag war da: je mehr wir uns Pforzheim näherten, desto nervöser wurde Don Quijote. Rosinante fand ihren Weg allein, so konnte ich mich meinem Herrn widmen. Dabei kann es dann auf der Autobahn vorkommen, als reite man durch einen grünen Wald, Seite an Seite, vor vielhundert Jahren. Don Quijote ließ sich selten in ein Kunstgespräch mit mir ein. Doch als ich sagte: das kommt davon, und daß ich mit den Pforzheimern fühle, schließlich hätte Don Quijote ihnen ja den Gegenstand so nah gebracht, daß sie ihn nun auch begreifen wollten, brauste er auf. Was dem Begreifen im Weg steht, ist mancherlei! angefangen mit der nicht verarbeiteten Kunstauffassung der Nazizeit. Moderne Kunst, zwölf Jahre verboten, läßt sich nicht einfach nachholen, wenn man die Zwischenglieder verleugnet.
An dieser Stelle muß ich erst einmal sagen, daß es mir unmöglich ist, Don Quijote wörtlich wiederzugeben. Alles, was ich aufschreibe, ist nur dem Sinn nach. Ist beinahe so. Es sei denn, ich schreibe eine Rede ab oder ein Tonband. Und zum anderen muß erwähnt werden: Pforzheim liegt auf dem Weg nach Karlsruhe. Don Quijote, in Karlsruhe einst von den letzten lebenden Brücke-Malern auf einen Lehrstuhl berufen, scheiterte.

Wann du wohlgerathene Zwiffel haben wilst / so sähe und setze solche im Mertzen

Der März soll kommen wie ein Wolf und gehen wie ein Lamm

Anschlag Don Quijotes an der Kunstakademie

Ein Land das fast 15 Jahre keine Kunst hatte, fordert von seinen Malern und Bildhauern, sie sollen tiefer hineinsteigen, in das Leben selbst hinein. Nichts ist weniger provinziell wie die »pädagogische Provinz«: ». . . dem Charakter der Uniform sind wir durchaus abgeneigt, denn sie verdeckt mehr als jede andere Verstellung den Charakter!«
Eine eigene Kunst kann nicht von Managern und vom Staat lanciert werden; sie braucht das Wohlwollen, die Identifikation von Allen.

Getreu seiner Devise erging es Don Quijote so:

Werbegraphik braucht gute Zeichner
(Gut zeichnen lernt man aber nur durch Naturstudium)

An der Karlsruher Akademie der Bildenden Künste ist kürzlich etwas Bemerkenswertes passiert. Bei einer Prüfung des Oberschulamtes sollten zwei Schülerinnen von Professor Don Quijote einen Kopf und einen Akt nach Vorbild zeichnen. Sie taten das auch, aber die Prüfungskommission kam einstimmig zu der Auffassung, daß man »auch bei großzügigster Auslegung« in den entstandenen Zeichnungen weder einen Akt noch einen Kopf vermuten könne – und ließ daraufhin die beiden Kandidatinnen durchfallen. Das löste den olympischen Zorn Professor Quijotes aus. Er zog sich sofort nach Avalon zurück und schickte der Karlsruher Akademie ein Telegramm des Inhalts, daß er sein Lehramt niederlege. Der bestürzte Akademiedirektor machte einen Vermittlungsvorschlag, die Prüfung wiederholen zu lassen, das aber lehnte der Professor als »undiskutabel« ab.
Nun, er wird schon wissen, was seine Schülerinnen gelernt haben und was nicht, und warum das so sein muß. Es sollen hier auch weder seine künstlerische Überzeugung noch seine pädagogischen Fähigkeiten angetastet werden. Wir wollen nur feststellen: hier scheiden sich die Geister. Es mag unseren Akademien unbenommen bleiben, einen supermodernen Nachwuchs zu erziehen, auch mögen die Kultusministerien nach wie vor die Lehrkörper mit den entsprechenden Kräften reichlich bestücken. Zu der Frage jedoch, was aus dem solcher Art herangezüchteten Nachwuchs einmal werden soll, können wir nur eine Antwort geben: Mitarbeiter an den ebenso interessanten wie vielfältigen Aufgaben der Werbepraxis werden sie nicht. Dieserhalb verdienen unsere vorzüglich geleiteten Werk- und Fachschulen immer mehr staatliche Förderung. Denn so ist es nicht und wird es auch nie sein, daß gute handwerkliche Fähigkeiten überflüssig wären. Es ist auch nicht so, daß die künstlerische Phantasie durch ein solides Studium erstickt würde. Und was vermöchte hier das vielfach »verpönte« Zeichnen nach der Natur ersetzen? Kern dieser Disziplin ist das Beherrschen des menschlichen Körpers, und darauf wollen unsere beiden Fotos hinweisen (Aufnahmen: Piernic). Sie sind in der Pariser Privat-Akademie »La Grande Chaumière« aufgenommen und vermitteln so recht die einzigartige Atmosphäre, die an allen jenen Stätten

herrscht, an denen nach wie vor die Aufgabe, jungen Menschen eine für jede Entwicklung brauchbare Grundlage zu geben, ernstgenommen wird. Welche Wege diese Studierenden später auch einschlagen mögen, bleibt sich dabei gleich. Sie können zur freien Kunst, zur Werbegraphik oder Formgestaltung kommen, auf keinen Fall aber werden sie das Kunstproletariat vermehren.

A. S.

Don Quijote hat andere Ansichten:

Kunst setzt voraus, daß wir nicht wissen, was eine Aktzeichnung ist. Sie bringt uns erst dieses Wissen! Wir haben oft auf den Elan und das Lebensfluidum einer guten Stunde gebaut, waren Subjekt und Objekt zugleich, wenn auch unter den vagen Sternen einer nonobjektiven Kunst. Akt

Niemand hatte irgendwen um abstrakte Malerei gebeten. Der Malvollzug des einzelnen brachte sie zu Bilde. Ob sich dem jungen Maler einmal eine gegenständliche Vision auftun würde, konnten wir nicht wissen. Selbst ein anatomisch und perspektivisch im Sinne der Kunst der Renaissance gezeichneter Akt hätte keinen Aufschluß darüber gegeben. Auch ein völlig amusischer Mensch kann, so er die medizinischen und mathematischen Voraussetzungen mitbringt, darauf dressiert werden. Ein gebundenes Zeichnen (darstellende Geometrie und Perspektive) ist für den Künstler ohnehin sinnentleerend. Angenommen, eine figurative Bildvorstellung suche geheimnisvoll in dem jungen Maler nach Ausdruck, so kann ein solches Drängen sich auch ein Leben lang verhalten. Solange nicht geprüft werden muß, solange der Maler sich auf freier Wildbahn bewegt, wollen wir ihn nicht aus seiner schutzlosen Freiheit reißen. Dem Studierenden ist er kein Vorbild. Vielleicht nimmt dieser Maler für Freiheit, was sie nicht ist? Wir aber hatten unsere Intelligenz zu schärfen, das hieß, während der ganzen Studienzeit kunsttheoretische Analysen der Bilder zu versuchen, eine Theorie für jeden einzelnen zu finden.

Schön, auch leicht ist es für den Lehrenden, die Geister anzufachen, aber ein falscher Zungenschlag bei der Theorie genügt schon, sie wieder zu vertreiben. Wer keine andere als figurative Kunst kennt – sei sie auch noch so geheimnisvoll verschlüsselt, der muß sich behutsam vortasten! Mit Schrecken sah ich, wie ungerüstet der Mensch heute der Natur gegenübersteht. Was ist ihm ein Antlitz, ein Tier, die Pflanze, der menschliche Körper? Unsere Zurichtungen für das Zeichnen vor lebenden Modellen mußten dem Auge zu Erlebnissen verhelfen. Und so, während wir immer neue Blickpunkte zum Unbekannten hin ausprobierten, hofften wir, einst einen Teil der Omnipotenz des Lebens zu erhaschen. Die Klausurarbeiten und ihre hohe Anspannung eines Zwangs haben gezeigt, daß bei behutsamer Führung und in einer musischen Umwelt der Augenblick zum Ereignis werden kann. Wir begannen damit, alles, was über den Akt bekannt ist, auf seine Lebendigkeit hin zu untersuchen. Wir fügten uns nicht, aber wir gaben auch nicht nach. Einen Menschen zum Modell, zum Objekt zu machen, war gleich das erste, fast unübersteigbare Hindernis. Natürlich zogen wir uns die Feindschaft des Modellmarktes zu. Also zeichneten wir im Stil der alten Gipsklasse nach spätgriechischen Skulpturen. Obwohl uns die Lebensluft unserer Zeit rasch zu frühattischen und prähistorischen Idolen trug, waren wir es bald müde, uns mit Kunst zu beschäftigen. Auch im Museum – nie waren sie stumpf vor alten Meistern – staunten wir über die Dauer, die den menschlichen Körper über Generationen hinweg in gleichen Formerfindungen sieht. Farbpostkarten aus den Museen hingen an allen Staffeleien; manchmal waren sie verkehrt herum angepinnt, mit Farbe verkleckst, ja sogar ausgestrichen. Einmal brachte ich die Spielkarten von Charles Eames in die Klasse mit. Ich konnte nicht ahnen, daß sich bei diesem Spiel zeigte, wie sich die Studenten zur Tradition verhalten. Gewaltsam zwar, doch nicht feindlich. Meine Spielkärtchen waren bunte Farbfotos von Federchen, Muschelchen, Murmeln, allerlei Knöpfen, entzückendem Krimskrams, Habseligkeiten der Moderne und von anno Tobak. Plötzlich waren, fast über Nacht, alle Kunstpostkarten mit einer Charles-Eames-Karte überklebt. Über der Ikone von St. Paoteleimo klebte ein buntes Gehänge aus Wollfäden, das Antlitz des Heiligen bis zur Stirne wegnehmend, die segnenden Hände verdeckend. Über Stifterfiguren aus dem 14. Jahrhundert schwebten buntbemalte Kügelchen. Vom Abendmahl aus Limoges blieben nur die Köpfe der Jünger und der Kopf des Herrn mit den nackten Füßen übrig, darüber schwebte ein Löffel mit einer anilinfarbenen Flüssigkeit, umschwirrt von ebenso künstlich gefärbten Pillen. Trennschere und Fingerhut ließen von den Höllenqualen einer Buchmalerei nicht mehr als einen Rückenbogen sehen. Dabei handelte es sich nicht um eine Art von surrealer Collage, vielmehr um ein Verdecken und Aufdecken von dem, was wir im Dunkel suchten: die Figuration.

Jetzt wagte ich, sie unvermittelt vor die Natur zu stellen. Als Aufgabe nahmen wir ein Kompositionsschema der bildenden

Kunst: die drei Grazien. Ich stellte im Aktsaal nach griechischem Vorbild die Modelle. Es sollte nur geschaut und dann aus der Vorstellung gezeichnet werden. Ich muß gestehen, daß bei abstrakten Malern kein Schönheitsgesetz eine Brücke zur Natur schlägt. Der Urstoff der Kunst ist im Grunde viel unschuldiger. Er läßt sich wohl durch leidenschaftliches Malen von der Begabung einfangen und später auch interpretieren, aber er läßt sich nicht auf intellektuelle Weise ansteuern. Materialstudien, Studien der Kontraste, der Farbharmonien, Spannungsanalysen etc. lassen alles absterben, was noch Sichterlebnisse auslösen könnte. Sie perfektionieren lediglich das, was man unter abstrakter Kunst versteht.
Wir spannten einen 10 Meter langen Paravent aus Papier, in den wir, ganz im Sinne einer guten Stunde, aufregende Fetzen rissen. Dahinter stellte ich mehrere Modelle auf. Zuerst konnte niemand zeichnen. Der Schock war zu groß. Dann erschraken wir, wie hell unsere Haut ist. Wir hörten nicht mehr auf, zu zeichnen. Eine uns befreundete Amerikanerin half uns ohne jede Zurichtung weiter. Ihre schwarze Haut wischte die letzte alberne Strenge der Berufshaltungen fort. Wir zeichneten, ohne nachzudenken, und füllten besessen Blatt um Blatt. Wir waren sehr glücklich. Von da an lebten wir viel mit Kommilitonen aus Afrika und Asien zusammen und zeichneten sie. Endlich hatten wir das Gegenüber Natur. Bis zum Porträt kamen wir leider nicht. Das mag an unserer Unvollkommenheit zuerst liegen. Es kann aber auch die Unvollkommenheit der Natur sein. Der moderne Mensch schien uns über seine Natur hinaus zu wenig vom Ganzen zu enthalten. Bindet sich Rembrandt ein Handtuch um den Kopf und schaut in den Spiegel, dann allerdings schaut die Menschheit heraus.

Studenten-Flugblatt in Ludwigsburg

In Karlsruhe hats gebummst.
Die Arbeiten zweier Kandidaten, Schülerinnen Prof. Quijotes, wurden bei der Staatsprüfung für das künstlerische Lehramt an höheren Schulen von der Prüfungskommission zurückgewiesen. Die nichtanerkannten Zeichnungen waren in abstrakter Weise gefertigt, wohingegen die Kommission des Oberschulamts Nordbaden, Akademie-Kollegen von Prof. Quijote, eine gegenständliche Lösung der Aufgabe erwartete.

Auf diese Zurückweisung reagierte Prof. Quijote (der nicht in Karlsruhe wohnhaft ist) am nächsten Tag mit einem Telegramm an den Direktor der Karlsruher Akademie, in welchem er sich auf den Vorfall bezog und mitteilte, daß er seine Lehrtätigkeit sofort niederlege.
Die zwei Prüflinge mußten darauf »erkennbare« Zeichnungs-Köpfe machen. Sie machten und haben mittlerweile bestanden.
Dieser Vorfall wurde durch eine veraltete Prüfungsordnung heraufbeschworen, die jeder auf seine Weise auslegte. Es wurde gestritten, ob die Prüfungsarbeit gegenständlich sein muß oder auch ungegenständlich sein kann. Längst ist man sich der Unzulänglichkeit der alten Ordnung bewußt; aber das Kultministerium Baden-Württembergs will die Richtlinien der ständigen Konferenz der Kultusminister abwarten, bevor man eine Neufassung entwirft.

Du lieber Himmel! wann sind sie soweit?
Zählen wir nicht das Jahr 1960?

Prof. Quijotes Schülerinnen haben den Präzedenzfall geschaffen, der in der Luft lag. Und jeder, dem Kunst mehr bedeutet als Wandschmuck, muß sich nur wundern, daß es bei den verschiedensten Richtungen gegenwärtiger Kunst und einer veralteten, verschieden auslegbaren Prüfungsordnung erst jetzt zur Auseinandersetzung kam.
Oder hat man im Ernst daran gedacht, ein Mann vom Range eines Don Quijote, den ja das Kultministerium berufen hat, treibe mit seinen Schülern naturalistische Zeichenstudien?
Daß Prof. Quijote sich darauf im ersten heiligen Zorn in einem kurzangebundenen Telegramm Luft macht, war wohl voreilig – aber doch sehr verständlich. Es zeigt nur die Entrüstung eines Lehrers, der lieber Lehrtätigkeit und Gehalt aufzugeben bereit ist, als in einer Grundsatzfrage seine Arbeit zu verleugnen und servil mitzutrotten. Wir können gottfroh sein, wenn es in der heutigen schwammigen Zeit noch jemand gibt mit solcher Entschiedenheit. Professor = Bekenner.
Als Außenstehender hat man den Eindruck, daß zu dem hohen Wellenschlag in Karlsruhe noch andere Momente beitrugen. Wer die Zeitung studiert, kann sie ahnen. Für uns hat der Vorfall tiefere Wurzeln.
Wer wäre nicht der Meinung, daß Professor Quijote bleiben soll?
Es heißt Aufpassen; nicht das erstemal zöge man in Stuttgart Kartoffeln der Kunst vor.

Unterzeichnet: Sympathie für Don Quijote!

Leute, und ehrenwerte Damen und Herren, nur dieses einemal bitteschön möchte ich nicht mißverstanden werden: kaum ein Tag vergeht, an dem mein Herr nicht sagt: Lassen Sie den Professor weg. Ich bin es nicht. Picasso ist Picasso. Nicht Professor Picasso. Don Quijote ist Don Quijote. Aber es gibt nun einmal Leute, ehrenwerte Damen und Herren, die Don Quijote mit der Anrede Professor die ihm ihrer Meinung nach zukommende Ehrung erweisen möchten. Warum sollten sie dieses nicht dürfen? Ja, warum? Also weil, das war so: war mein Herr denn überhaupt Professor? Dieser Lappalie Erwähnung zu tun, fiele mir nichtmal im Schlafe ein, doch, wie gesagt, wir befinden uns auf der Autobahn nach Karlsruhe und finden zum wievielten Male schon die richtige Abfahrt nach Pforzheim nicht. Mag sein daß sie an dieser Stelle irgendwo ein Stück des gevierteilten Mannes Ratgeb zur Schau gestellt haben. Professor also war Don Quijote durchaus in Karlsruhe, eine Reihe berühmter Schüler, wie das seit Jahrtausenden üblich ist, zeugen davon. Doch als Don Quijote die Staatliche Akademie verließ, kam aus Karlsruhe ein seltsames Schreiben, dessen Wortlaut nicht weiter beachtenswert schiene, wenn nicht der Briefträger am Tage der Ablieferung meines Sancho Pansa-Manuskripts einen Brief mit dem Poststempel Karlsruhe gebracht hätte. Und dieser Brief ist ein Dokument, wert und würdig eines Don Quijote:
mein Herr, das Schreiben aus Karlsruhe beherzigend, ließ einen Stahlstich anfertigen und verschickte ihn im Jahre 1960 überallhin, wo es ihm nötig erschien.

Ich habe meine Lehrtätigkeit beendet.
Ich führe vom 1. Mai 1960 ab meinen Titel nicht mehr.

Don Quijote

Einzige noch überlieferte Antwort: »Für die Akademie der Künste in Berlin ist dies nicht verbindlich. Scharoun.«

Und jetzt bitte ich Sie, Ihr Augenmerk auf das Datum des soeben vom Briefträger durch Eis und Schnee zu Fuß nach Avalon getragenen Schreibens zu heften und mir den Vorgriff nachzusehen: 19. Januar 1977. Streifen Sie jetzt mit einem Gedankenblitz 17 Jahre Vergangenheit. Ist es nicht eine schöne Einrichtung, daß es Orte gibt auf der Welt, an denen sich nichts, absolut nichts verändert hat? Wo man sich noch verlassen kann auf Briefköpfe, Straßen, Telefonnummern? 24724, es ist doch keine Augentäuschung, da steht es doch, siebzehn Jahre lang! Und was haben die inzwischen mit unseren Telefonnummern angestellt!

STAATLICHE AKADEMIE DER BILDENDEN KÜNSTE
KARLSRUHE

-Die Verwaltung- Reinhold-Frankstraße 83 · Ruf 24724

Den 22. April 1960

Sehr verehrter Herr Professor Quijote!

Es liegt in der Tragik des Berufs der Administratoren, ihre Finger immer in frische Wunden legen zu müssen.
Wenn ich mir deshalb heute einen kurzen persönlichen Hinweis erlaube, so nur deshalb, um Sie vor evtl. Schwierigkeiten zu schützen.
Ihre am 20. August 1956 ausgesprochene Verleihung der Amtsbezeichnung -Professor- erfolgte für die Dauer Ihrer Zugehörigkeit zum Lehrkörper unserer Akademie. Sie werden hiernach mit Ablauf des Monats April 1960 die Berechtigung verlieren, den Professorentitel in der Eigenschaft als ehemaliges Mitglied des Lehrkörpers der Akademie zu führen.
Mit der höflichen Bitte, mir diesen Hinweis nicht verübeln zu wollen, bin ich mit herzlichen Grüßen

Ihr

STAATLICHE AKADEMIE DER BILDENDEN KÜNSTE
KARLSRUHE

75 Karlsruhe 1 · Reinhold Frank-Straße 81/83 · Telefon (0721) 24724

19. Januar 1977

Sehr geehrter Herr Professor Quijote,

der Senat der Hochschule hat in seiner Sitzung am 8. Dezember 1976 beschlossen, beim Kultusministerium zu beantragen, daß Ihnen die Berechtigung zur Weiterführung der Bezeichnung »Professor« nach dem Ausscheiden aus dem Lehrkörper der Hochschule erteilt wird.
Diesem Antrag entsprechend hat Ihnen der Herr Kultusminister mit Schreiben vom 17. Januar 1977 die Berechtigung erteilt, die Bezeichnung »Professor« nach Ihrem Ausscheiden aus dem Lehrkörper der Staatlichen Akademie der Bildenden Künste Karlsruhe weiterführen zu dürfen.

Mit freundlichen Grüßen
Der Rektor

Don Quijotes Reaktion wollen Sie wissen, statt meiner plumpen Apercus? Leider kann ich Ihnen da wiederum nur mit einem geflügelten Wort dienen: »Was diese Leute wohl bewogen haben mag?« . . . (sagte ein Spaziergänger sonntags auf Avalon zu seiner Familie, als er Don Quijotes ›warnung vor dem hunde‹ an der Gartentür las – »Was diese Leute wohl bewogen haben mag, alles klein zu schreiben?«)
Zuneigung hat sie kaum bewogen. Vielleicht das Bundesverfassungsgericht? Don Quijote hatte einstmals dafür einen Adler ins Holz geschnitten. Und der hing immer noch dort, war auch nicht beim letzten Bombenanschlag verbrannt, wonach mein Herr sich erkundigt hatte. Infolgedessen und vielleicht auch anderer Umstände halber wurde mein Herr zum Jubiläum des Bundesverfassungsgerichts eingeladen.

Wir hatten schon das Visum für Leipzig in der Tasche und vertauschten es alsbald mit der stolzen Schabracke VORFAHRT AM SCHLOSS für Rosinante. Und da mein Herr und ich bisher wenig Verstand für Krimis entwickelten, halten wir vermutlich für möglich, daß die Spur der die Gäste überprüfenden Beamten auf der Suche nach dem abhanden gekommenen Titel dorthin führte, wo dann auch der Professor gefunden wurde, siebzehn Jahre später und fünf Monate nach jener VORFAHRT in Karlsruhe, wo Sancho Pansa tief beeindruckt von dem Aufgebot an Polizei und Hunden, nach vollzogenem Staatsakt in Anwesenheit aller Spitzen wovon es Überbaue und Basen gibt, seinen Herrn ganz ohne Behinderung durch einen Hund oder Hundeführer auf den Treppen, Emporen und Rängen unter den tausend Gästen suchte, um ihn nach Hause zu fahren, angetan keineswegs in Chauffeurs-Uniform mit respektgebietender Mütze, sondern mit einem Zottelkopf über der weiten dunklen Pelerine, unter der ein Dutzend Sprengkörper samt einem halben Anarchisten Platz hätten gehabt haben können.
Verstehen Sie jetzt, warum Don Quijote nicht zu bewegen ist, auf Barrikaden zu steigen bzw. Unterschriftenlisten mit seinem Namen abzurunden oder zu eröffnen, wenn Kollegen in diesem Jahrhundert der vielfältigsten Demokratieversuche unserer derzeitigen Deutschländer partout den Titel Professor beanspruchen, den der Staat, in dem sie leben, ihnen zufolge einer politischen Haltung, die ihm mißfällt, nicht zuteilen möchte? Doch seit dem 19.1.1977 läßt sich nicht mehr in Abrede stellen, daß man die Hoffnung nicht aufgeben darf.

Um mich aufzuheitern, erzählte mir Don Quijote eine weitere Geschichte aus jener Zeit, in der er noch nicht Don Quijote und ich noch nicht in seinen Diensten war, die zum Thema Karlsruhe gehört:
Vorher, als Baumeister noch nicht an der Staffelei gestorben war (ein Glück hat der, dems nicht so geht), hat er in einer alten pompösen Ruine einen bunten Flor von Schülern zum Aktzeichnen versammelt. Ich dachte an Dix und Kokoschka. Dix hatte ein Bild gemalt, einen Henker mit beweglichem Arm, Kokoschka, der das sah, schlug sich auf seine Lederhosenschenkel und rief: Dix, Sie san ja a Biedermeier. So ging es mir, als Baumeister aus der Ruine immer wieder herauskam und sich den Schweiß abtrocknete. Aktzeichnen muß man aushalten können. Sie sind ja ein Naturalist, Baumeister, sagte ich.
Dem Fernsehteam, das nach Avalon kam und wissen wollte,

wie ich das machte, wenn was Nacktes zur Prüfung verlangt wurde (ich wußte schon, daß in irgendeiner Form die unausweichliche Frage kam 'habet Sie nichts Nackends, Herr Professor') hatte ich schon etwas vorbereitet: den Metro-Ausweis des New Yorker Museumsdirektors. Auf diesen Ausweis, mit dem der Museumsmann zehn Jahre lang ins Museum fuhr, hat er anstelle seines Fotos das Bild eines Mandarins aus der Tangzeit eingeklebt. Und alle haben ihn erkannt. So erkennbar ist Kunst sagte Professor Quijote dem Fernsehteam, das fragte, wieso fünfzehn Jahre nach Ende der Nazizeit und dem, was sie als entartete Kunst proklamierte, die Studenten von Don Quijote ihre Prüfungsarbeit »erkennbar wiederholen« mußten für den Herrn aus dem Kultusministerium laut einer Interpretation der Prüfungsordnung aus dem Dritten Reich.

Und weil wir noch immer auf der Fahrt nach Pforzheim sind, sagte Don Quijote: In die Fußtapfen von Erich Heckel zu treten, kann ich nicht ablehnen, habe ich einst anläßlich meiner Berufung als Nachfolger dem Direktor nach Karlsruhe geschrieben. Diese Stiefel der angewandten Kunst, die man mir und meinen Kandidaten plötzlich anziehen wollte, paßten so wenig wie das Bild von Picassos Staffelei zu dem Dekostoff, der durch sein Bild angeregt wurde. Erkennbar ist immer nur ein Plagiat. Die offizielle Kunst im Dritten Reich war keine Kunst. Sie war eine Summe von Plagiaten der akademischen Malerei. Es war Gebrauchskunst für die Herrschenden: daher die Akte im Weißwursttempel. Es war wie mit dem positiven Christentum, den »Deutschen Christen«, die positiv, weil Nazis, waren. Um diese Afterkunst vorzuführen, müßte man das ganze Akademiereservoir des untergehenden Bürgertums ausschöpfen, die Originale finden. Sie sind verschwunden wie Pforzheim in den Flammen. Es ist eine völlig neue Stadt ohne Vergangenheit entstanden. Ich wollte die Erinnerung in den Ratssaal bringen. Jetzt wollen sie meinen Jerg Ratgeb genauso erkennbar haben wie das meiste, was im Feuer unterging. Damit sind wir, eine Autobahnabfahrt zu spät wie üblich, in Pforzheim angelangt. Don Quijote stürmte ins Reuchlinhaus.

Ausstellung Don Quijote, Reuchlinhaus Pforzheim, April 76

Unter der gläsernen Eingangstür, weithin sichtbar, der rote Gevierteilte, wie Don Quijote es gewünscht hatte. Um ihn herum die Gehenkten, Geräderten, Mühseligen und Beladenen des vergangenen Bauernkriegsjahrs im Verein mit Sammlerleihgaben: heiteren, strengen, konkreten, abstrakten, farbig blühenden, explodierenden Don Quijote-Bildern vergangener Jahre. Günther Wirth hielt seine Pforzheimer

Rede und Don Quijote sah: Es war gut, noch einmal rückwärts gesprungen zu sein, um vorwärts zu kommen.

Meine Damen und Herren,

das Auge des Künstlers verwandelt die Welt. Zwar macht es nicht, wie Paul Klee dachte, das Unsichtbare sichtbar, denn sichtbar ist alles. Aber es macht das Sichtbare, auch wo man aus guten Gründen davon ablenken will, bewußt. Künstler haben liebende, aber auch gefährliche Augen, die Taten zur Folge haben, die man als Kunstwerke bezeichnet und die, sieht man sich die Reaktionen der Herrschenden einmal nur in diesem Jahrhundert an, immer politische Brisanz aufweisen, veranschaulichten Sprengstoff, Sprengsätze in Form und Farbe. Zwei Menschen, die Geschichte gemacht haben, Hitler und Stalin, wußten darum. Ich muß hier nicht daran erinnern, wie sie mit den Künstlern, die ihnen nicht paßten, umgegangen sind. Die Spur, die sie hinterlassen haben, ist voller verbrannter Bücher, zerstörter Bilder und zum Schweigen gebrachter Künstler.
Dieses, unser blutiges Jahrhundert, hat seine Vorläufer gehabt, die nicht viel weniger grausam und blutig waren. Und den Künstlern, sofern sie nicht staatstragend gewesen sind, ging es im Zweifelsfalle immer um die Existenz. Ihnen die Augen zu nehmen, ihre Hände zu zerschlagen, sahen autoritär Herrschende stets als eine besonders wichtige Aufgabe an. Der Bauernkrieg, der sich im letzten Jahr zum 450. Male jährte und mit dem sich unter den deutschen Künstlern Don Quijote am intensivsten beschäftigt hat, kann uns eine wichtige Lehre sein. Tilman Riemenschneider, der im Würzburger Rate die Partei der Bauern ergriffen hatte, war eingekerkert und gefoltert worden. Dürers Formschneider, Hieronymus Andrae, saß gefangen wegen seiner Verbindungen zu den aufständischen Bauern. Grünewald mußte Aschaffenburg verlassen, die drei gottlosen Maler, die Gebrüder Beham und Georg Pencz, wurden aus Nürnberg ausgewiesen. Dürer, obwohl selbst nicht wenigen Anfeindungen ausgesetzt, schnitt mit seiner »Bauernsäule« den geschlagenen Bauern ein Denkmal. Und Jörg Ratgeb, der Maler des Herrenberger Altars, nahm hier in Pforzheim ein schreckliches Ende. Don Quijote hat die Vierteilung des Künstlers durch Pferde, die grausamste Strafe, die es überhaupt gab und die nur ein unmenschliches Gehirn sich ausdenken kann, dargestellt. Er hat die Schergen nicht unterschlagen, weil er sie nicht vergessen konnte: die Ritter und Soldaten. Und es scheint, als blickten sie ungerührt nach

weiteren Opfern aus. Denn nach Gegnern zu fahnden und sie auf irgendeine Weise zu erledigen, gehört anscheinend zu den Lieblingsbeschäftigungen der im Dienste der Macht stehenden Menschen. Die Motive der sogenannten Gegner bleiben ihnen völlig gleichgültig. In diesem Zusammenhang entnehme ich dem »Engel der Geschichte«, der dem Bauernkrieg gewidmet ist, folgendes Zitat des amtierenden Justizministers von Baden-Württemberg. Ich zitiere: »Der Staat darf Illegalität nicht hinnehmen und sei sie auch noch so edel motiviert.« Dieser, nicht wahr, eigentlich harmlos klingende Satz enthält in Wahrheit Unheimliches. Er verurteilt, metaphorisch gesprochen, Jörg Ratgeb und die Bauern, die am 12. Mai 1525 die blühenden Wiesen bei Böblingen mit ihrem Blut rot färbten, ein zweites Mal zum Tode und er trifft alle jene, die als aufrechte Deutsche Nazideutschland Widerstand leisteten und dabei ihr Leben verloren für das Motiv eines demokratischen Deutschlands, in dem wir ja heute zum Glück leben dürfen.

Don Quijote hat mich, als ich ihn vor einigen Wochen auf Avalon besuchte, mit Büchern über den Bauernkrieg eingedeckt, und ich bin von ihnen in den letzten vierzehn Tagen nicht losgekommen, nicht von den Künstlern jener Zeit, nicht vom Hellen Christlichen Haufen, nicht vom Baltringer Haufen, der durch Oberschwaben zog. Da verfolgt man die Brandspuren und die Blutspuren, die sich durch die Geschichte unseres Landes ziehn, und man begreift, daß die Jahrhunderte bis heute alles versucht haben, diese Spuren, die der gemeine Mann in Wiesen und Äcker schrieb, vergessen zu machen. Nie ist der Verrat, den der Staat dem Jörg Rathgeb als Hauptdelikt zumaß, ganz bewiesen worden. Die Protokolle der Verhöre waren bald verschwunden. Nie ist der Versuch in Erwägung gezogen worden, den Künstler zu rehabilitieren, der doch eine der stärksten kreativen Kräfte der Malerei seiner Zeit war. Nun, es muß einen nicht wundern, denn als der Bürgerausschuß von Herrenberg im Jahre 1890 den Namen des Künstlers erfuhr, der ihren grandiosen Altar geschaffen hatte, gab es für ihn nichts Eiligeres zu tun, als das Kunstwerk für 5000 Mark an die Staatssammlung vaterländischer Altertümer zu verkaufen; und zwar »mit Rücksicht auf die teilweise unschönen Bilder, die vielfach ans Profane grenzen und gegen christliche Pietät verstoßen«. So die Begründung, meine Damen und Herren, und zur immerwährenden Schande jenes Bürgerausschusses sei sie hier von mir erwähnt.

Heute ist, wie Sie wissen, das Altarwerk einer der Mittelpunkte der Stuttgarter Staatsgalerie, und es sind Bilder großartiger Visionen und einer bestürzenden Realität. Mit Otto

Dix, der den Isenheimer Altar des Grünewald über alles schätzte, stand ich auch einmal in Stuttgart vor den großen Tafeln des Jörg Rathgeb. Ein andächtiger Dix – auch das war ein Erlebnis.

Die Frage, wie denn ein Künstler, ein Holzschneider wie Don Quijote zum Thema des Bauernkrieges gekommen ist, beantwortet sich leicht. Zunächst tauchen bäuerliche Themen bereits in seinem Frühwerk auf. Schließlich habe ich ihn immer – und wir kennen uns nun seit zwei Jahrzehnten – auf der Seite derer gesehen, denen Unrecht widerfuhr. Wer im Blut erstickt wird und nicht mehr sprechen kann – für den steht hier der Künstler und Mensch Don Quijote auf. »Die Lebensgeschichte eines Künstlers spiegelt sich ebenso in seinem Werk wider, wie das Werk sein Leben bestimmt«, sagt der Kunsthistoriker Arnold Hauser. Für Don Quijote heißt das, permanent intellektuell und schöpferisch zu reagieren. Mir sagte er auf Avalon: »Mehr als jede Resolution bewirkt Kunst.« Das ist ebenso hochgemut wie wahr. In einem Interview, das er in Rostock gab, formulierte er so: »Das ist nicht einfach das Thema des Bauernkrieges, das ist alles, das ist meine Existenz, das ist die Existenz des Menschen. Ich bin der Art und der Mentalität der Menschen aus dieser (meiner) Gegend verwachsen. Ich kenne sie und ihre Reaktionen. Um ihre Gegenwart zu verstehen, ihr vorhandenes oder mangelndes Selbstbewußtsein zum Beispiel, muß man die Vergangenheit kennen.« Sehen Sie, meine Damen und Herren, das ist nicht bloß so dahergesagt, denn immer erneut hat Don Quijote den Engel der Geschichte in Texten und Holzschnitten beschworen, jenen Engel, der sein Antlitz der Vergangenheit zuwendet.

Das Auge des Künstlers, von dem ich eingangs sprach, sieht sie neu, setzt sie um in seine Form, an der sich der Betrachter der Gegenwart entzünden kann, an der sich Erkenntnis vollzieht, die zum Nachdenken führt. Von Riemenschneider bis zum Rathgeb, vom Bauern bis zum Galgenberg und zurück zu den Blättern des Sturmbocks spürt man die Intensität, die beim Machen dabei war, diese Vehemenz innerhalb der Konzentration, wenn es ans Schneiden geht mit dem Holz oder mit der schweren, kaum zu haltenden Steintrennmaschine. Die Farbe als Ausdruckswert, als Fanal und Signal: da waren mehr als hunderttausend aufgestanden gegen ihre Herrschaft. Aufstand und Niederlage in einem einzigen Frühjahr, das Ende zwischen Ostern und Pfingsten. Die Ausgießung des Heiligen Geistes vollzog sich über den Massengräbern des geschlagenen Volkes. Das alles muß Gestalt geworden sein, wenn sich ein zeitgenössischer Künstler an eine solch drama-

tische Thematik wagt, und ich sage Ihnen hier, meine Damen und Herren, daß dies alles wirklich drin ist und als Kunst hier zu uns spricht. Der Künstler als Betroffener, der unter den anonymen Mächten leidet, die die Umwelt zerstören und die Kreatur bedrängen. Er sagt: »Sicher gibt es noch einige, die betroffen sind angesichts der Welt und ihrer Paragraphen.« Don Quijote, der Gemeinsames sieht zwischen dem Geist des Bauernaufstandes und heutiger Bürgerinitiativen, ohne dabei die zu Tage tretenden Unterschiede zu verwischen. Der in solchen Initiativen aber ein vergleichbares Verhaltensmuster von der Basis her sieht, »wie das Volk nach Lösungen für seine Probleme suchen kann, ohne viel auf die Obrigkeit zu geben«. In den Aktionen sieht er das Beispiel einer Freiheit, die sich auch zu wehren weiß.
Historie und Tradition sind für Don Quijote ebenso Wirklichkeit wie das Jetzt, das unmittelbare Gegenüber. Ich halte es für etwas oberflächlich, diese Tatsache, insoweit sie das Historische betrifft, sagen wir von Hans Sachs über die Holzschnitte der Sintflut bis zum Totenrad nur auf die Technik des Holzschnitts zurückzuführen. Auch wenn er nur malte, würde sich an seinem Bewußtsein für das Komplexe der Wirklichkeit nichts ändern.
Wer ist dieser Don Quijote, wie ist er, so fragen mich viele, wenn ich von Avalon wieder nach Stuttgart komme. Dann sage ich: Er ist ein äußerst einfacher Mensch mit einem äußerst komplizierten Geist, begabt mit versponnener Schärfe des Denkens, ein Mann mit dem hinreißenden Lachen, das ein Erbteil seiner Mutter ist, ein aggressiver Künstler, der das Holz liebt und es vergewaltigt, ein Unmensch sozusagen, der in überzeugender Weise mit Schriftstellern zusammenarbeitet. Kurz, sage ich, er ist ein Stück Kunst, und zur Kunstgeschichte gehört er auch schon.
Die Welt kommt zu ihm, das ist wahr, aber auch in der Umarmung erdrückt sie ihn nicht. Denn nun, meine Damen und Herren, werde ich Ihnen zum Schluß das Geheimnis dieses Mannes und großen Künstlers verraten: Er ist nicht unser, er ist sein.

Nach dem Festmahl der Pferdefuß: ein Spaziergang ins Rathaus. Don Quijote, wie schon einmal, stapfte schweigend durch die jetzt prächtig hergerichteten Hallen, Stockwerke, Flure, überall sah man Zeugen einer Kunst, die niemand zu befragen beabsichtigte. Erst im großen Sitzungssaal sprach man über Linien. Was sie exakt zu bedeuten hätten. Ob man sie nicht genauer hervorholen könne. Warum das so und das

so und das so sei. Ob das Licht schuld sei. Oder das Holz. Weil es so dunkel geworden war. Don Quijote sagte einen einzigen Satz: Alle Linien sind mit der Zeit und mit dem Ort Verbindungen eingegangen und besser als frisch. Danach war Schweigen. Man wartete. Aber es kam nichts mehr. In solchen Situationen, die für Don Quijote ebenso quälend sind wie für mich, pflege ich einzuspringen und Sancho-Pansa-Geschichten zu erzählen: Was ich meine, daß Don Quijote mit den Bildern gemeint haben könne. Manchmal hilfts, wenn meine Interpretation in Don Quijotes Ohren so haarsträubend klingt, daß er widersprechen muß. In Pforzheim half nichts. Laß das sein, sagte Don Quijote. Doch der Hausmeister war mir dankbar. Wenigstens er kann künftig den Leuten erzählen, was sich der Künstler vorgestellt hat.

Herrenberg Der Oberbürgermeister von Herrenberg hatte Wort gehalten. Die Stadt gedachte des 450. Jahrestages der Hinrichtung Jörg Ratgebs mit einer Feierstunde, Dokumentation und Ausstellung von Reproduktionen seiner wichtigsten Werke. Don Quijotes Bilder, das Ratgeb-Gedicht und die Honoratioren waren dabei.

Stuttgart Telefonische Anfrage in der Staatsgalerie: Nein, der Ratgeb-Altar ist noch immer geschlossen. Für die Öffentlichkeit nicht zugängig. Aufstellungsprobleme. Besucher aus dem anderen deutschen Staat, Polen, Schweizer, ein Belgier, ein Holländer standen vor verschlossener Tür. Wen außer Don Quijote und seinen exotischen Gästen machte betroffen, daß seit 450 Jahren sich nichts geändert hat für Jörg Ratgeb?

Tagebuch *Abends beim Fernsehen manchmal bügle ich das wäre dann das perfekte Glück wenn ich nicht schreiben müßte.*

Natürlich ist es aussichtslos vom Sehen zu schreiben
und aufzuhalten ist auch nichts
indem ich abschalte
denn hinterher kommt es meistens noch schlimmer
was das Mädchen nicht wissen konnte als es Marat erstach
aber schön erhobnen Haupts wie sie aufm Karrn saß
kann ich meine Sache zu Ende führen
niemand muß mit dem Scharfrichter schlafen
bevor er einem den Kopf abschlägt

Also
hock ich davor wie ein Kind
und stopf mich voll bis mir schlecht wird
freue mich
über Wum
Whisky
Waschpulverfraun
Praletten
wie ein Tier vom Pfeil des Verhaltensforschers
narkotisiert
von den Mainzelmännern
Marktanalytikern
Absatzstrategen
von Sandmännchen hinterrücks
oder vom Schweinchen Dick frontal

eingeschläfert erschlagen erwürgt
entzückt vergiftet verblödet
so gebannt
hock ich Aug in Aug
nur gegen Sprays bin ich allergisch
auch Mundgeruchswerbung stört mein Ästhetisches
und Befragungen:
»Wollt ihr . . .«
weil ich dabei war als ein ganzes Volk ja schrie
bevor es in zwei Hälften geteilt wurde

Im Mai, wenn das Gras wächst, kam zutage, woran mein Herr im Januar gelitten hatte; es war die Graswurzelkrankheit. Die Drucker streikten. Die stolzeste, wenn auch nicht stattlichste Gewerkschaft hatte sich, endlich? dazu entschlossen. Arbeitskampf. 70000 ausgesperrt. Das dumpfe Grollen, sagte Don Quijote. Jetzt ist es da. Jetzt hört man es. Alle hören es jetzt. Ob sie es deuten können? Wenn man es merkt, ist eigentlich alles schon gelaufen – weißt du noch, wie Sarah Kirsch das sagte? Es ist – Sancho Pansa, es ist der letzte Druckerstreik der Geschichte. Meine Hommage war ein Nekrolog. Es wird bald keine Drucker mehr geben. Sie sind überflüssig geworden. Jetzt ist das Wyhl der Drucker, und da sie eine Parole, eine Fahne brauchen, kämpfen sie um Tariferhöhung. Wie die Bauern in ihrem Krieg um mehr Rechte kämpften, ohne zu wissen, was da alles schon gelaufen war mit den Territorialfürsten. Mit den Zeitungs- und Buchverlegern. Wie die Bauern damals, fühlen die Drucker dumpf, daß sich ihre Welt verändert hat. Ihr Streik ist der ohnmächtige Feldzug zwischen Weihnachten und Pfingsten. Hörst du, was die Leute reden? Sancho Pansa hör zu, dem Schwanengesang, während schon die Schakale heulen. Ein paar Tage lang keine Zeitungen, keine gedruckten Veranstaltungstermine, und schon ist die Pressefreiheit in Gefahr. Scheingefechte, Radio und Fernsehen haben das ja längst übernommen. Im edlen Wettstreit der gelenkten proportionalen Meinungsfreiheit. Sancho Pansa, was sagen die Schriftsteller? Los, erzähle, ich höre nichts? Was sagen deine Kollegen in der Stadt? in der Hauptstadt von Druck und Papier! warum schweigst du? Sancho Pansa, weißt du was du bist – ein Ritter! Sollten sie euch um Erlaubnis fragen? die Bauern, die Drucker, was versteht ihr von dem Handwerk, das zum Sterben verurteilt ist? was spricht man denn so in Ritterkreisen? daß die Honorare ausfallen? daß man nicht eingeweiht wurde vorher? ihr hättet doch wohl abgeraten? ich bin der Bauer, der Drucker, bin Sancho Pansa, ein paar Tage lang noch vor dem Ende, und es bleibt euch gar nichts übrig, wie damals dem einen, dem anderen Ritter, sich auf die Seite der Bauern zu schlagen. Mit dem aparten Unterschied, daß ihr von vornherein wißt: es nützt nichts. Euch betrifft das nicht, auch die neuen automatischen Maschinen sind auf das Futter aus euren Köpfen angewiesen. Noch . . . Don Quijote höhnte tagelang weiter auch auf der Fahrt nach Düsseldorf.

Cervantes »Sieh mal, meine Liebe«, antwortete Don Quijote, »nicht alle Ritter können Hofleute sein, sowenig wie alle Hofleute fahrende Ritter sein können und sollen, es muß von allen Arten auf der Welt geben; und ob wir schon alle Ritter sind, besteht doch ein großer Unterschied zwischen ihnen. Die Hofleute ziehen, ohne ihre Gemächer oder den Umkreis des Hofes zu verlassen, durch die ganze Welt, indem sie auf eine Landkarte blicken, ohne daß es sie einen Groschen kostet oder sie Hitze oder Kälte, Hunger oder Durst erdulden, während wir anderen, die wirklichen fahrenden Ritter, in Sonne und Kälte, im Freien, unter den Unbilden des Himmels, bei Tag und bei Nacht, zu Fuß und zu Pferde die ganze Erde mit unseren Schritten abmessen und Feinde nicht nur in Abbildungen sehen, sondern in ihrer eigenen Person und sie hart auf hart bei jeder Gelegenheit bekämpfen, ohne uns bei Kindereien oder Duellgesetzen aufzuhalten: ob des Feindes Lanze oder Schwert länger oder kürzer ist, ob er Reliquien oder irgendeinen verborgenen Zauber mit sich führt, ob man die Sonne teilen oder in Stücke schneiden soll oder nicht, nebst anderen Zeremonien dieser Art, die bei einzelnen Zweikämpfen, Mann gegen Mann, gebräuchlich sind und die du nicht kennst, ich aber wohl. Ferner mußt du wissen, daß der rechte fahrende Ritter, und wenn er zehn Riesen vor sich sieht, die mit den Köpfen nicht nur die Wolken erreichen, sondern darüber hinausragen und von denen jeder statt der Beine zwei gewaltige Türme hat, während ihre Arme wie Mastbäume starker und mächtiger Kriegsschiffe sind, mit Augen so groß wie Mühlenräder und glühender als ein Glasofen, doch auf keine Weise erschrickt, sondern sie mit edlem Anstand und unerschrockenem Herzen anzugreifen und zu bekämpfen hat und, wenn möglich, zu überwinden und sie in einem kurzen Augenblick zu Boden zu strecken, wären sie auch mit den Schuppen eines gewissen Fisches gepanzert, von denen man behauptet, daß sie härter als Diamanten seien, und führten sie statt der Schwerter schneidende Klingen von damasziertem Stahle oder mit stählernen Dornen beschlagene Keulen mit sich.«

Zum Arbeiterfeiertag war den Schriftstellern nichts Besseres eingefallen, als in Düsseldorf ihre PEN-Jahresversammlung abzuhalten. Don Quijote, der erste hinzugewählte und vorwiegend zum Schweigen ermunterte Maler, der schreibt, im Gegensatz zu einer Anzahl Schriftsteller, die malen, ärgerte sich: daß man im Hilton wohnen mußte, wo zwischen Planwagen der Pilgerväter, Goldgräberstadt-Atmosphäre, Saloons, Hostessen im Reifrock und Schutenhut Gäste empfingen zur Zweihundertjahrfeier THE UNANIMOUS DECLARATION OF THE THIRTEEN UNITED STATES OF AMERICA:

Düsseldorf

In memoriam
Franklin D Roosevelt
Harry S Truman
Eisenhower
Kennedy
Johnson
Nixon
Ford
(die wir erlebten)
speisten wir
am Ersten Mai zu Düsseldorf
(Zuschußantrag ist beim P.E.N. einzureichen)
das Thomas Jefferson Diner
zum Gedächtnis
im Hilton Hotel:
Trüffel aus Perigourd
Salat »Gourmet«
Prinzeßbohnen mit Entenleberparfait
Tiefseeconsommé kristallklar
Algenschleifen
Atlantik-Steinbutt
gratiniert mit Vermont Cheddar
Grüne Spargelspitzen
Kalifornisches Artischockensorbet
Lammrücken
Gemüsepürée Gratin Dauphinoise
Tijuana Salat
»Liederkranz«-Käse
Birnenparfait
Chapeau de Poire
Café Brulot
Gebäck aus der »Chuck Box«
unser Küchenchef
bereitet dieses Menü bei Vorbestellung
ab 6 Personen gern für Sie zu

Don Quijote klaute die Speisekarte. Nachtrag: am Tag vor Düsseldorf weilte ich in einem Gefängnis bei Stuttgart. Verpflegungssatz in baden-württembergischen Anstalten für den Strafvollzug DM 2.80 pro Mann. Wenn es Sie interessieren sollte, wie hoch der Verpflegungssatz für einen Polizeihund ist, müssen Sie sich schon selbst danach erkundigen. Er ist in jedem Bundesland anders. Dann sollte das Taxi uns am Abend zur Podiumsdiskussion in die Kongreßhalle bringen. Der Türke verfuhr sich. Schwur alle Eide, wir seien am richtigen Ort; Don Quijote sagte in Ordnung, stieg aus, schritt den Transparenten entgegen, Kipphardt bewog den Taxifahrer, uns dorthin zu bringen, wo das Podium war, auf dem er diskutieren sollte. Am Morgen des Ersten Mai, zu Hause hängen die Burschen noch immer die Gartentüren ihrer Mädchen aus, legte mir Don Quijote eine zweite Speisekarte auf den Hilton-Frühstücksteller. Darauf stand, wo er gewesen war. Diese Nacht. Und was Deutschland bevorstünde, wenn es sich von türkischen Taxifahrern zur Alten Messe fahren ließe und zum Maifest der DKP in der Europa-Halle:

Mettbrot	–.70
Speckbrot	–.70
Käsebrot	–.70
Schmalzbrot	–.50
Kotlett m. Brot	3.—
Grillrippchen, Grillwürstchen,	
Frikadellen, Waffeln nur 50 Pfennig	
Limonade, Cola	–.50
Bier, Korn	–.60
Wein	1.—
Sowie internationale Spezialitäten	
aus Chile	
Griechenland	
Portugal	
Spanien	
Türkei	
und Vietnam.	

Don Quijote mußte sich noch einmal ärgern; eine Zeitschrift befragte Autoren nach der Konstruktion einer Utopie, nach dem Überangebot Lyrik und nach der Auswirkung des § 88 a auf die deutsche Literatur. Ihn hinterfragte man anderes:

Interview:

Collage: Glauben Sie, daß der Holzschnitt noch Zukunft hat? Wie beurteilen Sie die Chancen und die Entwicklung des Holzschnittes?
Don Quijote: Kollegen wie Mack werfen mir vor, daß ich so was überhaupt noch mache. Anachronismus. Ich glaube, der heutige bildende Künstler, der sich als Macher bezeichnet, hat keine Beziehung mehr zum Holzschnitt. Er hält ihn für überholt, für zu umständlich. Für mich ist der Holzschnitt nach wie vor Vervielfältigungsmittel und Zeichen des Aufbruchs. Unsere Industrie entwickelt sich davon weg – weg vom Hochdruck und zum Lichtsatz. Der Stempel ist nicht mehr Urausgangspunkt und das Bild verliert jeden Boden, ist letztlich nur ein Scheinbild. Der Buchdruck war einmal Teil der Befreiung des Menschen, Aufbruch in eine Demokratie, und wird jetzt immer platter und künstlicher. Daß dann auch niemand mehr gewonnen werden kann, weil Demokratie nicht mehr da ist – nun ja. Bewußtsein kann nicht schulmeisterlich geprägt werden. Abgesehen davon verlieren die Menschen doch auch alles Verständnis dafür, was ein Druck ist. Sehen Sie, ich habe kürzlich zum Jubiläum der Universität Tübingen einen Holzschnitt gemacht, einen großen Baum, die Palme Attempto: »Ich habs gewagt.« Dieses Blatt konnte nicht mehr gedruckt werden, weil es die Maschinen nicht mehr gibt. Innerhalb weniger Monate warf man die Buchdruckpressen in Deutschland zum Alteisen. So etwas nimmt der Kunst ihren Bezug.
Collage: Die technische Entwicklung geht also in Richtung Montagen und Collagen, wie sie Heartfield früher verwandt hat und Klaus Staeck sie heute benutzt. Was halten Sie von dieser Art Collagen zu verwenden?
Don Quijote: Ich würde vor allen Dingen nicht den einen mit dem anderen im Munde führen. Also entweder Mozart oder Schmeling, nicht? Entweder Heartfield und eine Million Kommunisten, die seine Zeitung gelesen haben, oder den Zynismus . . ., nein, darüber möchte ich mich überhaupt nicht unterhalten. Heartfield selbst ist ein Agitprop-Mann gewesen, d.h. er war ein politischer Künstler. Und ein politischer Künstler ist kein Zyniker. Er kann gar nicht zynisch sein. Man kann nicht für Millionen eine Collage machen, wenn man sie unter falschen Voraussetzungen macht: wenn man lediglich spottet, verspottet. Zum Dürerjahr etwa hat Staeck das Bild von Dürers Mutter mit dem Text »Würden Sie dieser Frau ein Zimmer vermieten« kombiniert. Ein Agitprop-Funktionär – nennen wir das Kind beim Namen – hat doch damals vor fünf-

zig Jahren noch eine große Tradition gehabt und die war künstlerisch. Vor allem aber hat er Neues gemacht. Nicht auf das längst Ausgedrückte noch einmal gedrückt. Was Heartfield damals machte, war eine Erfindung und diese Erfindung hatte einen Hintergrund. Keiner von denen damals konnte auf die Idee mit der Dürermutter kommen, weil sie davon ausgehen mußten, daß ihr Volk oder ihre Klasse die Mutter von Dürer kennt. Erkennt. Mein Kollege Kipphardt schrieb mir kürzlich: Auf der Fahrt zurück im Schneeregen, den Wochenend-Blechlawinen entgegen, fiel mir ein, was John Heartfield mir einmal sagte, als er seine Arbeitsweise begründen wollte: »Wir haben die Fotomontage nur gemacht, weil die Fotos so ungeheuer lügen.« Zitat Ende. Vielleicht ist das ein Motiv, etwas so Unbeschreibbares wie Kunst zu machen. Die platten Informationen über unsere Wirklichkeit, die Ideologien der Flächenbeschreibungen lügen so ungeheuer.

Collage: Dann ist das, was Staeck heute macht, also nicht in der Tradition Heartfields?

Don Quijote: Nein! Das hat mit Agitprop nichts zu tun, denn hier wird das Photo unmittelbar und real benutzt.

Collage: Thema: Wort und Bild. Sie versuchen gemeinsam mit Sancho Pansa in der ENGEL-Reihe auch einen solchen Wort-Bild-Bezug herzustellen, in ihrem Fall mittels Grafik und Lyrik. Was ist Ihr Vorhaben dabei?

Don Quijote: Ich habe Buchdrucker gelernt, und ich habe schon immer mit Lyrikern und Schriftstellern zusammengearbeitet. Dieser Engel der Geschichte ist eigentlich eine Aktion, der Versuch, eine Sache zu politisieren, d.h. unseren gewählten Volksvertretern auf die Füße zu treten, wenn es irgendwo nötig ist. Ich bewerte einen künstlerischen Aufschrei höher als eine Resolution, obwohl mich die Erfahrung anderes lehrt, und ich weiß, daß eine Lobby mehr erreichen kann. Verzeihen Sie mir, aber ich falle eben immer wieder darauf herein, ein ganzes Leben lang.

Der Förderin des PEN und der Künste, die sich die Ehre gab, Don Quijote nebst anderen Auserwählten in ihr Haus zu laden, schrieb Don Quijote: Gnädige Frau, es ist ERSTER MAI. Doch weder das Datum noch der Streik waren ein Hindernis, daß die Party ausreichend frequentiert wurde. Nein, beim PEN sprach man kaum über den Druckerstreik; wie hätte Sancho Pansa unter Fürsten, Bischöfen, Kardinälen, Landedelleuten mehr als ein halbes Dutzend Namen unter eine Solidaritätserklärung für die Bauern zusammenbringen können! Don Quijote verfolgte alles mit fast archaischer Anteilnahme, alle Tentakel des Druckers ausgefahren, in keinem Augenblick dem homme des lettres nachgebend: Klagen und Anklagen wegen Ausfallhonoraren, Zensur durch Drucker, wo kommt man da hin, niemand sprach über die verschwundenen wegrationalisierten 30 000 Arbeitsplätze in rund vier Jahren, über den in den Reihen der Verleger rücksichtslos wie noch nie geführten ruinösen Konkurrenzkampf, über die Rekordgewinne bei den Zeitungsverlagen während man gleichzeitig die Bundesregierung um Subventionen anging; man spottete über den Kampf um ein paar Zehntelprozente Lohnerhöhung, nannte die Gewerkschaft Systemveränderer, kein Wörtchen fiel über den strukturellen Wandel, die Hintergründe der Pressekonzentration, niemand beklagte die Macht der Verleger und wie man öffentliche Meinung manipuliert, geschweige das Verschwinden eines Berufsstandes, der seit Jahrhunderten mit dem Schriftsteller verschwistert ist. Geschweige das Verschwinden einer Kunst: der Kunst des Büchermachens. Geschweige daß damit ein Zeitalter zu Ende geht. Gutenberg ist schon vergessen. Sie wissen es nicht einmal, sagte Don Quijote.

In Hannover am 1. Mai

Im Zug nach Münster fing er an, mit Leiden aufzuhören. Karin Struck wollte mit ihm über den Tod diskutieren, natürlich vor Publikum. Doch für Don Quijote hatte sie nicht das richtige Händchen; zwar fing sie ihn mit ihrem Lasso ein: Geburt – Tod – Liebe; bedachte aber nicht, daß Roß und Reiter nicht in einen Heidschnuckenstall passen. Und Don Quijotes Totentanz-Bilder stellte sie auf den Kopf. Am Sonntagmorgen, es war der fünfte Tag des Streiks, sprach Don Quijote in Hannover bei den HOREN über das Thema seines Leidens: DIE KUNST BÜCHER ZU MACHEN – daß er sein Leben lang jederzeit eine Maquette in der Tasche gehabt hätte, meistens um einem Lyriker weiterzuhelfen.

Meine Bibliothek

Nach der Bücherverbrennung und Beschlagnahme habe ich meine Bibliothek nicht mehr eingeordnet. Den Favoriten unter meinen Büchern keinen Schrank mehr gebaut. Heute liegen die Lieblinge überall herum. Am Bett, unter dem Bett, sie stapeln sich an den Wänden hoch, verfolgen mich bis in den Keller und auf den Dachboden. Sie bedrängen das Telephon und die Briefwaage. Ach, sie liegen *selbst* in einem Bett, ein Bett, das für einen Gast gedacht war. Die allerneuesten Amouren dringen sogar in das Atelier ein, zwischen Farben

und Plattenspieler sich türmend. So zudringlich wird Literatur, wenn man sie nicht pflegt. Das Atelier wenigstens müßte frei bleiben! Nolde hat schon recht: lernen kann zur Versündigung am eigenen Müssen werden! Auch Bücher sollten domestisiert sein! Wie ist das nur wieder gekommen mit den Büchern, frage ich mich. Es macht mir doch gar keine Freude mehr, auf Bücherrücken zu schauen. Lustlos, fast ärgerlich sehe ich einen Besitz wachsen, an dem mein Herz nicht hängt. Herz einmal umgebracht, will nicht mehr neu anfangen ... Nun bringt die Post öfter Bücher von Freunden ins Haus, die sanft wie Flügelschlag sich bei den Vielzuvielen niederlassen. Geliebte Bücher sind es! Ich sehe schon, wir werden bald Bücherschränke haben und Vitrinen. Dieses oder jenes Buch wird einen Ehrenplatz haben, die Widmung zur Hand. Behütet vor Staub, Überdruß und einem Fluch, der uns nicht segnen läßt, was gewesen ist.
Es fing so harmlos an (Unterprima), wir lasen die Tagebücher der Brüder Goncourt. Also Flaubert wollte in Madame Bovary einen gewissen Farbton, die Schimmelfärbung der Kellerasseln wiedergeben, da riefen wir mit ihm: die Form, ja, die Form! Und, daß sich ein ehrlicher, kluger Mensch vier Stunden mit einem Buch einschließt, das fand ich sogar sehr gut. Mein Vater, der das nie leiden mochte, wußte aber nicht, was man aus dem Physikunterricht nach Hause bringt. Plötzlich gab es an allen möglichen aber unzugänglichen Orten eine kleine Bibliothek mit allen Schikanen: Lesepult, Licht undsoweiter ... »Daß man nur einen Tisch aus weißem Holz braucht, blaues Papier den Bogen zu sieben Sous, und einen Topf in der Ecke, um nicht hinauslaufen zu müssen«, das bildete den Jüngling im geheimen. Damals entstand meine Bibliothek.
Ein Schulheft war meine Kartothek. Ich mußte wissen, wer ein Buch ausgeborgt hat. Bücher, die man nicht nach 14 Tagen zurückfordert, gehen automatisch durch Gewohnheitsrecht in den Besitz des anderen über. Ein Buch von einem Klassenkameraden zurückzufordern galt als unanständig. Ich lernte schnell, wie man sich Feinde macht! Die meisten halten es sowieso für eine Zumutung, Geld für ein Buch auch noch ausgeben zu müssen. Soviel ich weiß, waren es nur 2 in der Klasse, die ehrlich bei Büchern waren. Beide sind, wie ich später erfuhr, Juden gewesen. Ob sie nun, wie ihre Väter im Himmel goldene Bücher vorgelegt bekommen? Deutsche Bücher?
Damals noch vergoldeten wir uns die Bücher gegenseitig. Ehe wir uns ein Buch zurückgaben, haben wir einen Umschlag gemalt und manchmal das ganze Buch neu eingebunden. So

habe ich von den Heften des Kurt Wolff Verlags – sie kosteten 80 Pfennige – ein richtiges Buch zurückerhalten. Einen prächtigen Band Kafka, in dem Der Heizer, Das Urteil und Die Verwandlung zusammengeheftet gewesen sind. Eigentlich hatten die billigen Hefte der guten Verlage nicht nötig, von uns verschönt zu werden. Ich verstehe jetzt erst und bewundere, wie sauber, solide und gesund diese billigen Erstausgaben gemacht sind. Selbst die Hefte, die ich dann viel später vergraben mußte, wurden durch das lange Liegen in der Erde noch schöner. Bei manchen Fackelheften oder den Heften der Aktion blutete der Umschlagkarton aus. Ich bin bereit, Mengen von Taschistenbildern für solche Palimpseste ins Meer zu werfen. Wegwerfen hat auch einen doppelten Boden. Für den Sammler ist immer wichtig, sich zu entscheiden, was er nun behält, für den Klugen auch noch ratsam geworden. Hat doch eine solche Kladde aus der Schulzeit, welche alle Namen der Entleiher führte, der Gestapo einmal dazu gedient, mich vorzuladen. Aber da waren die köstlichen Erstausgaben, die man als Student aus Antiquariaten zusammengetragen hat, längst abgeholt und verbrannt, oder in den Kisten der SS, die in England verkauft worden sein sollen, verschwunden.

Ich will nichts mehr von den Geschichten wissen, die mit jedem erstandenen Buch verknüpft sind. Wem sollen wir die Summe aufrechnen, die einmal zum Verzichten gehörte? Verzicht auf warmes Essen, auf eine Straßenbahnfahrt, ein

Kino, ausgehen zu Zweit, ein Café . . . Zu vielen ist es wohl ebenso ergangen. Die Republik bot vielen ein freies Lebensgefühl. Mancher Arbeiter hatte eine Bibliothek. Erst vor einigen Jahren kam ein alter Arbeiter an meine Tür mit einem Zettel, auf dem er seine Bücher notiert hatte. Bücher, die ihm die Hitlerjugend verbrannt hat. Der Mann hatte Wiedergutmachung beantragt. Dort forderten sie aber von ihm, was man von einem gelernten Buchhändler heute nicht mehr erwarten kann. Das Amt wollte den genauen Titel, den Verfasser und den Verlag, das Erscheinungsjahr und den Ladenpreis seiner Bücher wissen. Auf der Liste des Arbeiters stand obenan das Bürgerliche Gesetzbuch (in Leder gebunden), dann kam »Wie verhält sich ein Proletarier vor Gericht«. Es ging dann gleich los mit solchen Büchern, wie: »Ein Prolet erzählt«, »Ein Prolet in der Fremdenlegion«, »Platz dem Arbeiter!«, »Stimme aus dem Leunawerk«, »König Kohle«, »Jimmie Higgins«, »Samuel der Suchende«, alles von Upton Sinclair; vieles von Dos Passos, der »Oktober« von Larissa Reissner, »Die 10 Tage, die die Welt erschütterten« von John Reed, viel Maxim Gorki, Tolstoi, Scholochow, Tucholsky, Ehrenburg und Babel. Gedichte von Toller, Mühsam und Brecht. Etwa 700 Bücher sollen es gewesen sein. Welcher Buchhändler möchte heute die Daten für diese Bücher finden? Gäbe es nicht noch Deutsche, die aus der Emigration nicht zurückgekehrt, irgendwo in London oder in der Schweiz leben und Bescheid wissen, wie hätte ich meinem Manne helfen können? Dem Manne ist geholfen worden! Ich glaube, er hat 250 DM oder etwas weniger erstattet bekommen. Zu mir kam er mit einem großen Sack, der sich geheimnisvoll bewegte. (Wir hatten ihm erzählt, daß gerade der Häher unsere Tauben geschlagen hat.) Den Sack schüttete er im Zimmer aus und heraus schritten mit wiegenden Köpfchen 2 allerliebste Truthähne. Sie sollten die Häher vertreiben, setzten sich aber zuvor auf die überall herumliegenden Bücher. Dabei stießen sie einen klagenden Ruf aus. Ich werde zu schweigen wissen, wenn daraufhin die Frau den Schreiner bestellt und Bücherschränke anfertigen läßt.

Als die Zeitungen wieder erschienen, las man von schrecklichen Intrigen und konnte dem Gewerkschaftsboß beim Frühstück zusehen in seiner Stuttgarter Wohnung. Haß- und Sympathiekundgebungen hielten sich keineswegs die Waage; das Geschrei an den Rändern verebbte allmählich; die Stille im Zentrum blieb. 6,66 Prozent sagte nichts. Achgott, sagte Don Quijote, was blieb den Gewerkschaftsbossen denn übrig? Wußten Bescheid, wolltens nicht wahrhaben, seit wann sind sie Maschinenstürmer, rüsteten inzwischen schon selbst um auf das Allerneueste; Arbeitsbeschaffung für IG Metall oder wer immer für Lichtdruckmaschinen aus was weiß ich welchen Rohstoffen zuständig ist. Papier, und wer damit umgeht, wird bleiben.

Herrenberg

Die Volkshochschule lud Don Quijote zu einer Ratgebfeier. Das Konvolut von den Wäscheklammern des Bauernkriegsjahres hing schön gerahmt im Morgenlicht, sie machten Musik, viele Menschen waren gekommen trotz Mai und Sonne und Sonntag, über den Flieder, über die Maiblumen hinweg, nach dem Largo, Sonate d-moll, Samartini, stiftete Don Quijote Verwirrung, denn anstatt über Jörg Ratgeb sprach er über den Druckerstreik. Sogar mich hat er drangekriegt.

Rede von Don Quijote am 9. Mai 1976 zum 450. Jahrestag der Vierteilung von Jörg Ratgeb

Friedhofsruhe, Hochgericht und Galgenberg. Die Bauern erschlagen. Die Altäre verhüllt und die Flugblätter verbrannt. Was für ein Jahrestag! Erinnern wir uns: Bauernkrieg in Schwaben. Der Helle Christliche Haufen, Heller Lichter Haufen. Altäre die Verkünder, Holzschnitte die Begleiter der Wanderprediger. Bilder informieren das Volk. Mit dem Altarbild und den Holzschnitten der Einblattdrucke breitete sich die Revolution aus. Holzschnitt auch bei den Expressionisten »Herausforderung zum Bekenntnis« (Barlach). Immer besteht ein Zusammenhang zwischen gesellschaftlicher Tendenz und publizistischer Form! Eine freie Presse und Welle der Information soll in Deutschland herrschen, versprach Eisenhower 1945. Immer gab es das Flugblatt, die Pressen im Untergrund, Samisdad, Drucke gegen Unterdrücker. Immer wenn die Menschen nach Lösungen für ihre Probleme suchten, sich hilflos anonymen Mächten gegenübersahen, verachteten sie das Streben nach dem kleinen Glück, nach dem Fetzen Harmonie, hatten sie den Mut, zu widerstehen. Gerade die Künstler sind immer engagiert. Schon weil sie unbequem sind und jeder billigen Übereinstimmung feind. Wie konnte einem Minister einfallen, aus Anlaß des großmütigen Ankaufs der Landesregierung uns zu verkünden: der heutige Künstler habe das alles nicht. Kollege Ratgeb, »Landsmann Märtyrer« sei nicht unser Fürsprech? Glaubt der Minister wirklich, daß wir unsere Konflikte nicht austragen werden trotz Druckerstreik oder gerade deshalb? Der Streik im Drukkereigewerbe ist auch eine Reaktion auf eine von uns nicht mehr kontrollierte anonyme Computerwelt. Ebenso haben die Weinbauern in Wyhl dem KKW gegenüber reagiert. Im Haus des Ministers scheint man das kulturelle Erbe, zu dem wir hier in Schwaben die Orte haben, von denen man in ganz Deutschland spricht, nicht zu kennen. Jörg Ratgeb, Tilman Riemenschneider, Dürers Schüler? Die Kunst ist nicht das Mittel, die Unvereinbarkeit menschlicher Interessen und Wünsche zu unterdrücken. Bei Ratgeb ist sie religiöses und revolutionäres Kampfmittel zugleich. Sind unsere Manifeste bloße Einwegflaschen? Wer überlegt sich schon, daß der Beruf, von dem ich Geselle bin und das Metier, das ich beherrsche, aussterben? Gestanzte Lochstreifen von Fernsetzmaschinen rollen auf uns zu. Über jede Entfernung hinweg. Mit einer Geschwindigkeit, die 1000 Worte in der Minute überträgt. Das ist bereits die Zeitung, die manchen schon der Bote zum Frühstück ins Haus bringt. Schon gibt es keine Pressen mehr, die einen größeren Holzschnitt in die Maschine nehmen können. Bald gibt es keinen Buchdruck mehr, wird nicht mehr von Typen gedruckt. Der Lichtsatz breitet sich schneller aus, als angenommen wurde. Ohne Buchdruck in unserer industriellen Zivilisation wird es den Setzer und den Holzschneider nicht mehr geben. Sind wir die letzten Köhler einer beharrlichen Wirklichkeit, die letzten Setzer, die letzten Drucker, die letzten Holzschneider? Wenn Zehntausende arbeitslos werden, ist das eine Tendenzwende? Wenn niemand dem Minister antwortet, muß ich es für Jörg Ratgeb tun: Einen Kunstpreis in seinem Namen stiften. Dann werden es alle sehen: die Künstler sind engagiert!

Avalon beim Fernsehen: Don Quijote läßt nicht zu daß ich mich wahllos über fresse
selektiert
stellt ein Menu zusammen
nennt es Auswahl
aber jede
packt meine Phantasie und blockiert sie
ohne zu fragen wohin sie gegangen
wäre wenn

Wie die Mattscheibe sich meines Kopfes bemächtigt
nenn's wie du willst
nenn's Freud Jung Reich
die Entropie erstrebt ein Maximum
Hirn Kreislauf Nerven psychosomatisch
jedenfalls stellt sie mit mir an
was ich nicht wollte und macht daß ichs dann
doch hinterher dufte fand was zum Spein war
oder umgekehrt

**Anders durchblutet
schlaf ich ein wach auf
als wenn ich nicht sah
                        hörte
                        litt
                        liebte
                        haßte
was andere sich für mich ausgedacht
die mich ergreifende
durchdringende
Präfabrikation von Trauer und Glück
das breit gefächerte Angebot gestanzten Lebens
die Skala der Todesnormen zwischen
Kreuzigungen und
dem Verfehlen von Umlaufbahnen
süßer
saurer
Austauschbarkeit**

Und was es den Träumen antut!

**Laßt mich den Rhythmus zu Ende leben
nach dem ich schwitzte vertrocknete lechzte
unruhig wurde
Ruhe fand**

**Was die Phantasie betrifft
flieg ich ein Stück weit mit
sogar in Farbe
(wenn auch als blinder Passagier)
ohne dagegen zu polemisieren
schon aus mancher Ansichtspostkarte
wurde ein gutes Gedicht Hölderlin
sah sich Bilder von Griechenland an
weil er nicht hinkam
jeder fliegt anders
wie das was ich schreibe jeden
anders anderswohin trägt**

Avalon

Der ASTA von Hohenheim meldete sich. Himmelfahrt stand bevor. Don Quijote ließ sich von mir nicht abhalten, augenblicks mit den Thomas-Müntzer-Mannen ein dialektisches Handgemenge zu beginnen. Als es zum Ringkampf ausartete, brachte ich Bier und verdrückte mich. Gedachte, bei der Schafherde sitzend, der zahllosen Erfahrungen mit den Studenten, zu denen Don Quijote ein Verhältnis hatte wie der Bär zum Honig. Stets waren es Wespen, die bei ihm selbst den Honig suchten. Alle wollten Plakate. Original. Allen hatte er was gemacht. Alle hatten ihn dafür gescholten: die Protestanten einen Katholiken, die ihn einen Linken, die Linken einen Rechten, zwischen liberal und radikal dauerte das Ringelspiel nun schon Jahrzehnte; immer machte Don Quijote was er wollte und die Studenten drehtens um. Mal wars ihnen zu lieblich, mal zu streng, mal zu abstrakt, dann zu konkret. Das vietnamesische Hängebauchschwein, an dem ein Wurf Junge nuckelte, hatte der Landjugend nicht gepaßt, sie wollten EWG-Techniker sein und nicht mehr an Sauen erinnert werden, die Pieta für katholische Studenten, denen der Bischof Gelder gestrichen hatte wegen Aufmüpfigkeit, war zu fromm, sein Chile zu rot, für den RC war der Text nicht richtig, Amnesty, Umweltschutz, Gastarbeiter, Dritte Welt, wo ers auch anpackte, glaubten sie es besser zu wissen, aber ich sah auch, daß Don Quijote manchmal denen die beteten Fäuste machte und denen die Fäuste haben wollten, ein Kruzifix. Es war längst Abend, mit heißen Köpfen hockten sie um Don Quijote herum, als ich von den Schafen zurückkehrte. Windmühlen! schrie ich. Er schmiß mich hinaus. Durch die Scheiben sah ich, was los war; überall hatte Don Quijote ausgelegt, was mit dieser Figur zusammenhing: Bücher, Flugblätter, Plakate, Theaterzettel mit demselben alten Holzschnitt geschmückt: Bauer mit Freiheitsfahne. Angefangen hat es wohl mit dem kleinen grünen Büchlein der Andersen-Nexö-Offizin: ENGELS, der Deutsche Bauernkrieg, und nun weht diese Freyheit also auch auf der Einladung zur Eröffnung der Thomas-Müntzer-Scheuer. Don Quijote: Über diese Figur werde ich bei der Einweihung sprechen. Einen Irrtum muß man korrigieren, damit er nicht unablässig neue Irrtümer erzeugt. Die Studenten: Sie mögen ja recht haben, bloß warum jetzt? Und warum hier? Warum bei uns? Warum nicht ein andermal? Wo wir es ohnehin schwer genug haben. Warum belasten sie unsere Sache nun auch noch mit Spott? Wir sind Landwirte, keine Kunsthistoriker. Don Quichote: Eben deshalb. Ich spotte nicht. Im Augenblick, da eine Wahrheit erkannt wird, muß sie ans Licht. Das gilt auch für Sie. Wenn ich nach Hohenheim kommen soll, wenn ich dort meinen Preis verkünde, müssen Sie mich mit dieser Wahrheit nehmen oder gar nicht. Die Studenten: Und wie weit ist es denn jetzt mit dem Preis? Was können wir davon der Presse geben? Don Quijote sagte: für dpa reicht es nicht bis Himmelfahrt. Wir müssen eine Satzung erarbeiten. Den Zeitpunkt, den Ort, die Bedingungen. Eine Jury, nicht nur aus dem

Ländle. Eine Anlaufstelle für die Einsendungen. Es müßte noch Geld dazukommen. Nehmen Sie sich die Städte vor, die Anlaß hätten, sich mit einem Ratgeb-Preis zu beschäftigen. Die Geburtsstadt, die Hinrichtungsstätte, dann Herrenberg, das zwar sein Geld für die Kirche braucht, oder Frankfurt, wo die Karmeliterfresken ihrer Auslöschung entgegensiechen.
Als die Studenten abzogen, sagten sie: Wir werden Ihnen ebenso öffentlich auf Ihren Angriff Antwort geben. Dann schenkte ihnen Don Quijote ein Dutzend Bilder für die Scheuer. Ein neues darunter, eben gemacht. Sechs Arme mit Händen, vier machten Fäuste, zwei hielten Meißel und Hammer. Wie das Blatt heiße fragten die Studenten. Don Quijote sagte, er wisse es nicht. Als sie weg waren, sagte ich: O Herr, es wird schlimm ausgehen. Dein Jörg Ratgeb-Preis und was die Studenten darunter verstehen, das sind zwei linke Schuhe. – Laß das nur meine Sache sein, Sancho Pansa, ich sorge schon, daß ein Paar daraus wird sagte Don Quijote.

Tagebuch

von früheren kriegen schwieg mein herr meistens etwa vom weltkrieg II wenn ich fragte sagte er manchmal ich höre ein murmeln von hunderttausend stammtischen könnte man dieses zusammenleiten es wäre das größte gebrüll der erde wie viele leben noch die nichts als diesen krieg erlebten ihr leben lang

woanders als im schwimmbad hätte es sonst passieren können don quijote erzählte wie er als funker arsch auf dem rückzug angeschwemmt wurde beim generalstab der heeresgruppe oder der generalstab bei ihm das ist gar nicht so einfach wie bei tucholsky ›wo waren sie im kriege mein herr / in einer affenjacke‹ ein general sancho pansa das mußt du wissen ist so don quijote schnipst mit den fingern kleine fontänchen hoch und dazu dieser perfide schnalzlaut im wasser

also hier stehen noch
400 mann
die nehmen wir weg

denn dort müssen 600
hin einerlei
was es kostet

er hat ja auch nicht umsonst das blut hier sagt don quijote macht eine breit ausladende kragenspiegelgeste wodurch ich meinen herrn statt nackt sofort im mantel vor mir sehe und dann die herren des stabes hast du eine ahnung was das bedeutet breit so breit die roten streifen an den hosen als der general eine mücke totschlug (patsch hatte sancho pansa die wasserladung von don quijotes handfläche im gesicht) sagte der funker arsch aber herr general dafür haben sie doch ihren IA

die taten dann was man auf einem rückzug nicht tun darf sie gingen vor es dauerte nicht lang und als sie endgültig zurückmußten während die jabos mit scheinwerfern uns jagten lockte das alte quartier mit den sektkellern funker arsch klopft nachts die leute aus ihren häusern marsch in die weinberge morgen früh ist zwei mal zwei vier sauber bombardiert à la carte von den marauders lagen die herren rote streifen ich sah sie liegen eine hasenstrecke im schutt die erde sancho pansa riechst dus der soldat ist immer eingehüllt in den geruch im graben auf die bauche kehrt und wenn sie rings um ihn in die luft flog niederpolterte ihn zudeckte immer war er vertraut mit ihr mit seinem grab er brauchte nicht sehr weit zu fallen

fantastische anfänge im papierkorb entstanden zwischen seinen abwehrmaßnahmen den letzten giganti-

schen gargantuesken zuckungen die namensgebung don quijote zu verhindern
wie hätt ich ihm das verschweigen sollen es bedurfte viel mehr als bloßer zustimmung und es mußte bald hinhaun sonst würde nie mehr etwas über die 7 x 7 anfänge hinaus gedeihen
als druck und papier streikte schlug er die volte als der ratgeb-preis im dschungel der sich bekämpfenden zu ersticken drohte war das stadium des sich damit abfindens vorbei don quijote identifizierte sich mit don quijote ich trug die fetzen zusammen während die erde nicht sehr weit weg bebte skala 7 tausend tote ulrike meinhof erhängte sich oder wurde erhängt drüben dort gleich hinter dem hügel und sie besudelten auch noch die leiche in ihren zeitungen mit sperma

als könne noch immer kein abgesang sein als könnten die götter noch einmal statt trauer und häßlichkeit ein wenig glück hinter der schminke wahr sein lassen wie herbstblätter zu flammen pflegen so druckte don quijote ein flugblatt credo zum ratgeb-preis

Zum 450. Jahrestag
Der Vierteilung des Malers
Jerg Ratgeb
Im Bauernkrieg

heller Haufen
heller lichter Haufen
heller christlicher Haufen
Erzteufel
Aufrührer
Gotteslästerer
gemartert
erschlagen
verboten
Schriften und
Bücher
deutsch der
truckergesellen
verbrannt
die clag
biblia pauperum
zedel
und
malerey
verhüllt
den
Altar
schri kunst schri
und klag dich ser
dein begehrt
jetzt
niemand
mehr!

berücksichtigen
zurückgehen
offensichtlich
überbetonen
Tendenzwende
zeichnet sich ab
Fernsetzmaschinen
senden
1000 Worte in der Minute
über den Ozean
gestanzte
Lochstreifen
programmieren
nix
deutsch
der
Lichtsatz
gibt
Gutenberg
ein Zeichen:
sie sollen
von Gotte nit gruozen
vergessen ist
Kollege Ratgeb
das Flugblatt
die religiöse
und revolutionäre
Tendenz!

Frage: Welche Künstler werden gefördert – alle Künstler jeder politischen Couleur?

Kultusminister: Ja, also politische Couleur spielt überhaupt keine Rolle, sondern wir bemühen uns natürlich, die Qualität zu berücksichtigen, aber auch in der Pluralität die verschiedenen Richtungen, die verschiedenen Geschmacksrichtungen auch zu berücksichtigen.

Frage: In dieser Ausstellung vermißt man das sozial Engagierte, das politische Bild – Wieso?

Kultusminister: Ja, das ist nicht durch uns herbeigeführt, sondern es sind einige sozial engagierte Bilder dabei, aber es ist ganz offensichtlich, daß in diesem Augenblick dieses Motiv sehr stark zurückgegangen ist und es zeigt sich wohl darin eine gesellschaftliche Entwicklung, die wir ja in vielen Gebieten in den letzten beiden Jahren schon sehen können, daß eine gewisse Ermüdungserscheinung gegenüber dem Überbetonen politischer, insbesondere sozialkritischer Themen sich in der Kunst auch abzeichnet.

ZDF Länderspiegel: „Baden-Württemberg als Kunstmäzen"

Das Wetter am Himmelfahrtstag war ordentlich. Nachmittags traf man in der Thomas-Müntzer-Scheuer ein; wie erwartet dunkles Fachwerk, weißgekalkte Wände, Giebeldach, (neuerbaut auf Unigelände) geschmückt mit Blumen und Birkenbäumen, der rote Bundschuh auf weißem Tuch bauschte sich im Wind (es war nun mal so) und an dem Kupferrelief mit dem Namen hatten sie die Nacht durch gehämmert und hämmerten immer noch, bis sie zufrieden waren. Hunderte kamen, Studenten, Präsidenten, Dorfbewohner, Delegationen, etwas aufgeregt die Beteiligten, ihr Programm enthielt mehr als bloß eine Herausforderung. Der Herr Ministerpräsident (Staatsministerium Baden-Württemberg) hatte antworten lassen auf die Einladung der Studenten: Er sei verhindert, lasse die Teilnehmer grüßen, besonders Don Quijote, über dessen »Initiative und Großherzigkeit für eine gute Sache sich der Herr Ministerpräsident sehr freue. Er finde es auch dankenswert, daß mit der Feier eine Epoche unserer Geschichte gewürdigt werde, die gemeinhin in der Historiographie zu kurz kommt.« Auwai, dachte ich, das kann ja recht werden.

Don Quijotes Stiftungsrede

Um die Verleihung eines Jerg Ratgeb-Preises an einen bildenden Künstler zu fördern, brauche ich die Hilfe der heutigen Generation. Ich verdanke den Studenten der Universität Hohenheim den guten Ort und den richtigen Jahrestag zur Ausschreibung. Der Jerg Ratgeb-Preis soll im ganzen Bundesgebiet ausgeschrieben werden. Wir müssen eine Jury finden, die keine neuen Grenzen schafft. Auch die Summe des Preises muß verdoppelt sein. Was werden die Städte Ratgebs: Schwäbisch Gmünd, Frankfurt, Herrenberg, Pforzheim dafür tun? Außerdem muß die Organisation eine freie Flut des Kreativen, ein Klima der Tendenz schaffen.
Sie fragen sich zurecht: Kunstpreise sind doch vorbei. Kunst ist, was jeder macht. Ein happening, bei dem sich jeder verwirklichen kann. Ein wildes Fest, auf dem sich jeder selbst erleben darf. Exzessiv ausleben kann. Die Poesie des Gewaltsamen und Schrecklichen erfährt. Une belle anomalie? Ein großartiges Theater und die Freude an psychischem Terror, Lust daran, daß endlich etwas aus den Zwängen fällt, mit denen wir täglich leben müssen. Eine Kunst, die direkt wirkt. Aber dazu ist der Ort – die Thomas-Müntzer-Scheuer – zu gut, der Tag der Ausschreibung, ein Tag der Erinnerung, zu ernst. Beides meint eine beharrliche Wirklichkeit. Hinrichtung,

Vierteilung und Konterrevolution. Also ein Preis für engagierte Kunst? Ich halte nichts von Bildern, die nur für einen Kreis von Gleichgesinnten gemacht sind, also als Kunst gar nicht wirken. Immer ist Kunst aber auch verbindlich, der Künstler den Nöten seiner Mitmenschen verpflichtet wie Jerg Ratgeb, seine Kunst der religiösen und revolutionären Tendenz. Einer Tendenz, die einem sofort in die Augen dringt, die wie ein Schlag vor die Brust ist. Kein Zeigefinger, der uns irgendwohin weist. Nur auf uns selber möchte er gerichtet sein.

Schriftsteller haben ihre Preise nicht abgeschafft. Haben die Maler und ihre Juroren Angst, sich festzulegen? sterblich zu sein? Kommt das von der vorgesellschaftlichen Existenz der Künstler? Ist es der Neid? Wir werden viel Hilfe brauchen, einen Preis zu realisieren. Dazu kurz der Grund, warum ich mich dafür engagiere.

Ein Jerg Ratgeb-Preis soll korrigieren, was unser Minister für Kultur über politische und soziale Themen in der Kunst der heutigen Maler gesagt hat, das ist meine Hoffnung. Ein Jerg Ratgeb-Preis soll dem Gerücht widersprechen, es habe eine Tendenzwende gegeben. Ermüdungserscheinungen in der bildenden Kunst. Weshalb sind unsere Proteste oft so hohl und sinnentleert? Warum dringen sie nicht mehr unmittelbar ins Auge? Über Ihrer Einladung steht ein Holzschnitt. Dieser Holzschnitt von 1522 verfolgte uns das ganze vergangene Jahr zum Jubiläum des Deutschen Bauernkrieges. Er war Programmtitel der Bauernoper, Titel zu den »Materialien zur Kunst der Bauernkriege« (von der Fachschaft Kunstgeschichte der Ruhruniversität Bochum herausgegeben), Umschlag der Mappe zeitgenössischer und moderner Graphik zum Bauernkrieg (DKP), Plakat der KKW-Gegner von Wyhl und vieles mehr. Er sollte doch wohl ein Fanal sein? ein Zeichen setzen? Doch dieser Holzschnitt war ausgerechnet ein Flugblatt von Thomas Murner, dem Gegner der Bauern! Warum vertrauen wir nicht unseren Augen, die es uns hätten sagen müssen? Warum erst lesen und dann erst sehen? Einmal eine Unterschrift zu diesem Holzschnitt gelesen, und nur weil sie Friedrich Engels »Der Deutsche Bauernkrieg« im Titel gegenübersteht: »Revolutionärer Bauer mit der Sturmfahne«, werden ganze Generationen von Revolutionären blind. Sieht keiner den fahnenschwingenden Landsknecht? weiß keiner mehr von der Fahne des Armen Konrad, vom Bundschuh, vom Hellen Christlichen Haufen? hat man vergessen, daß die Bauern keine Landsknechte bei ihren Haufen haben wollten? Nur so ist es zu erklären, daß man die Flugschrift des katholischen Publizisten Thomas Murner, mit der er den »großen lutherischen Narren« bekämpfte, für die eigene revolutionäre Sache nahm. Der »Bauer« auf Ihrer Einladung ist einer der drei fahnenschwingenden Landsknechte. Böse und voll Dünkel schwenken die Kampfhähne die traditionellen Symbole: Wahrheit, Evangelium, Freiheit. Was hier geschwungen wird, ist reiner Hohn, spuckt Gift und Galle. Nie hat dieser Holzschnitt an die Freiheit appelliert. Eine Freiheit, die wir uns immer wieder nehmen müssen, um unsere Konflikte zu lösen. Im Gegenteil, Freiheit wird hier mißbraucht. Für den Pamphletisten der Gegenrevolution ist sie ein Mittel, menschliche Interessen und Wünsche zu unterdrücken; indem man sie dem Gegner zuschiebt, ist sie für die Befreiung des Menschen verdorben.

Stellungnahme der Hohenheimer Studenten

Als die Studenten in Hohenheim sich vor ca. einem Jahr für Murners »Bauer mit Sturmfahne« als Symbol für das Asta-Info entschieden, mußte es als Erfolg gewertet werden, von einfachen landwirtschaftlichen Nutztierbildern weg zu mehr Aussage zu kommen. Das bevorstehende Jubiläum des Großen Deutschen Bauernkrieges hatte den Eifer beflügelt, ein aussagekräftiges Emblem zu finden. Mit der Wahl dieses »Freiheitsymbols« übernahmen wir ein Emblem, das zu wenig überprüft und untersucht worden war. Die Möglichkeiten, das zu erkennen, hatten wir nicht, eine Schulung fehlte uns.

Kritische Denkweise, die Pflege unserer revolutionären Geschichte liegt an den Gymnasien und Hochschulen im argen. Staatsbewußtsein wird in der BRD klein geschrieben, Klassenkämpfe und Volkserhebungen werden stiefmütterlich behandelt. Von der Kunst des gemeinen Mannes ganz zu schweigen.

Kunst- und Musikunterricht werden an den Schulen als erste gestrichen. Wie hätten wir es also wissen sollen, zumal Literatur und Forschung uns keine Anhaltspunkte lieferten. Daß es ein ganzes Jahr lang keinen Stein des Anstoßes bildete, zeigt auch, wie wenig kritisch es von unseren Vätern und Professoren aufgenommen wurde.

Um so mehr freut es uns, daß wir nun von der Generation unserer Großväter einen solidarischen Hinweis bekamen. Es wurde auch nicht etwa nur kritisiert, nur eine Sache zerschlagen und abgetan, sondern ein konstruktiver Vorschlag eingebracht. Bisher hatten wir keine eigenen Kunstwerke, sie zu

schaffen, fehlten Motivationen, Anleitung, Mittel und Möglichkeiten!
Die Massenmedien vermitteln uns kaum die Kunst unserer Väter, sie schweigen sie eher tot. Aber wenn auch vielen in der Nachkriegszeit die Sprache der Künste genommen wurde, wir finden sie langsam wieder.
Wir sind Don Quijote dankbar, in uns das notwendige Verständnis neu geweckt zu haben. »Die Kunst kommt aus dem Volk und muß ins Volk zurück« hat einmal Mikis Theodorakis gesagt. Mit seinem Kunstwerk »Für Jerg Ratgeb« hat Don Quijote das verwirklicht. Der Holzschnitt soll das zukünftige Enblem des Asta-Infos werden.

Hinterher aß man Pizza, trank Wein; Don Quijote ließ sich in einen Disput mit Studenten ein, denen die Tendenz des Nachmittags ein Ärgernis war. Die jungen Maler der Kunstakademie wollten ihm beistehen: Wir machen ein Sommerfest für Jerg Ratgeb. Kommen Sie alle.

Zwei Überraschungen gab es: Don Quijotes Fäuste hingen über dem Podium der Thomas-Müntzer-Scheuer. Die Studenten hatten ihn für »Die Vierteilung Jerg Ratgebs« gehalten. Enblem? Natürlich erschrak ich. Don Quijote lachte: Recht haben sie. Eine bessere Vierteilung konnte ich gar nicht machen.

Tagebuch

das geröll des unaufgearbeiteten wächst mit lichtge-
schwindigkeit   obwohl man nie näher dran war es end-
lich geschafft zu haben   eine weile lang war der schreck
weg   als man meinte man holts ein über mit-
tag   warum sage ich plötzlich »man«   jetzt kommt
das verstärkt zurück wie als kind die sonne   das
gras   aber sie gehören mir nicht mehr   und ich gehöre
den ungeheuern   den viertelstunden   ihrer absurden
aktivität   diesem fahren durch die jahre   warten bis
es grün wird   fast immer noch wie beim allerersten-
mal   und dann ist es längst grün und man hats nicht
gemerkt   aber das rot   aber den sommer   diesen
werde ich empfangen   macht nichts daß er vorüber
ist   hauptsache ich versäume den herbst nicht   immer
ist herbst und ich habs nicht gemerkt wie er kam   und
noch im winter voller hoffnung den winter zu nüt-
zen   damit der eine einzige letzte frühling   der bevor-
stehende   mir gehört   ich müßte don quijote sofort
verlassen anstatt tagaus tagein zu versuchen das don qui-
jote-leben zu leben   seine hände füße köpfe zu behüten
so gut es geht   und sein abend- und morgengebet aus-
halten »katarakte stürzten ins nichts«

Manchmal sagt mir ein kluger Herr, Don Quijotes von seinem Format hätten alle so geschrien

An der Akademie der Bildenden Künste in Berlin hat Don Quijote einen festen Ort und einen Freund

Telegramm

Der Bildhauer Rolf Szymanski stiftet für den Jörg Ratgeb-Preis 5000.– DM. Und das war so gekommen:

Verehrter Don Quijote, gestern wurde in der Grundsatzkommission über so dringende Maßnahmen wie die gegen den § 88 a beraten. Heute habe ich mir, weil mich das Thema bewegt, überlegt, was die Wirksamkeit von Resolutionen bei weitem überträfe. Wer ein Zeichen setzen könnte gegen die Vertreter der sogenannten Tendenzwende. Ich habe an Sie gedacht, mit Ihrer für uns so bitter nötigen Autorität und humanen Aggressivität, uns beizustehen in dieser Frage und auch in anderen, die, um mit Giacometti zu sprechen, dem Leben das Leben geben und nicht nehmen . . . immer Ihr Szymanski (25.2.76)

Lieber Szymanski,

Avalon, 28. 2. 76

wir können nicht so tun, als ob es das noch gäbe: die deutschen Künstler. Überall versprengte Haufen, die dann von den Kunstinteressengruppen aufgesammelt werden. Auch die Akademie ist kein Auftrag mehr.

Sie fragen, was wäre mehr, was geht darüber hinaus? Was übertrifft jede Resolution? Mehr als jede Resolution bewirkt Kunst! Ich glaube daran, solange ich lebe!

In Ihrem Brief ist es die Stelle, wo Sie von Ihrer Arbeit sprechen, von der Plastik, an der Sie gerade sind. »ENG SIND DIE SCHIFFE«

Deutlicher kann es keiner sagen! Es kann daherkommen wie Guernica und seine Stationen. Es kann sein wie der Holzschnitt, den ich gerade schnitt. Es kann sein: la courbe blanche sur fond noir que nous appelons pensée. (Breton).

Sicher gibt es noch einige unter uns, die betroffen sind, angesichts dieser Welt und ihrer Paragraphen.

Ihr Quijote

Tagebuch

ich muß es doch aufschreiben jesusmaria das leben haut ab mit riesenschritten schon wälzt sich karin struck mit dem tod und die knackt noch vor jugendfrische wenn es mir nicht gelingt etwas dingfest zu machen statt sensationen das allergeringste zwischen den zeilen in zeilen zu bringen einzudicken wie frau baureis nach dem krieg die zuckerrüben muß ich aufgeben längst haben andere die essenzen von heute eingedickt die glocken des kölner domes läuten jeden morgen um 8 uhr dreißig durchs ganze bundeshaus zwecks andacht studenten als don quijote fast nackt in der ersten märzsonne sitzt hallo hallo mir send schtudende mir hättet ons scho lang gern amol den don quijote do aguckt nein jetzt gehts nicht der muß jetzt schlafen man kann auch telefonieren don quijote: in meim alter isch dr karl marx scho tot gwä gottfried benn am telefon: rufen sie an seien sie pünktlich bleiben sie nicht zu lange und außerdem mich besucht man nicht

Gibts im Juni Donnerwetter, wird auch das Getreide fetter

Wenn Johanniwürmchen schön leuchten und glänzen, kommt Wetter zur Lust und im Freien zu Tänzen

Mit der Sens der Barnabas schneidet ab das längste Gras

Hat Margaret nicht Sonnenschein, bringt man das Korn nicht trocken ein

Nach St. Veit ist Fliegenzeit

Juni – einst alle Täler voll Rosen, jetzt nur noch Ratgeb Umweltschutz Chile Bauernkrieg KKW Stadtkernzerstörungen Ratgeb Berufsverbot Strafvollzugsreform daß die Meinhof sich aufgehängt hat und Don Quijotes ENGEL DER PSYCHIATRIE, dem Himmel sei Dank ohne Sancho Pansa. Dieses Mal schrieb die Gedichte MÄRZ. Der wohnte sehr weit weg in Bayern und weil er fast so verrückt war wie Don Quijote, konnten sie's gut miteinander. Weshalb ich Landshut zu sehen bekam und in Augsburg die Fuggerei mit der Tafel, daß Großvater Mozart hier der Welt einen berühmten Enkel schenkte. Und daß es sich dabei um das älteste Sozialwerk der Erde handele. Weil aber auch noch das Kloster am Weg lag, in dem mein Herr Don Quijote dereinst das Licht der Welt erblickt hatte, welches gerade aus Anlaß des Pfingstfestes sein 750jähriges Jubiläum feierte, speisten wir dort mit dem Bischof zu Mittag. Dreierlei Einlagen hatte die Suppe und nach dem Tischgebet der Exzellenz ließ ich mir dreimal den Teller vollschöpfen, was ihn möglicherweise bewog, überaus leutselig das Wort an mich zu richten: ich solle auf meinen Herrn gut aufpassen, denn es gäbe zu wenig von seiner Sorte. Selbst Rosen bekam ich noch zu sehen: VORFAHRT AM SCHLOSS an der Windschutzscheibe; wie schon des öfteren hatte ich Don Quijote irgendwo abzuliefern, um mich dann den Chauffeuren zu gesellen und ein wenig von ihnen zu lernen, wie sie ihre Herren behandeln und von ihnen behandelt würden. Das Schloß lag am Bodensee, in der Torstube hatte man den Chauffeuren einen Imbiß bereitgestellt. Während ich hinter einem Busch die Auffahrt der Senatoren und Professoren bewunderte und ihre schön geschmückten Damen, packten mich zwei am Handgelenk und zogen den heftig widerstrebenden Sancho Pansa zum Empfang. Ganz runde Augen machte Don Quijote, als er mich, in der Hand ein Sektglas auf der Terrasse stehen sah, heftig mit zwei hohen Herrn diskutierend über die Modalitäten eines wiederum anderen Jubiläums, aus dessen Anlaß man sich hier versammelte: die ALMA MATER TUBINGENSIS war fünfhundert Jahre alt. Sancho Pansa hinwiederum konnte es nicht unterlassen, Betrachtungen darüber anzustellen, wie es denn zuging, daß er umfassend über das Sterben von Pablo Neruda Auskunft geben konnte, hingegen nicht einmal wußte, daß es in Württemberg einen lebendigen jungen Herzog und eine Herzogin gab, die ihm soeben seine Chauffeurshand gedrückt hatten.

Es wurde höchste Zeit für Sancho Pansa, zu lernen, sich vor Jubiläen zu fürchten, damit er, inskünftig besser vorbereitet, seinen Herrn inskünftig besser davor beschützen konnte, im Rahmen seiner bescheidenen Möglichkeiten.
während des Fahrens erzählt Don Quijote gegen die Müdigkeitswogen vom Grün der Gethsemane-Gärtchen auf den Altarbildern der alten Meister
Picasso ohne Schwarz
Die Striche Rouaults, um die Farben abzugrenzen; in den anthroposophischen Schulen nennen sie's Schnüre, mit denen die Kunst erwürgt wurde
... alle sind jetzt auf SPURENSUCHE dieses Wort macht mich ganz krank ich bestehe aus nichts als Spuren und bemühe mich Tag und Nacht, sie zu verlieren, loszuwerden

Jörg Ratgeb-Fest an der Kunstakademie Stuttgart
Verkauf von Kunstwerken für Betroffene des Berufsverbots

Das Fest sollte eine Protestfeier sein, aber es wurde ein richtiges Fest: Sonne schien, die Kinder malten, Ratgeb, Jörg Ratgeb, was für ein Name, Ratgebbrezeln, Luftballons, Fotografien der Altarbilder hingen an roten Pappkartonsäulen, Bilder wurden verkauft und versteigert, später sangen sie das alte, falsche Bauernkriegslied von des Geyers Haufen, schön wüst frisch verpopt und nachts tanzte man, unterm Kirschbaum free jazz, in der Ratgebschenke griechisch, überall auf dem großen Gelände grillten sie, zapften, fiedelten, rockten, brannten ihre Keramiken, Brennfest, Jerg Ratgeb, Sancho Pansa war überall nirgendwo froh daß Don Quijote nicht dabei war, was für ein Sieg, wer hätte sich das träumen lassen vor einem Jahr!
Die Kehrseite des Festes: Sancho Pansa sollte von Jörg Ratgeb erzählen und wie es zu dem Preis gekommen war. ». . . die Gedenkveranstaltung findet im Freien statt wie die Predigten des Pfeiferhänsleins . . .« stand im Einladungsbrief des Kunstakademie-Astas. Mit Musikanten und einem Kunsthistoriker. Der aus München faßte sich kurz, 8 Minuten »Gegen den Kulturabbau«. Der aus Hamburg nahm mir das Mikrofon aus der Hand: »dieser Herr Ratgeb ist ja schon viel zu lang tot« und begann sein Kolleg. »Um der Sache Gewicht zu verleihen«. Der hübsche junge sich à la Bazon Brock tragende Dozent belehrte uns über die Soziologie der Kunst, Lehrerinnen die nicht mehr Lehrerinnen sein dürfen, weil sie im Zeichenunterricht Bilder malen ließen die sie nicht hätten malen lassen dürfen und nachdem eine Stunde vergangen war, fühlten wir uns tatsächlich verfolgt, unterdrückt, verhindert, gefoltert, was war da schon Jörg Ratgeb dagegen, aber das Publikum hatte genug, wollte endlich anderes hören, anderes tun, Tendenz, Indoktrination, riefen sie, die Veranstalter versuchten zu beschwichtigen, längst wußte niemand mehr, worum es ging, ich gedachte reumütig der Worte, die mir Don Quijote mit auf den Weg gab: »Wenn sie erst akademisch werden, werden sie die Gebetsmühlen drehn, kein Stückchen Freiheit wird übrigbleiben«, der lockenköpfige Knabe gab das Mikrofon nicht mehr her und erinnerte mich trotz seiner Jugend an meine Lehrer vor vierzig Jahren. Oder besser an meine Führer. Wie er mich ansah, lächelte, ausixte. Und ich merkte immer noch nicht, was hier geschah, daß es besser gewesen wäre in den Bauch Rosinantes zu kriechen und davonzufahren.
Dozent Stratmann hat es geschafft: als er nach siebzig Minuten aufgab, »viel zu früh«, protestierend, »genötigt«, weil die

Menschen anfingen, mit Bällen gegen leere Büchsen zu werfen, die zu diesem Zweck aufgebaut waren, damit die Sommernacht beginnen konnte, schon zogen die Düfte der Spießbraten herüber, waren von den dreihundert, die kamen, um von Jörg Ratgeb etwas zu hören, 13 übriggeblieben. Sancho Pansa zählte sie und trat in den Streik. Hier ließ sich nichts mehr wiederbeleben. Auch nicht durch Bitten und Beschimpfungen, weil man ja schließlich gekommen sei, um zu erfahren, was Don Quijote mit seinem Preis im Schilde führe.
Warum bist du nicht mitgegangen, schrie ich meinem Herrn entgegen. Weil ich nichts hätte ändern können. Weil alles genauso gelaufen wäre«, sagte Don Quijote, »wie es gelaufen ist. Ein Zusammenstoß, das wärs geworden, hätte dem Preis nicht geholfen. Umfunktionieren laß ich ihn nicht. Er ist politisch: Gegen den Gewaltparagraphen. Sie aber wollen noch die Berufsverbote draufsatteln.« Ich brüllte: Sag ihnen endlich was du meinst, eh wir in Teufels Küche kommen! Don Quijotes Antwort: »Die Jury besteht aus sieben Personen.«

Frankfurter Kunstverein · Steinernes Haus

Lieber Don Quijote,

natürlich mache ich mit bei Ihrer Jury und Sie können auch sonst mit mir rechnen.
Ich finde es sehr gut, wenn Sie als »alter Kämpfer« so unermüdlich für die gute Sache einstehen. Das gibt uns Jüngeren, die wir jetzt doch gelegentlich »in Deckung« gehen, Mut.

Ihr Bussmann

Sommerpause. Jahrhundertsommer. Weg waren alle. Was nützte es, daß Don Quijote jubelte: die Jury steht! »An den Badestränden der Welt«, höhnte ich. »Himmelfahrt ist vorüber. Und die Vierteilung kommt bestimmt. Als ob die sich je einig würden!«
Don Quijote sagte: »Die Hochschulen sind Orte der stetig wachsenden Angst. Ich kann keine Hilfe vom Staat und seinen Institutionen annehmen. Ich weiß, warum ich in der Polis bleibe. Fahren wir also in die Städte, vielleicht finden wir Gleichgesinnte, die man seit fünfhundert Jahren nicht in den Vorzimmern trifft, sondern in Schenken. Ich meine Leute, die Bilder malen, Lieder machen, Gedichte schreiben, Leute, die diese Bilder ansehen, die den Sängern zuhören und über die Gedichte nachdenken.«

Don Quijote hielt im Lande herum an die eben erwähnten Leute folgende Ansprache, die die Verwirrung unter ihnen weit eher vermehrte, denn verminderte:

»Martin Walser sagt über Jörg Ratgeb in seinem SAUSPIEL: ›. . . Er war ein Revolutionär. Aber in der Kunst. Doch in der Kunst. Er hat die Gewalt gemalt. So ist noch kein Christus angespuckt worden wie sein Herrenberger Christus. Wie da der dicke Speichelbatzen auf Christi Gesicht zufliegt . . . Die Kunst dieses wilden Alemannen, die ja eine Antikunst ist . . . Auch eine Art Volksurteil ist über unsere ganze spätzeitliche Geschmackskultur. Das ist überhaupt Ratgebs wichtigste Funktion, dieses Volksurteil zum Ausdruck zu bringen . . .‹
Wer in den Schatten eines Großen tritt, der wird an seinem Vorbild gemessen. Und da käme ein Maler unserer Tage schlecht weg. Was bedeuten der Öffentlichkeit unsere alten Meister? Wer kennt Dürers Mutter? Ich setze voraus: alle. Kein engagierter Politiker dürfte das in Frage stellen. Politisch ist man immer der Gegenwart und der Tradition verpflichtet. So wurde der 450. Jahrestag des deutschen Bauernkrieges in der DDR gefeiert. Wer hat bei uns an Jörg Ratgeb erinnert? Was haben die Städte Ratgebs getan? Außer der Stadt, die ihren Altar verkaufte, hörte ich von keiner, sie hätte des großen Malers gedacht. Geschweige des Kämpfers für die Unterdrückten. Geschweige des Gemarterten.
Wer sah den Herrenberger Altar in diesem Gedächtnisjahr? Schulklassen? Wer hat überhaupt bemerkt, daß man ihn seit 1975 gar nicht sehen kann? Bis heute ist die Öffentlichkeit ausgeschlossen. Zufall? Ich weiß nur von Museumsleuten aus dem anderen deutschen Staat, daß sie vergeblich vor verschlossener Türe standen. Ist das eine unbewußte Wirkung des Altars? Das Museum sagt, es gäbe Aufstellungsprobleme. Auch sei eine Lieferfirma mit dem Gestell in Verzug geraten. War das Gestell *jetzt* wichtig? Im Museum hat der Altar sowieso einen schweren Stand durch seine religiöse und revolutionäre Tendenz. Vor 50 Jahren noch war er in der Kunstgeschichte nicht viel wert. Wölfflin fand, man könne das Meisterwerk ›als Verirrung abtun‹. Erst Hausenstein hat Anfang der 20er Jahre seine Bedeutung erkannt: ›Eine Revolte. Eine demokratische Demonstration.‹ Ob eine Persönlichkeit, welche die Revolte eine demokratische Demonstration nennt, heute noch der erste deutsche Botschafter in Paris werden könnte? Unser Minister für Kultur glaubt überall im Land ›Ermüdungserscheinungen gegenüber politischen und sozialkritischen Themen in der Kunst‹ bemerkt zu haben. Tendenzwende? Haben wir die Moral der Gründerjahre wieder?

›Mit Rücksicht auf die teilweise unschönen Bilder, die vielfach ans Profane grenzen und gegen christliche Pietät verstoßen‹, trennten sich die Herrenberger von ihrem Altar. Die Gläubigen sind also selber schuld, wenn der Altar, der eigentlich in die Kirche gehört, jetzt im Museum steht. Weil der Stiftsrat von Herrenberg den Altar um 5000 Mark an die Altertumssammlung nach Stuttgart verkauft hat, stifte ich einen Jörg Ratgeb-Preis mit derselben Summe als Grundstock. Die Maler sollten einen Preis haben im Range eines Büchner-Preises, eines Großen, der Revolutionär und Künstler gleichermaßen war. Büchner für den ›Hessischen Landboten‹ ›Friede den Hütten, Krieg den Palästen‹. Ratgeb als Bauernkanzler sah die christliche Gemeinschaft Gleicher ohne eine sich über das Volk erhebende Obrigkeit. Büchner, der 300 Jahre später starb, gilt heute als Wegbereiter für Realismus und Expressionismus. Ratgeb tat dasselbe in der bildenden Kunst. Wer entdeckt es endlich?«

Tagebuch

ich sancho pansa wollte in meinem dorf wenigstens her-
mann hesse werden   jetzt bin ich nichts als tausend
zettelfrühlinge in hundert schubladen   tausend zet-
tel herbste ficken tod und was ich für philosophie hielt
zwischen knulp und finnegans wake   an sieben mal sie-
ben orten verstreut   schöne erde eingegerbt   scheiß-
blumen die traurigkeiten   daß man sterben muß in mu-
stern   lausigen lerchen- nachtigallmustern   alles in
mustern der handkes wohmanns bernhards
rückwärts   und wo die sich bedienten als ob ich jemals
auch nur einen satz einer novelle von maupassant oder
wem denn schon zustande brächte   die hinabgerausch-
ten jahrzehnte   lebenslange anbetung der götter   als
genügte nicht ein einziger miller dostojewski lorca   jetzt
fangen auch noch die weiber an   kommen gleich
schockweise daher   schreiben die bücher die ich nicht
schrieb weil ich sie nicht schreiben konnte als ich noch
eine frau war   manchmal in einem buchladen lese ich
sechs, sieben sätze   da ist nichts zu machen   ich ent-
ferne mich statt hinterherzuhinken   endlich muß ich das
doch einsehen   woraus ich mich nicht befreien kann   in-
tellektuellenknecht   tempeldiener mit revolutionsgelüsten
einäugiger könig unter blinden   verdammt die dreiäugi-
gen zu suchen   der triumph in don quijotes stimme
wenn er sagt wie viele jahre heller brauchte sloccum zu
schreiben   und wer mit dreißig jahren den mist nicht

auf seinem acker hätte würde es niemals mehr schaffen   wär ich noch jünger ich würd ihn erschlagen statt dazusitzen und seine rüstung zu flicken während er uralte sprüche von sich gibt von der pistole mit der man knöpfe anschießen könne es gibt sie   es gibt sie   oder die pläne zu bölls romanen   dieses zeichengeflecht an der wand überm schreibtisch   das archiv von peter weiß auf dem foto   während ich von früh bis mitternacht durch seine hütten trabe   papier von der 3. in die 1. von der 2. in die 4.   und so fort das ewige spiel   und ich weiß und er weiß und wir beide wissen ganz genau daß don quijote sieben leute beschäftigen müßte damit das einigermaßen funktioniert

Cervantes »Kurz, was ich sagen will, ist dies: Wenn Ihr nicht auf Gnade mit mir ziehen und mein Schicksal in allem teilen wollt, so Gott mit Euch, und macht einen Heiligen aus Euch; denn mir wird es nicht an Schildknappen fehlen, die gehorsamer, beflissener, nicht so schwer von Begriff und nicht so geschwätzig sind wie Ihr.«
Als Sancho diesen festen Entschluß seines Herrn vernahm, umwölkte sich ihm der Himmel und senkten sich die Flügel seines Herzens; denn er hatte geglaubt, daß sein Herr um alle Schätze der Welt nicht ohne ihn ausziehen würde.

lieber Szymanski,
der Jörg Ratgeb-Preis wird nicht auseinanderlaufen. Die Studenten verhandeln bereits mit den Städten, die durch ihre Geschichte mit Ratgeb verbunden sind.
Leiter der städtischen Kunstvereine sind in der Jury. Bisher hat es nicht an Mut, an humanem Beistand gefehlt. Keiner hat sich einschüchtern lassen. Im Gegenteil! Wir erleben, welch kreatives Klima durch die Gesinnung entstanden ist. Ich habe oft erfahren, wie z.B. »Der Totentanz von Basel«, nachdem er wieder in unsere Zeit gestellt ist, Schule gemacht hat. Wörtlich: ganze Schulklassen haben eine eigene Interpretation zu dem großen Thema erbracht. Warum sollten die erstickten Kräfte nicht durch einen so bedeutenden Preis befreit werden? durch Kunst! um dem Mitmenschen wieder beizustehen, seine Ängste zu vertreiben. Ich halte nichts von engagierter Kunst. Sie ist ein weißer Schimmel. Nur für den engagierten Künstler selbst und einen Kreis von Gleichgesinnten gemacht ist, die Übereinstimmung voraussetzt, ist immer eine Kunst

aus zweiter Hand. Sie politisiert nichts und niemanden. Mehr als jede Resolution bewirkt Kunst!

Ihr Quijote.

Avalon

Don Quijote erhielt Kollegenbesuch. Man kam aus Rom. Villa Massimo. Gab sich unpolitisch. Nein, nichts von Tagesereignissen. Eurokommunismus? nie gehört. Von der Parteien Haß und Gunst wolle man seine Kunst durchaus fernhalten. Als Don Quijote vom Ratgeb-Preis anfing und wie es dazu gekommen sei, nahm man es hin wie einen Bericht vor dreihundert Jahren über die Geburt eines Kalbes mit zwei Köpfen bei einem Bauern in der Nachbarschaft. Als das Gespräch endgültig zu versanden im Begriff war, schienen die Gäste sich dann doch plötzlich zu erinnern: Ach ja, der Artikel, im STERN, diese Woche, doch, darüber hat man gesprochen. Doch, darüber hat man sich erbost. Also so verhielt sich das mit Don Quijote und der DDR: SCHWARZE KUNST AUF ROTEN PRESSEN – zuerst kommt man an billiges Papier, und dann spart man auch noch an den Druckkosten. Ein Schlitzohr also sei Don Quijote ...

Dieses Mal gelang mir der Urschrei sogar mit zwei Tabletts in den Händen; Eis und Kaffee und Tassen und Gläser klirrten nur wenig, bevor man aufsprang und sie mir abnahm. Wie angewurzelt bleibe ich stehn und bewege mich nicht mehr. Nein, Sancho Pansas immer häufiger sich entladende und die Gäste vertreibenden Urschreie dieses Sommers haben nichts mit dem Befreiungsschrei made USA zu tun. Ganz ohne Körper- und Wahrnehmungsübungen, ohne gegenseitige Konfrontation, Image-Durchbrechung, Psychorhetorik, Rationalisierungsabbau kommen meine Urschreie direkt aus dem Bauch. Von der Mutter her, nicht übers Hirn, der Weg zur Kehle ist entsprechend länger und der Erfolg gewaltiger und immer überraschend.

Don Quijote, nun doch um seine »unpolitischen« Gäste, die in Rom den STERN gelesen hatten, besorgt, sich gleichzeitig ärgernd über die Gespräche an römischen Kaminen, bot ihnen eine Prise Wahrheit wie Schnupftabak, die sich leicht wieder ausniesen ließ. Kein Wort von der Fotomontage im STERN: Unten ein VEB-Druckerei-Betrieb, oben Don Quijotes Ertrinkender zu Nerudas »Aufenthalt auf Erden«; er holte den Durchschlag seines Briefchens an den STERN-Herausgeber in Hamburg, und zum ungezählten Male war ich Zeuge mit welchen Augen Gäste derlei Geschriebenes betrachten. Das eben erwähnte Kalb mit zwei Köpfen traf dieses Mal auf sie selber zu:

Don Quijote
Avalon
26. 6. 76

Verehrter Herr Nannen,

ich setze voraus, Sie sind ebenfalls um Entspannung bemüht und wollen nicht die Alternative dazu fördern. Auch wenn wir wenig Erfolg haben. Jedenfalls, keine Regierung hat die Verträge von Helsinki gekündigt. Der Artikel »Schwarze Kunst auf roten Pressen« (STERN 27) hätte nicht unter »Kultur« rubriziert werden dürfen. Denn er verschweigt sie. Um jedoch im Wirtschaftsteil zu stehen, müßten wenigstens die Zahlen stimmen. Hier aber stimmt vieles nicht und das wenige trifft nicht zu. Welches Unternehmen in der Bundesrepublik ließe über Verträge, die es mit der DDR abgeschlossen hat, so berichten? Mit Inseraten wäre dann wohl nicht mehr viel?

Mit schönen Grüßen Don Quijote.

ich galoppierte durch alle Hütten, bis ich den Brief von Petronius fand, ihn nicht zur Betrachtung überlassend, sondern, geflissentlich den Protest meines Herrn überhörend, laut vorlas:

An den Stern Betrifft: »Schwarze Kunst auf roten Pressen« 29. 6. 1976

Sehr geehrte Damen und Herren,
mit Don Quijote wählten Sie das für Ihren Bericht denkbar falscheste Beispiel.
Don Quijote druckt seit 12 Jahren in der DDR Bücher (angefangen mit dem ›Totentanz von Basel‹, Dresden 1964) – nicht aber, um an billiges Papier zu kommen und Druckkosten zu sparen (wie Ihr Bericht behauptet), sondern einzig deswegen, weil er einen Abgrund überbrücken will.
Es ist zwar richtig, daß von den für hiesige Verhältnisse erstaunlich hohen Auflagen seiner Bücher kleinere Kontingente dem westdeutschen Verlag Don Quijotes und damit westdeutschen Liebhabern dieser Bücher zugute kommen. Jedoch sitzen die Verleger und Herausgeber in der DDR, wo die Bücher nicht als bibliophile Raritäten, sondern als preiswerte Volksausgaben verbreitet wurden.
Don Quijotes Waffe gegen diesen Markt sind Bücher, denen Original-Holzschnitte beigegeben sind. Sie erscheinen in hohen Auflagen und zu Preisen, die im Vergleich zu denen des Kunsthandels niedrig sind.
Don Quijote war nie ein bequemer Mann. Er war immer ein

Einzelkämpfer, der sich aber, wenn es nottat, solidarisierte und unüberhörbar zu Wort meldete. Seine Arbeit ist Engagement, war es schon, lange bevor dieses Wort zur Modevokabel wurde.
Im STERN wird der Eindruck erweckt, es sei ihm um kommerziellen Vorteil durch billiges Papier und preiswerten Druck gegangen. Es wäre gut, wenn Sie dieses Mißverständnis ausräumen könnten, zumal der Verdacht ausgerechnet einen Künstler trifft, dessen Motive von Kommerz und Gewinnstreben weiter entfernt sind, als sich das wohl auch nur einer der vom Verkauf von Don Quijotes Arbeiten profitierenden Verleger, Buchhändler oder Galeristen vorstellen kann.

Mit den besten Grüßen Petronius

Avalon

Selbstverständlich dachte der STERN nie daran etwas auszuräumen. Don Quijote, wenn Gäste da sind, redet, wie ein Mann redet, der viel allein ist. Dem Partner fehlen. So etwas kann sich über Stunden erstrecken. Nach Minuten vollständig abbrechen. Manchmal bin ich nützlich, wenn es so weit gekommen ist, daß das Nichtverstehen der Gäste zum Himmel schreit. Manchmal bin ich schädlich, wenn Gäste besser begreifen als ich. Sobald sie jedoch von Geld anfangen oder vom Kunstmarkt, stirbt jedes Gespräch. Auch wenn sie sich tarnen und im Stil der Berichte vom Rindviehmarkt dieses Dürresommers Don Quijote anzupeilen versuchen: »In der Wirtschaftsbeilage steht, je weniger Regen, je größer die Dürre, desto besser für den Verbraucher. Weil durch die Notschlachtungen der Rindfleischpreis sinkt. Aber statt zu sinken steigt er, also wird man angelogen. Schon sind Kolonnen unterwegs, die Kartoffeln noch grün aus der Erde zu stehlen . . .« Darauf kann Don Quijote etwa antworten: er finde den Gedanken unerträglich, daß auf den Privatjachten großer Reeder oder in ihren wenn auch vollklimatisierten Tresoren die Bilder der großen Maler den Augen der Menschen entzogen sind.
Manchmal, wenn ich es nicht mehr aushalte, wenn die Gäste partout nicht aufhören, oder meine allerletzten übriggebliebenen Freunde, Kollegen, wenn der Arzt, der mir den Finger aufschneidet oder den Zahn zieht, wenn sie keine Gelegenheit auslassen alle dasselbe zu sagen: Dem sein Geld möchte ich einmal haben! dann kann es vorkommen, daß ich loslege, bis kein Gras mehr wächst, bis ich mir einen neuen Arzt, Anwalt, Schreiner, Elektriker suchen muß:
Mein Herr hat kein Stadthaus kein Landhaus keine Liegen-

schaften in der Toscana, auch nicht im Tessin oder an der Costa brava, keine Aktien, keine Investmentpapiere, und er hat auch kein Gold vergraben, keine Juwelen kein Platin im Safe, eine Hütte hat er dran die Ratten nagen auf einem Berg der bei jedem größeren Regen abrutschen und ihn begraben kann. Hören Sie bitte endlich um Gottes willen gelegentlich sofort auf meine wohledlen Damen und Herren und Arschlöcher jedweder Kategorie mit dem Gezeter, dem Neid, dem Gewäsch, mit dem Geschwätz und mit den Gerüchten um Don Quijote. Seine eigenen Bilder? die hat er zu 90% verschenkt, in die Welt geschmissen, aus Liebe, und den Rest haben sie ihm gestohlen. A n d e r e haben die Häuser gebaut, nicht er. Mein seidenes Bettchen? Zwischen zwei Böcken wie sie meine Mutter hatte um Waschzuber draufzustellen. Auf dem Fußboden, doch über mir allerdings den Himmel aus einer ungeheuer dicken Holzplatte, die, wenn sie naß wird, nach Urwäldern riecht, auf der Don Quijote zu arbeiten pflegt und die keine MP-Kugel durchschlagen kann. Ja doch, ich weiß schon, das ist kein Verdienst, sondern bescheuert, beklopft, ist ja auch unsere Sache und ihr dürft ja auch recht haben damit, aber hört auf mit dem König-Midas-Gequatsche: alles was Don Quijote anfaßt, was er macht, würde für mich, dich, ihn, euch zu Gold! Midas Ödipus nannte er schon sein Äffchen, das von den Apfelbäumen herunter Avalonspaziergänger zu Tode erschreckte mit seinem Menschengesicht. Ein Freund Don Quijotes heißt Robinson. Er wohnt in den Wäldern hinter der Solitude in einem hübschen Bungalow. Don Quijote sieht ihn nie. Nur ab und zu antwortet Robinson mit einer Flaschenpost auf das, was der Zufall an seine Insel spült:

Robinson an Don Quijote Juli 1976

Der J.R.-Preis, aus einer aktuellen Situation heraus von Ihnen konzipiert, scheint mir mehr zu bedeuten als ein Signal gegen die derzeitige Tendenzwendigkeit, die sich als Tendenzwende ausgibt. Das wird vorübergehen, aber die herausfordernde Frage, die der J.R.-Preis stellt, soll und wird bleiben: welche Rolle die bildende Kunst im sozialen Prozeß spielt, ob sie lediglich unverbindlicher Wandschmuck, Sammelobjekt, Genußmittel für eine Minderheit von Kennern ist, oder sich als spekulative Geldanlage nützlich macht oder . . .? Es wird schwierig sein, ein Kriterium für den Preis zu definieren.

Denn seine »herausfordernde Frage« kann nicht definitiv, sondern nur kreativ beantwortet werden. Die Frage- und Aufgabenstellung des Preises muß deshalb gewissermaßen elastisch sein, um auch unerwarteten neuen Antworten Raum zu bieten. Daß Don Quijote dabei ein weites Feld für Mißverständnisse, vor allem aber für gut- und bösgemeinte Mißdeutungen auftut: in seiner Hohenheimer Rede und in seinem Brief ist alles dazu gesagt: das Negative nüchtern einkalkuliert, das Positive beherzt ergriffen (»Versuchen wir gemeinsam, einer beharrlichen Wirklichkeit zu widerstehen!« dabei gehen mir Gedanken um Don Quijotes Koppelung von »religiöser und revolutionärer Tendenz« durch den Sinn . . .)

Urlaub? wenn ich das Wort Urlaub bloß höre! – dieses längst geflügelte Wort Don Quijotes heißt: Sie irren sich, werte Leserinnen und Leser, wenn Sie meinen, Don Quijote sei auch nur jemals mit mir oder irgendwem länger als dreißig Minuten am Ufer eines Sees oder Meeres spazierengegangen. (Außer der Nacht am Züricher See, die Don Quijote mit dem Prinzen von Theben auf einer Parkbank verbrachte, weil der Prinz als Emigrantin Lasker-Schüler so wenig Geld für ein Bett hatte wie mein Herr.) Doch auch diesen Sommer waren nicht alle an der Costa del Sol oder auf Westerland. Anscheinend zu Hause geblieben waren einzelne, junge Männer, manchmal mit Frauen, rückten meinem Herrn auf den Pelz mit Anrufen, Briefen, Besuchen: Was ist mit dem Ratgeb-Preis? Wer verteilt ihn wann wie wo? Warum steht nichts in den Zeitungen? Wer bestimmt die Statuten, Bedingungen? Wie ist die Jury zusammengesetzt? Können auch Schulklassen mitmachen?
Sancho Pansa zu Don Quijote: Wann tust du endlich das Maul auf? Seit dem Ratgeb-Fest ist der Teufel los. *Don Quijote* zu *Sancho Pansa*: Weil seit dem Ratgeb-Fest der Teufel los ist, werd ich mich hüten, das Maul aufzumachen. *Sancho Pansa*: Aber du mußt es ihnen doch sagen, bevor sie dir die Bude einschlagen. Don Quijote: Daß ich nicht der bin für den sie mich halten? Daß sie den Ratgeb-Preis umfunktioniert haben, obwohl ich niemals irgendwo sagte, er sei ein Preis für die Unterdrückten, Beiseitegeschobenen, Zukurzgekommenen? Für die an den Rand Gedrängten, Armen, Ausgestoßenen? Daß das ganze ein Mißverständnis ist? Daß meinen Ratgeb-Preis nicht der Bedürftigste, sondern der Beste kriegen soll!

Nach und nach trafen kleine Meldungen in verschiedenen Blättern und Zeitungen und auch größere Meldungen ein: daß

der Ratgeb-Preis ein Preis sei gegen die Tendenzwende. Für die engagierte Kunst. Don Quijote hatte nichts dagegen. Daß sie ihn heimsuchten, schabten, kratzten, rüttelten, daß ich mich für ihn wehrte: Du kriegst da deinen Kopf nicht mehr raus. Es fängt an gefährlich zu werden.
Unermüdlich ging Don Quijote auf sie ein und sprach mit ihnen, ließ sich ihre Bilder zeigen: Daß sozialer Realismus nicht gleich Engagement bedeute, daß man die Zwanzigerjahre nicht einfach neu auflegen könne, indem man Barrikaden und Fäuste, Arbeitermänner und -frauen male und statt im Wedding dann eben in Chile, oder Kollwitzmütter, Kinder in den Gastarbeiter-Ghettos, im Asozialenmilieu Münchens, oder die dem Lesebuch nachempfundenen Bauernkriegsbilder.
Sancho Pansa, schreiend: Sie interpretieren den Preis aber so!
Don Quijote: Ich gab niemand Anlaß. Immer hab ich die Maler geliebt. Nie gesagt, es seien zu viele. Nur auf einem solchen Humus kann gedeihen, was wir suchen: EINEN. Von Zeit zu Zeit. Wie viele Samenkörner verwehen im Wind, bis dann irgendwo, meistens am Rand, aber auch mal in der Mitte des Waldes ein besonders mächtiger Baum aufwächst. Ich bin dafür daß es allen gut geht und wer unbedingt Maler sein will, soll nicht mehr hungern müssen als anderswo und nicht mehr als in früheren Jahrhunderten. Dafür sprach ich ja in der Paulskirche, als es galt einen Anfang zu setzen gegen die Not. Jetzt haben sie es längst selbst in der Hand oder den Machern überlassen; nie vergesse ich, wie Martin Walser sagte: Hören Sie endlich auf mit Ihrer Reichskulturkammer! Schon sind wir so weit. Ohne Verbände ist nichts mehr möglich. Sie bestimmen schon wieder was Kunst, dort wo es Geld einbringt, am Bau, zu sein habe. Aus der Willkür von Architekten, Auftraggebern, Gemeinderäten oder was Vettern den Vettern zuschieben, droht jetzt Verbandswillkür zu werden. Wie soll ich die Not der zehntausend, die meinen malen zu müssen, lindern? indem ich jedem eine Mark gebe?

Den Thomas-Müntzer-Mannen sagte Don Quijote: Nun tut einmal was. Die Juroren machen Ferien. Niemand, außer euch, hilft mir bei meinem Preis. Mit der Ausschreibung ists nicht getan. Wer bezahlt die Versicherungskosten? Wer bewacht, was die Maler einschicken? Eine Jury braucht Fahrgeld. Sie muß übernachten. Wen sollen wir einladen? Wen ausschließen? Bundesweit? Was wird da zusammenkommen? Wendet euch an die Ratgeb-Städte. Wenn jede von ihnen wenigstens noch zweitausend Mark beiträgt, könnten wir besser miteinander sprechen.

Cervantes »Es könnte leicht geschehen«, sagte Don Quijote, »daß alles, was du sagst, einträfe; vergib also das Geschehene, du bist ja ein vernünftiger Mensch und weißt, daß in der ersten Aufregung der Mann sich nicht immer in der Gewalt hat. Aber eins lasse dir, damit du dir nicht wieder einfallen läßt, in ungehöriger Weise mit mir zu reden, von nun an gesagt sein: in keinem der unzähligen Ritterbücher, die ich gelesen, habe ich jemals gefunden, daß ein Schildknappe mit seinem Herrn so viel gesprochen hätte wie du mit dem deinigen. Und in der Tat halte ich dies für einen großen Fehler sowohl von deiner wie von meiner Seite; von deiner, daß du so wenig Achtung für mich hast; von meiner, daß ich mir nicht mehr Achtung verschaffe. So liest man von Gandalin, dem Schildknappen des Amadis von Gaula, der später Graf von der Festen Insel wurde, daß er nie anders mit seinem Herrn sprach als mit der Kappe in der Hand und, nach Art der Türken, mit gesenktem Kopf und gebeugtem Oberkörper. Was sollen wir erst von Gasabal, dem Schildknappen Don Galaors, sagen, der so schweigsam war, daß, um uns die Außerordentlichkeit seines wunderwürdigen Stillschweigens begreiflich zu machen, sein Name nur ein einziges Mal in dieser so erhabenen wie wahrhaftigen Historie genannt wird?«

Tagebuch *leute, ach bitte versteht das doch leute was mit meinen*
jahrgängen ausstirbt   ich bin da doch im gras gelegen
wo sich jetzt gebirge erheben   unwiderrufliches wie die
alpen   worüber seit tausend jahren geschrieben wird ist
geschehen während ich lebte durch eure hände in ein paar
jahren   von denen ich gar nicht merkte daß sie vorüber-
gingen   kein gras mehr in euren vergletscherun-
gen   ich bin doch in diesen flüssen geschwommen die
man deutschlands ströme nannte und der rhein und die
donau waren so frisch wie ich jung war   täler und berge
kein schöner land in dieser zeit   und es gab tatsächlich
noch brunnen   unter linden   zu abendzeiten   keine
kindheit war reicher als meine   trockenes brot und äp-
fel ein fahrrad   bis auf den gotthard hinaufgeschoben
und über domodossola abwärts   nie hat ein auto er-
reicht was das war   winters auf selbstgebauten skiern
tagelang durch einsamkeiten   vollgestopft von büchern
die man las vor der fernsehzeit   leute das ist keine no-
stalgie   es ist als fasse ich in ein messer   was ihr zer-
stört habt für eure kinder und im namen des vaters des
sohnes um der habgier willen

»Ich, Herr Simson, bin nicht darauf aus, als besonders tapfer zu gelten, ich will nur der beste und treueste Schildknappe heißen, der je einem fahrenden Ritter gedient hat; und wenn mein Herr Don Quijote mir dann auf Grund meiner vielen und wackeren Dienste eine von den vielen Inseln geben will, auf die man hier, wie Seine Gnaden behaupten, stoßen muß, so werde ich sie sehr dankbar annehmen, gibt er sie mir aber nicht, so bleibe ich, der ich bin.« Cervantes

ich schickte Robinson einen Teil dessen was ich jetzt schreibe. Seine Antwort:

Lieber Sancho Pansa,
was Du schreibst, hat in meinen Augen ein spezifisch deutsches Phänomen zum Thema: den Hang zur Spaltung. Historisch beginnt's damit, daß das Deutsche Reich ein Ergebnis des Reiches Karls des Großen ist. Aber nun betrachte einmal die verschiedenen Wege, welche die beiden Spaltprodukte Deutschland und Frankreich gegangen sind – bis schließlich wieder einmal ein Krieg – der von 1866 – herbeigeführt wurde, diesmal um Österreich abzuspalten und das »(Klein-) Deutsche Reich« zusammenzubringen. Vor diesem Hintergrund sehe ich den Jörg Ratgeb-Preis (Jörg Ratgeb, der zerrissen wird: in und zwischen Deinen Verszeilen spukt und in Don Quijotes Holzschnitt Bild geworden ist) . . .

Eines Nachts weckt mich Don Quijote. »Komm her. Ich will dir zeigen was ich mit meinem Ratgeb-Preis meine.« Fotos waren es, Fotos von Bildern, die Don Quijote seit Jahrzehnten verwahrte. Ich blicke entgeistert auf Figuren scheinbarer Zeitgenossen, mehr oder weniger beschädigt, verstümmelt, ausgerenkt. Nichts deutet darauf hin irgendwer hätte ihnen das angetan. Irgend etwas anderes als diese ihre Zeit hätte sie so zugerichtet. Am meisten die Gesichter. Unwiederherstellbar zerstört zertrümmert das Antlitz des Menschen in Farben aus Fleisch, das auch Jörg Ratgebs Fleisch war in vier Teilen. »Mit Jörg Ratgeb hat dieser Maler überhaupt nichts zu tun«, sagt mein Herr. »Engländer. Introvertiert ist er und alles, was gegen die Tendenz dieses Preises spricht. Trotzdem ist er mein heimlicher Preisträger. Die Thomas Müntzler würden mich erschlagen. Als Marlborough mich vor zwanzig Jahren danach fragte, sagte ich schon: der da kommt. Ich bat die Ber-

liner Akademie diesen Maler auszustellen. Zweimal. Dafür hab ich diese Fotos gemacht. Zweimal bin ich abgeblitzt. Gegen Mehrheitsbeschluß. Heute ist Bacon ein Mann des Jahrhunderts. Immer wieder fällt er mir ein, wenn ich an Ratgeb denke. Ich kann mich niemand verständlich machen. Geschweige dem Bundschuh. Du aber sollst wissen, was ich meine, wenn ich an Kunst denke. Und der andere Stifter des Preises denkt wie ich.«
Sancho Pansa hätte es lieber nicht gewußt.

Und weil gerade noch August und mein Herr recht heftig verstrickt war in den ENGEL DER PSYCHIATRIE nebst einer Negerprinzessin die ihm als Küchenmagd angedient worden war, die sich von Maulbeeren ernähre, aber Bach sang in Kenia, Malraux las zwischen Flakons die schwarze Haarkrause immer noch krauser machen sollten, abends gern Cocctails gemixt hätte, und die Schmucknarben im Gesicht, die dann doch keine Schmucknarben waren, sondern von Mißhandlungen herrührten, während Halsketten aus schweren Metallen und Armreifen leise klirrten: »Professor, wie viele Menschen haben Sie umgebracht?« Als Don Quijote sehr ernst darauf antwortete: »Keinen«, lachte sie, kollernd, und zeigte mit weit ausgestrecktem Arm auf das Skelett, das seit der Totentanzzeit vor dem Fenster steht, möchte ich jetzt und an dieser Stelle, wenn auch grammatikalisch nicht mehr vertretbar, endlich die Palmengeschichte loswerden, da ohnehin die meisten Menschen augenblicks unter Palmen lustwandeln, nur Don Quijote und Sancho Pansa dürfen dieses nicht ungestraft tun.
Es handelt sich um die Palme ATTEMPTO, von der schon einmal die Rede war:
ATTEMPTO: »Ich wage es!« wurde zum Wahlspruch des 23jährigen Grafen Eberhard im Barte, als er, 1468, von einer Pilgerfahrt nach Jerusalem zurückgekehrt, versprach, ein guter Landesvater werden zu wollen. ATTEMPTO ließ er im Uracher Schloß zwischen Palmen an die Wände malen. ATTEMPTO nannte die von ihm gegründete ALMA MATER TUBINGENSIS ihre Zeitschrift. Auf dem Umschlag trägt sie zwei Szepter der Eberhard-Karls-Universität. Die Herausgeber hingegen trugen sich mit dem Gedanken an ein neues Symbol. Sie baten ihren Don Quijote, soeben zum Ehrensenator gemacht, weil er ›in seinem Werk ein Leben lang die Würde der Geschlagenen verteidigt habe‹, die Palme des Grafen Eberhard in Holz zu schneiden.

Don Quijote brauchte allen Mut, bis ers wagte, eine Chiffre zu finden, von der er annehmen mochte, sie möge sich einigermaßen von Theologen, Biologen, Zoologen, Neurologen, Archäologen, Pharmakologen, Sinologen, Dermatologen, Röntgenologen, Philologen, Soziologen annehmen lassen wie von Juristen, Anatomen, Sportwissenschaftlern, Historikern, anorganischen und organischen Chemikern, Physikern, Philosophen, Präsidenten, Botanikern. Ein Geologe hätte genügt: »Ich weiß zwar nicht, wie Knollenmergel aussieht«, schrieb der ATTEMPTO-Herausgeber, »wenn ich jedoch ...«

Danach gingen Jahre ins Land. Bis das Jubiläum bevorstand: 500 Jahre Eberhard-Karls-Universität. Bis eine meterhohe Palme an der Tür von Avalon hing. Bis die Geschichte im

ATTEMPTO stand, von Don Quijote mit der Hand geschrieben:

Attempto
57/58 1976

Knollenmergel? Es ist kein Knollenmergel! Mein Chauffeur sagt: »Betrachten Sie Urach, Tübingen, die Universität, die Studenten, Deutschland, Europa, die Welt. ›Grazie!? Verweisungskraft? Beschwingtheit? Aufbruch zu fernen Küsten?‹ und gar ›von Schwaben nach Jerusalem?‹ gar ›himmelwärts gerichtet?‹, ›O Saeculum!?‹ Platz für Attempto? Palmen? eine dünne Baumstruktur, übriggeblieben nach den Bomben, Napalm, Herbiziden. Mager, zäh, skeletthaft, reduziert aufs Mögliche, Gerüst, ein paar notwendige Sprossen, grad so viel Wurzeln um nicht umzukippen – so sind die Bäume, Palmen dieser Welt, so sind wir, so ist das alles, was noch blieb. Freundlich ist diese Palme nicht. So wenig wie das ehemals heilige Land. So wenig wie die Universität. Vielleicht eine Eierkopfpalme, nüchtern, kühl, pragmatisch. Palme der heraufkommenden Computergeneration, Hochrechnungspalme. Ferngesteuert. Eine autoritäre Palme. Eine Palme zu der's keine Alternative gibt. Es sei denn, Sie erkennen sie (schlafen mit ihr). Phallos und Bombe. Rauchpilz und Atoll. Verklammert mit der Erde. Rakete. Sprossen der Jakobsleiter. Oder bloß eine Palme die sehr arm ist. Der kein Ausweg bleibt . . .«

Um das Zeichen für die Palme »*ATTEMPTO*« zu finden, mußte schon einiges zusammenkommen, denn die Abstraktion ist kein Ziel, sie ist ein Resultat. Sehr erregt hatte mich die Kritik von Jens beim Doppelbild der Palme. Von Anfang an legten sich mir die Palmen vom Palmensaal quer. Graf Eberhard im Bart und »Knollenmergel« war einfach zu viel. Ich versuchte mich frei zu malen. Gleich mit einer 3 m hohen Palme. Sie hängt heute gegenüber dem Schloß in der Kassenhalle der Kreissparkasse Urach. Gedruckt habe ich damals einen Holzschnitt von Schmidt-Rottluff: »Kristus unter den Frauen«. 1919 geschnitten und jetzt fürs anno santo zum erstenmal abgezogen. Ein besonderes Glück für mich! Sind doch die Modelschneider der Gotik, die Expressionisten mit Klee und Feininger meine Ahnen! Was ist geblieben, was verloren gegangen? Ist von der Herausforderung zum Bekenntnis etwas geblieben? Das Pathos ist weg! Von der Südsee fast nichts! Ist das ein Gewinn? Wir sind präziser, aber auch kühler geworden. Es ist kein neuer Anfang. Wir stehen am Ende der Buchdruckerkunst. Schon gibt es in ganz Baden-Württemberg keine Hochdruckpresse mehr, die einen Stock von 1.10 m druckt!

Don Quijote.

Am Tag, als ATTEMPTO gedruckt wurde, starb der letzte Brücke-Maler. War Schmidt-Rottluff tot. Don Quijote hängte den von ihm selbst gedruckten, von Rottluff signierten Holzschnitt noch einmal neben die Palme. Sancho Pansa sah noch einmal, was zum Knollenmergel geführt hatte und von ihm weg zur Jubiläumspalme ATTEMPTO: Christi Erscheinung. IN MEMORIAM Karl Schmidt-Rottluff.

Tagebuch

ich träumte ich bin in einem zimmer   meine mutter ist auch dabei   kleine eidechsen sind an der wand   zuerst eine zwei   dann sechs   zehn   überall und weg und da   ganz genau wissen es ist unmöglich   ganz genau sehen daß es trotzdem so ist   plötzlich ein loch in der wand   faustgroß   und das grauen: so etwas gibt es nicht   in einer schön tapezierten stube   hingehen nicht widerstehen können   mit der hand   ganz schmal gemacht   durch das loch greifen   immer tiefer   mauern die fast nicht zu ende gehen   aber die hand reicht immer noch aus   nicht einmal der arm wird benötigt   am ende muß ich bloß noch so etwas wie eine einmachhaut durchstoßen   meine hand ist im freien   viel sterne

ich träumte da waren tiere zu füttern   zwei alligatoren dabei   aber im keller des elternhauses   zuerst liefen sie hinter mir her   während ich suchte und suchte und nichts fand was sie sattmachen könne   später lagen sie matt auf den kalksteinplatten   unter der obsthurde einer von ihnen schon auf dem rücken   seine zunge hing immer länger aus dem spitzen maul   nichts als tomaten und möhren hatte ich   der schon sterbende tauchte die zunge immer in die tomate   umsonst sagte der andere alligator zu mir   das ist nicht das richtige

diese letzte traumsequenz wiederholte sich entgegen sonstiger erfahrungen wo ich mich im schreck ins wachsein schnellen kann unzählige male

tod: pfauenhaut   leer   ausgeweidet   pulsierend auf   ab   auf   wo vorher das tier   Fleisch Blut alles vergessen   plötzlich statt augen kleine segelschiffe   eingeschläfert   ich sage zu meinem gehilfen (?) komm   wir machen ihn wieder lebendig   wach   uns selber auch   noch nicht sagt er   in einer halben stunde sage ich dir warum

*wenn ich um 2 weil ich nicht schlafen kann licht seh und
an sein fenster gehe sagt er du bist ein gespenst geh
weg   du tust mir weh im eigenen kampf mit dem schlaf
mit dem tod
der unterschied zur heißenbüttelschen todesfurcht das ab-
solute annehmen des todes   (bis man darüber singen
kann)   das unablässige abstoßen des todes, der dadurch
immer penetranter anprallt
traumfetzen   nur dieser satz   wachgestoßen   als
schreck oder glück   das weiß ich nicht mehr ... »für die
unerkannt entkommenen götter«
ich mag keine träume   sie sollen notwendig sein   aber
mir reicht das wachsein   die träume sind vielleicht der
grund daß ich nie marihuana haschisch kokain lsd oder
sonstwas auszuprobieren lust verspüre   daß ich alkohol
nicht mehr vertragen kann
warum haben die träume vom wasser   vom fliegen
vollkommen aufgehört
mich endlich um quasare kümmern
pulsare
reimar lenz shitrauchend vor meiner hyazinthenschale
rimbaud wir sind nicht in der welt   das wahre leben ist
abwesend
orwell   huxley   glückspille   tranquilizer
soma   großer bruder   schöne neue welt   680 nach
ford   bloch marcel   nein niemals prinzip   etwas
räumliches kann kein prinzip sein   man weiß nicht was
godot ist   für einen christen ist das wort prometheisch
unpassend   geduld   zu viel trägheit ja darin stimme
ich ihnen zu   bloch: wohin   wozu   viel schärfer zei-
gen   wanderer & kompaß & das land zugleich   wan-
dern mit ziel ist keine hoffnung   wir haben zuviel ge-
duld   wieviel hunderttausend kriege und bloß 8
revolutionen davon 2 geglückt*

*ich preise noch einmal den schnee die mäuse   bevor die
flaschen mit unseren enkeln entkorkt werden   hier
wohnte goethe auf seiner fahrt nach marienbad am 25. 4.
1813 am 22. 4. 1925 sprach ernst thälmann im saal dieses
hauses
die fotos von der venus zeigen eine im sonnenlicht lie-
gende gebirgslandschaft
endlich die wörter lernen
entpersönlichen   be cool   sophisticated   zoff   ak-
tionismus*

850jähriges Jubiläum des Klosters Rot an der Rot, in dem Don Quijote geboren wurde

Der August wollte nicht vorübergehn. Immer enger umkreisten übriggebliebene Saatkrähen aus dem Bauernkriegsjahr den verheißenen Fleischtopf des Ratgeb-Preises. Noch einmal bot sich ein Aufschub an; Kompromiß? Kindheitserinnerung? Baltringer Haufen in Rot an der Rot? Als sie ihn zum Ehrenbürger machten, schenkten die Bauern Don Quijote Sensen und Dreschflegel. 7 Jahre vorher war er auf einem struppigen Pferdchen bis vor die Kirchentür geritten, bevor er weiter ins Kloster zog, um den Nonnen Kunstunterricht zu geben, während das Pferd sich an den Tulpen des Klostergartens gütlich tat.

Oberland, sagte Don Quijote. Alle die Mönche, Engel, Madonnen. Ich kann mich nicht mehr multiplizieren. Wie soll ich den Bauern sagen, wohin meine Reise ging. Aber 850 Jahre sind 850 Jahre. Und der heilige Norbert von Xanten, der das Prämonstratenserkloster Rot an der Rot gegründet hat, wurde im selben Jahr Erzbischof von Magdeburg. Und ein gewisser Sancho Pansa hat, falls ich mich nicht gewaltig irre, für sein Gedicht über den Dom von Magdeburg einen ersten Preis gewonnen. Also machen wir halt eine Ausstellung. Auch wenn August ist.

In Gottes Namen, sagte ich. Sancho Pansa wird es den Bauern erklären. – Das hat gerade noch gefehlt. Du läßt da hübsch deine Finger weg. Ich verbiete dir auch noch über Kunst zu dilettieren, war die Antwort meines Herrn. Jedoch die Bauern von Rot an der Rot gingen mir nicht mehr aus dem Kopf, und da auch sonst kein Wunder passierte, setzte ich mich untern Mammutbaum, die Negerin hängte Nylondessous auf die Leine und bedruckte Gewänder aus zaubrischen Farben, wie man sie aus Erde und Kräutern ihrer Heimat gewinnt, dann schrieb ich meinen Text.

Sancho Pansas Rede an die Bauern in Rot

»In den ersten, den wichtigsten Lebensjahren verbrachte Don Quijote viel Zeit in der Klosterkirche Rot an der Rot, weil er im Schloß Rot geboren war. Aus der Perspektive des Kindes sah er hoch oben im Licht des Barock die Figuren der christlichen Geschichte. Das ließ sich nie mehr austreiben. Zu allen Zeiten seines oft schwierigen Lebens malte, schnitt er ins Holz, druckte davon: Engel und Hirten und Tiere und Madonnen. Als später Nachfahr, beschenkt und belastet von zweitausend Jahren Kunst versuchte er, sich und andere zu befreien: einen kleinen Schritt vom gewaltigen Hintergrund weg in die Zukunft zu machen. Wie in einem Brennspiegel

Strahlen, vereinigten sich die romanischen, gotischen, byzantinischen, barocken, expressionistischen und abstrakten Marien in ihm; die Jungfrauen, Mütter aller Erdteile, Hautfarben, arme, reiche, kühle, inbrünstige, raffinierte und naive, die aus den Inkunabeln, vor dem Goldgrund, von den Altären in Hütten und Palästen, die in Büchern versteckten, auf Plätzen zur Schau gestellten, die sanften zum Leben, zum Sterben, andere für den Aufruhr, für Revolutionen, Himmelsköniginnen und Mütter aus dem Volk.
Don Quijotes Engel, gewaltige, schreckliche, haben häufig den Wind der Geschichte in ihren Flügeln. Benjamins »Sturm vom Paradiese her«, Engel, die ihre Gewehre zerbrechen (für die Kriegsdienstverweigerer), »Nicht nur zur Weihnachtszeit« schrieb Don Quijote darunter; Engel, »die Vorfahrt haben« in einem Verkehrsschild. Sühneengel, Presseengel, Amnestieengel, Studentenengel, Engel für Wacholderbüsche, Walfische, für die Rechtlosen, die Minderheiten: hinter allen steht, weit weg oder nah, das Jüngste Gericht. Eingespannt zwischen Krippe und Kreuz, im Stall von Bethlehem schon Pieta, auf Golgatha keimt Advent.«

Maulheld, sagte mein Herr. Und wie willst du das deinen Kumpels erklären, daß du plötzlich in die Kirche läufst?
Ihr könnt mich alle am Arsch lecken, sagte ich, es wird dir schlimmer ergehen mit deinem Bacon. Warts nur ab. Im Kloster noch einmal die Suppe wie an jenem Pfingstsonntag, doch jetzt saß ich neben der Negerprinzessin, deren Vater als Mau-Mau-Held hingerichtet worden war, statt dem Bischof gegenüber. Auf der Heimfahrt sagte Don Quijote: Wenn du noch weiterhin Englisch zu sprechen versuchst, steige ich aus dem fahrenden Auto. Nicht der schwarzen Prinzessin wegen bleiben die Leute auf der Straße stehn, sondern weil sie hören wie du dich mit ihr unterhältst. Dabei haben wir uns während der Suppe ganz ungeheure Dinge erzählt, obwohl ich tatsächlich nicht Englisch kann. Doch das ist eine andere Geschichte und gehört in ein späteres Buch.

SÜDDEUTSCHER RUNDFUNK: ». . . Es gibt keinen Widerspruch in Rot a. d. Rot. Weder die Mönche, noch die Madonnen oder die Engel stehen im Gegensatz zum politischen Aufruf, der sich in der streng gereihten Macht der Bauernhaufen am eindringlichsten formuliert.
In den vier Fäusten der ›Vierteilung des Jörg Ratgeb‹ deutet sich die Kreuzform an. Überall wird sichtbar, wie sehr Don Quijotes politisches, revolutionäres Verständnis von Menschlichkeit getragen ist, wie er damit für die Entrechte-

ten einzutreten sucht. Er liebt die Menschen, statt sie zu verachten; weil er die Vergangenheit einbindet, statt sie abzuschütteln; weil er revolutionäres und christliches Denken als Einheit zu sehen vermag; weil er das alles nicht nur ›ausdrückt‹, sondern es zum selbstverständlichen Bestandteil seiner Kunst werden läßt.«

Don Quijote tat den Mund nicht auf in Rot an der Rot. Auch nicht als er sah, statt der Bauern waren etliche hundert aus dem Land und der Schweiz und aus Österreich gekommen. Sancho Pansa weiß nicht, warum sein Herr so hartnäckig schwieg. Vergebens forschte er bei Cervantes nach.

Cervantes »Mit diesen Gedanken und Wünschen gelangten sie auf einen Hügel, von dem aus sie ihr Dorf entdeckten. Als Sancho es sah, fiel er auf die Knie und sagte:
›Tu die Augen auf, ersehntes Vaterland, und sieh, Sancho Panza, dein Sohn, kehrt zu dir zurück, wenn nicht überaus reich, doch überaus wohl gegeißelt. Öffne deine Arme und empfange auch deinen Sohn Don Quijote, der, wenn auch von fremden Armen besiegt, doch immer als Sieger über sich selbst zurückkommt, was, wie er mir gesagt hat, der größte Sieg ist, den man sich wünschen kann. Geld bringe ich nicht, denn wenn es auch tüchtig Hiebe gab, so habe ich doch wie ein Ritter gelebt.‹
›Laß diese Torheiten‹, sagte Don Quijote;«

setzte sich hin und schrieb auf, was er in Rot an der Rot nicht über die Lippen brachte:

Kindheit

Wenn es stimmt, daß die ersten Kindheitsjahre bestimmend sind, muß ich das Kloster Rot an der Rot als bestimmendes Lebensgefühl angeben. Anders als bei der Landschaft, wo ein Leben vielleicht nicht ausreicht um über eine Wacholderalb zu kommen, bin ich davon von Anfang her geprägt. Ganz unmöglich ist es also nicht, meine Heimat Oberschwaben mit heutigen Augen wiederzusehen und zu deuten. Mehr als ein halbes Jahrhundert habe ich gebraucht um mich dahin wieder zu begeben. Es war ein Osterritt über die Alb. Schloß Rot, wo ich geboren bin, gehörte damals dem Grafen Erbach. Mein Vater hatte dort einen Flügel für seine Geometerstelle gemietet. Heute ist das ehemalige Kloster wieder Kirchengut. Die Klosteratmosphäre ist erhalten geblieben. Mein erster Gang führte mich in die Klosterkirche. Sie hatte ich am besten in Erinnerung. Die Mutter sagte oft: ich soll stets dort zu finden gewesen sein, nach Weihrauch gerochen und das Kreuz wie ein Alter geschlagen habe. Die Bauern von Rot müssen mich als ich wieder dort auftauchte, für ganz besonders fromm gehalten haben, sahen sie mich doch versunken knien vor allen Altären. Obwohl der Grund einfach nur der war, alles in Augenhöhe eines 4jährigen zu haben.

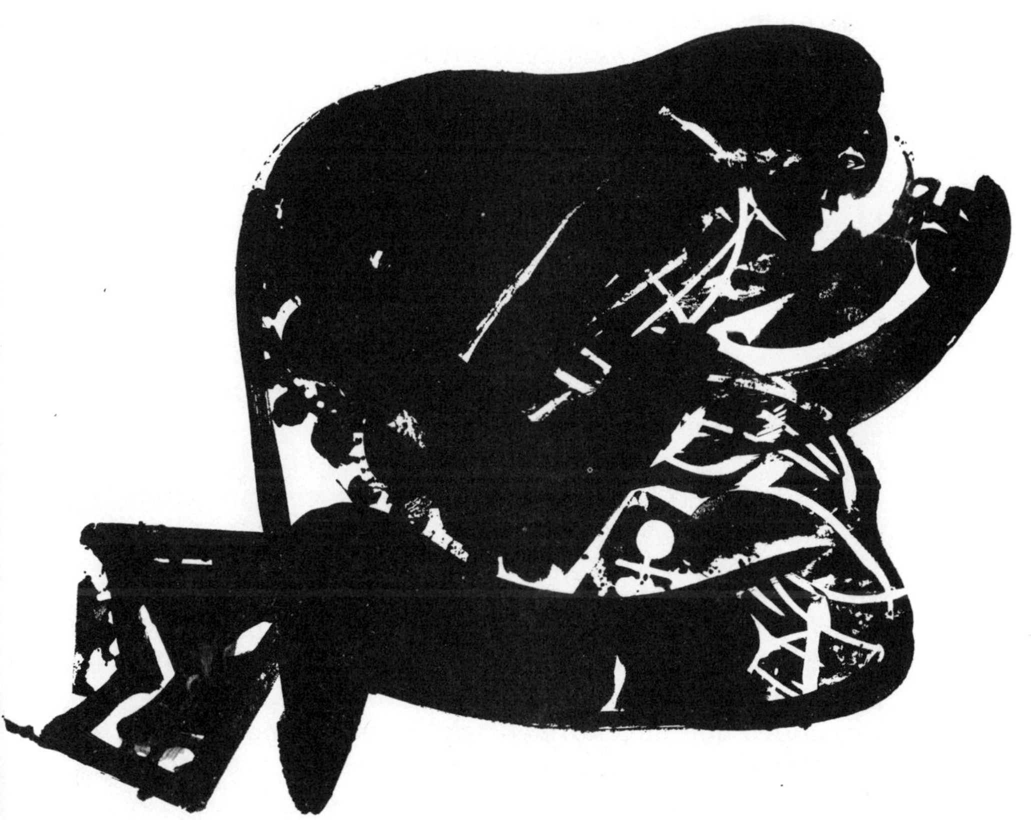

Die Kirche

Was vor der Nase des kleinen Jungen war, ist nicht die Institution der Kirche gewesen. Nicht mehr an christlichem Lebensgefühl als das, was das Kind sah. Die Pedrellen mit den Reliquien der Märtyrer. Makabre Kostbarkeiten, deren elfenbeinschimmerndes Gebein so reich umwunden ist mit Perlenketten, Stickereien, Pailletten und funkelnden Edelsteinen. Manche Totenschädel waren mit Gips überzogen, zu puppenhafter Glätte übermalt, die Hände hielten ein Schwert und manche Reliquien hatten bestickte Schuhe über ihre feingliedrigen Fußknöchel gezogen. Hoch an der Kuppel der bunte Spätbarockhimmel mit einer davonschwebenden Maria in blau, weiß und rot. Und überall musizierende Engel. Ich erkannte sogar das Häschen wieder in der rechten Ecke eines Altarbildes. Sah wieder die vielen Tiere von Sankt Norbert: den brüllenden Löwen, den von Hunden gehetzten Hirsch, den wilden Wolf unter den Schafen. Mein Leben lang habe ich die Baumeister, Maler und Klosterfrauen bewundert. Frauen die solche Gewänder gestickt haben. Die Ornate, Wandbehänge, und zierliche Decken. Werke von künstlerischen Menschen die ich noch heute bewundere. Für Gleichgesinnte halte. Jede Frage nach der Kirche findet in mir einen taubstummen Christen.

Tagebuch *reflexion über die reflexionen des schlafs des alterns an den krücken der marcuse amery canetti bloch etc die das bewältigten   don quijote sagte vorhin am telefon ich muß meine identität suchen   es sieht so aus als käme sie mir allmählich abhanden   ach armer don quijote wie lange schreist du schon das grab ist leer ausgekratzt   soviel sie scharren nicht mal einen kunststoffknochen finden sie noch ihn hineinzutun   das jahrhundert bläst zum sammeln   jedes dezennium meldet avantgarde   eins bespuckt das andere und du maltest vergeblich daß eins auf den schultern des anderen sitzt um getragen zu werden   warum jagst du uns beide unablässig um dieses ausgedörrte grab*
die fortwährende hinrichtung   der schwund leben   chemie   warum darf ich nicht schreiben wie die anderen schreiben vollklimatisiert und schön beleuchtet »ausflug mit der mutter«   die mutter hat in ihrem leben nie einen frisiersalon aufgesucht wie gabriele wohmanns mutter simone de beauvoirs mutter   dafür hat meine mutter gott schütze mich keine kann sich mit meiner

messen warum versuchte ich nie zur formulieren was meine mutter erzählt weil ich nicht handke bin karin struck was die aus meiner mutter herausholten würde auf keine kuhhaut gehen mutter deine geschichten aus schlesien da war der einstein schon zwanzig jahre alt von den feldhäusern wo die tante wohnt als du sie besuchtest sagst du hat sie gesagt willst du mein kindlein sehen hat eine schublade aufgezogen das tote kindlein herausgenommen das dort schon wer weiß wie lang lag hat es in ihren armen gewiegt hat es auch dir in den arm legen wollen aber die tante war nicht verrückt sondern bloß arm hast du gesagt und hat gewartet bis im dorf eine frau sterben würde solchen durften die armen ein totes kind mit in den sarg geben mutter da warst du kaum sechs jahre alt siebzig hast du darüber geschwiegen und jetzt ist es schon wieder zu spät deine geschichten aufs tonband zu nehmen denn dein gehirn zieht den vorhang zu deine stimme ist mein gedächtnis dein gedächtnis ist meine stimme hast nie von den webern gehört aber du sahst ihren hering mutter mit dem schwanz auf den tisch genagelt damit alle kinder und frauen ihre kartoffeln darüberstrichen bevor der vater ihn essen durfte du bist im schlitten gesessen mutter ein kleines mädchen neben dir alle glöckchen haben geläutet wenn der herr forstrat euch durch die wälder fuhr deine mutter sagst du hat keine schuhe kaufen können warum weinst du schöne gärtnerin weil der freiherr mit deinem vater klagend durch die treibhäuser ging flieder maiblumen christfest komtessen statt deinen vater zu bezahlen wurdest du im schloß gelitten ihre feste hast du gesehn ihre jagden dein freiherr mutter sagst du war herr über alles recht und gerichtsbarkeit er bestimmte wer pfarrer wer lehrer war halbbrüder neffen cousins die nichts davon wußten sagst du geschweige seinen namen trugen knechte mägde onkel wie enkel er verheiratete sie stand pate sagst du es war wohl die dienerschaft mutter von der du solche geschichten hörtest mutter die sowjets zerstörten das

Irmtraut Morgner:
»Es gibt bei uns in der Werbung für Waschmittel Männer, die waschen, und in der Einkaufswerbung gibt es Männer, die einkaufen. Das fällt uns schon gar nicht mehr auf, das fällt nur im Kontrast zu Ihrer Werbung auf, wo Frauen ein schlechtes Gewissen haben müssen, wenn sie nicht weich genug gespült haben.«

Frische Septemberluft den Jäger zum Jagen ruft

Egide, Bauer versieh de

Maria Geburt keit da Sama furt

Tritt Matthäus stürmisch ein, wird's bis Ostern Winter sein

Donnert der Michel, viel Arbeit für d' Sichel

Don Quijote wartete vergeblich auf die Erfüllung seiner an Himmelfahrt ausgesprochenen Bitte, daß die Juroren des Ratgeb-Preises sich endlich zusammentäten, um gemeinsam ein Konzept zu erarbeiten. Fein hatte er sich das ausgedacht: Bauernstudenten, als Vertreter der mit Ratgeb in Verbindung gebrachten Städte die Kunstvereinsleiter und einen möglichst neutralen Schriftführer als Koordinator. Der hatte an Himmelfahrt schon gemerkt, daß Don Quijote ihm ein Kukkucksei in sein fein gebautes Nest gelegt hatte, ließ es liegen und flog in einen anderen Wald. Luden die Bundschuhmannen ein, kamen die Kunstvereinsleute nicht. Einmal war Frankfurt, dann wieder Stuttgart, dann wieder Tübingen nicht der rechte Ort. Und schon gar nicht die Thomas-Müntzer-Scheuer, um die sich ganz andere Gewitter zusammenbrauten. Und die Zeit, die Zeit ging bei jedem anders. Wie konnte Don Quijote sich da auskennen, wenn die Leute ihre Uhren unablässig vor- und zurückdrehten, während er sich seit eh und je nur auf die eigene Uhr verließ, die ein Glas war, mit Sand gefüllt. Je mehr die Studenten drängelten, desto schweigsamer wurde die Jury. Du kriegst da deinen Kopf nicht mehr raus, sagte ich zu meinem Herrn, als die Post tagaus tagein neue Überraschungen brachte. Etwa einen Briefkopf JÖRG-RATGEB-PREIS mit Adresse, Kontonummer, Seite um Seite vollgeschrieben, daß man schon alles richtig mache, jedoch nähme man Anstoß an dieser oder jener Formulierung, die eindeutig zeige, wie bürgerlich verwichen, reaktionär, unqualifiziert man sich bisher in Formulierungen ergangen hätte. Man vermisse die Tendenz, die Tendenz, eben die Tendenz, in deren Namen der Preis ja gestiftet und ausgeschrieben worden sei.
Diese Tendenz, sagte Don Quijote, wird den Preis schließlich zu Fall bringen. Und dann kam ein Brief, Don Quijote möchte doch bitte zehntausend Mark auf das oben genannte Konto ... und im nächsten Brief hieß es: Lieber Quijote, schicke baldmöglichst das Geld für den Preis und die zusätzlich eingehenden Spenden ... bis der Tag kam: Wo bleibt unser Geld!? Anfragen aus dem ganzen Bundesgebiet: Wann denn nun endlich, und wo, und wie, und man möchte sich

beteiligen, und man möchte bitte mitmachen, und man hätte schon Bilder gemalt, die dem Thema entsprechen würden, und man möchte sie Don Quijote zeigen, und dann kamen sie in ihren Autos, und dann kamen sie auf Motorrädern, und dann kamen sie mit dem Zug und zu Fuß von weither und überall und Sancho Pansa hat alles kommen gesehen. Anfangs verteidigte ich meinen Herrn noch so gut es ging, doch dann fing Sancho Pansa an sich zu verstecken, sobald sie über die Zäune stiegen. Jedoch mein Herr, noch immer voll Hoffnung auf die Jugend, auf deren Seite er sich von jeher geschlagen hatte, fing unablässig von vorne an, mit einer Geduld, eines Esels würdig: Was habt ihr mit den Städten erreicht? Die Sommerferien sind zu Ende.
Nichts, sagten die ASTA-Vertreter. Überall wollen sie abwarten, bis Don Quijote sich persönlich äußere und die Namen der Jury bekanntgäbe. Alsbald schrieb Don Quijote an die Städte, die seine Briefe seit Jahren schon als Rarität unter Gläser legten, daß er die RATGEB-STADT Pforzheim, Gmünd, Heilbronn, Herrenberg, Stuttgart, Frankfurt höflichst bitte, zu den bisher gestifteten zehntausend Mark noch einen kleinen Obulus dazuzutun für die Unkosten des Transports und der Versicherung. Don Quijote bekam ebensowenig Antwort wie die Studenten.
Immer enger wickelte sich was um meinen Herrn, das sich nicht fassen ließ. Fußvolk, Bauernkriegsversprengte, Marodeure und Bundschuhmannen hatten längst in Don Quijote den Ritter gewittert, der sich ihnen nicht beugen wollte. Ein Dutzend Preisträger waren beisammen, doch mein Herr, der sich auskannte, was in der Bundesrepublik gemalt und gemacht und gefördert und unterdrückt wurde, sagte nie auch nur ein einziges Mal zu mir: Der, vielleicht. Oder: dort sitzt einer. Aus dem Dunkel kommt nichts sagte Don Quijote, was eines Jörg Ratgeb würdig wäre! Immer verzweifelter blickte er gen Süden, gen Norden, gen Osten, gen Westen. Warum tut die Jury nichts? Warum lassen sie mich im Stich? Was ist los? Was hab ich getan? Warum geschieht nichts? Wir sollten längst einmal in die Ateliers gehen. Wo es Bilder zu sehen gibt . . .
Statt dessen probierten sie, ob Don Quijote einfältig genug sei, sich ködern zu lassen, schickten ihm den dicksten Roman über den Bauernkrieg, KOPF UND ARM, mit der Ehre verbunden, es für eine Zeitschrift besprechen zu dürfen, denn von Literatur brauchte er ja nichts zu verstehen als Maler. Am eigenen Schopf zog sich mein Herr aus dem Sumpf, nachdem Sancho Pansa es nicht fassen konnte, daß Don Quijote in seiner Jugend weder Quo vadis noch Ein Kampf um Rom, was ihm hätte behilflich sein können, gelesen hatte.

lieber Horatius Haeberle,
mit Lerchengesang und Hahnengeschrei – »ach wie wir doch übertreiben«. Ihre roten Hähne, Ihr Schwur auf die Bundschuhfahne und der vieux war wieder zwölf Jahre. Ritt mit den Schmaleggern zum Hellen Lichten Haufen. Beim Baltringer Haufen hatte ich bereits 2 Tage die Schule geschwänzt. Ich las und las, mit roten Ohren! Die Weihe und der Kuckuck schrien gleichzeitig. Vergebung, aber auf diese Art hat der vieux sich an Ihrem Buch in der ersten Nacht gleich überfressen. Ich weiß, mit roten Ohren soll man nicht lesen, schon gar nicht, wer ein Buch besprechen soll. Ihre feine Widmung muß mich dahinein getrieben haben. Nichts läßt sich jetzt mehr trennen vom roten Hahnenschrei und Bubenträumen! Es wäre ein Bubenstück, das zu beschreiben. Es geht in meinem Kopf herum und ich weiß nicht mehr, was oben ist, was unten ist im Buch. Wer sich so mit dem Bauernfähnrich schlug, der ist ganz verdorben für jede Kritik. Er ist beim Haufen. Wie hab ich mich gefreut, als Walser von Überlingen herüberkam, über den Hitzer, den Wondratschek und die alten Bekannten: Wendel Hipler, Hans Jakob Wehe, Jörg Täuber, Jörg Schmid und den ganzen Baltringer Haufen. Er hat mein Rot an der Rot, das Mönchsrot, wo ich geboren bin, geplündert, ja, und Ochsenhausen auch. Es war schön, dieser Sturm vom Oberland über die Alb. Ich werd es Ihnen nicht vergessen und danke Ihnen sehr! Aber schreiben kann ich nun nicht mehr. Dieses Hineinlaufen macht mich stumpf für spitze Federn. Ein Wattekorken steckt dazwischen, ein wattiertes Bubenabenteuer. Verzeihen Sie, es geht einfach nicht mehr. Ich bin zu sehr beteiligt.

Viele Grüße!

Mein Herr malte dazu zwei hübsche Bilder, doch Antwort kam nie. Dafür das Buch ein zweites, ein drittes Mal, von anderen Zeitungen: der wirds schon richten. Er richtete es, machte den Durchschlag zur Rezension, und so kam es, daß Horatius wider Willen Don Quijote noch zu etlichen Tuschen verhalf.

ENDE DER BLEIZEIT für Stuttgart gekommen stand in der Zeitung. Auch die letzten Großdruckereien haben auf Lichtsatz umgestellt. *Bleizeit* sagte Don Quijote, als sei das etwas Giftiges gewesen, so benützen sie das Wort. Licht – wie das klingt. Wer denkt dabei an Strom Atom?

Don Quijote, wenn etwas ausweglos wird, katapultiert sich weg. Seinen Kopf hatte er schon in Lateinamerika, ein Arm reichte nach Griechenland, mit einem Fuß unterwegs nach Weimar, fing er an sich damit abzufinden, daß auch er Jörg Ratgeb nicht wieder zusammensetzen könne. Nein, aufgeben wollte er nicht, aber bessere Zeiten abwarten. Die Bundestagswahl hielt das Land in Atem oder in der Agonie, Kunst war das letzte, was gefragt war.

Da gabs einen, der wollte Sancho Pansa beißen. Vielleicht sogar mehr. Ihm das Handwerk legen. Zu den Jüngsten zählte er nicht mehr. Aber wo er ging und stand, verteidigte er gute deutsche Tradition, wahrte das Erbe, wurde zum Vorsitzenden eines Autorenverbandes gemacht, der sich frei nennt und deutsch und ein »Weißbuch zur Rettung der Sprache« herausbringt, und als solcher gab er Sancho Pansa die Ehre, ihn mittels eines ausführlichen Briefes bei Persönlichkeiten zu denunzieren, die gelegentlich Sancho Pansas Gedichte druckten und sogar lasen. Infolgedessen sah Sancho Pansa sich genötigt, keine Wahl mehr zu haben, als auf diesen Brief eine offene Antwort zu schreiben:

Sancho Pansas Wahlbeitrag

Offener Brief an einen Landesvorsitzenden des FDA, akademischer Rat der Humboldt-Gesellschaft:
Als Sie mit dem Frachtdampfer »GALILEA« Kinder schwäbischer Palästinasiedler, deren Schullehrer Sie waren, zu einer Rundreise nach Deutschland brachten, damit sie die Heimat ihrer Väter kennenlernten, war ich neun Jahre alt. Mein Vater organisierte einen Teil dieser Reise. In Ihrem ersten Buch DAS KINDERSCHIFF heißt es am Schluß: ». . . die deutschen Städte und die braunen Kolonnen haben all die Musik, die leis im Blut dieser Kinder sang, wieder aufgeweckt und zusammenklingen lassen.«
Sechs Jahre später war ich groß genug für »Die Neue Literatur«, Herausgeber Will Vesper; mitten in der Laudatio über unseren großen HJ-Dichter Gerhard Schumann, unseren Abgott, fand ich ein Foto. Es zeigt Sie, und unter Ihrem Namenszug steht: »mit einem seiner Schüler, einem Hitlerjungen aus Bethlehem, im Kreise von Lehrerkameraden.« Sie, als einziger, tragen die Uniform eines politischen Leiters, der Schüler trägt HJ-Uniform.
Eines Tages kehrten Sie ins Reich zurück, wichtigere Aufgaben zu übernehmen, als aus bethlehemitischen Buben Hitlerjungen zu machen. Preise gab es, Beförderungen, wechselnde Farben der Uniformen, Schulterstücke, Kragenspiegel zeigten

die wachsende Macht. Ihr Briefkopf: Das Schiff mit dem Hakenkreuz. Ihre Tätigkeit in der Stadt der Auslandsdeutschen könnte niemand besser als Sie selbst beschreiben: ». . . Nun war kein Tag mehr, wo in dieser Stadt, die in unvergleichlicher Weise mit allen Deutschen über Grenzen und Meeren verbunden ist, nicht Männer und Frauen aus allen vier Winden der Welt mit ihren Sorgen und mit ihren vielerlei Fragen zu mir kamen. Ich fuhr dann, da ein gütiges Geschick einsichtige und großzügige Männer und Behörden über mich gesetzt hat, auf vielen Reisen zu den Deutschen in all den Ländern im Osten und Südosten Europas, wo sie gewaltige Landstriche zu deutschem Bauernland gemacht haben, und auch hinauf bis zu denen in Norwegen und Schweden und Finnland. Und einmal packte ich dann meine Koffer zu einer längeren Fahrt und fuhr in alle Länder Amerikas. Von den Heimstättern im nördlichsten Busch von Kanada, bis zu den deutschen Seebauern am Llanquihuesee im Süden Chiles. Ich fuhr am liebsten dorthin, wo die letzten deutschen Häuser stehen.« (Verlag Reclam jun. Leipzig)
Sie waren unser Hausheiliger, wie es in vielen Familien eine Figur der Verehrung gibt. Vater las die Korrekturen Ihrer Bücher, wärmte sich im Glanz des Freundes, eiferte ihm nach. Auch aus mir wurde dank Ihrem Vorbild ein Grenz- und Auslandsreferent der Hitlerjugend. Was das war, begriff ich erst, als es zu spät war:
An einem Pfingstsonntag, als ich achtzehn war, vor der Tür standen Posten unter Gewehr, das Haus lag versteckt in den Wäldern, wurden wir eingeweiht. Ein halbes hundert genau ausgewählte Führer der Auslandsdeutschen aus Rumänien, Ungarn, Polen, Siebenbürgen, der Tschechei, aus der Batschka, aus dem Banat und von sonst überall her (Sie wissen das besser als ich) waren mit uns zusammen drei Tage lang vorbereitet worden für das Geheimnis. Es hieß: die Zeit der Geländespiele ist vorüber. Im Herbst geht es los. Es hieß, noch genauer: Krieg. Hinterher: Handschlag und Treueschwur, daß wir schweigen. Einzeln. Mann für Mann. Mädchen für Mädchen. Dann fuhren sie wieder in ihre Länder zurück.
Nein, ich glaubte nicht daran. Die Tage, an denen ich schlecht schlief, gingen vorüber. Wochen, Monate; nichts geschah. Ich schwieg, ich tat meine Pflicht: mit dem Geheimnis fertig zu werden. Von Basis und Oberbau wußte ich damals noch nichts. Doch hatte man uns beigebracht, daß eins auf den Schultern des anderen stehe, wir unten aber das Ganze tragen. Das war keine Last, es war eine Ehre. Sie hatten nichts mit dem Pfingstsonntag zu tun: Schlüsselfiguren stehen anderswo. Graue Eminenzen bleiben im Hintergrund. Mein

Pech: ich hatte mich seit Jahren zu viel mit dem Ersten Weltkrieg beschäftigt, der meinen Vater zum Krüppel gemacht hat.
Der 1. September war ein Schock. Er machte mich zum Antifaschisten. Der Zweite Weltkrieg war vom Himmel gefallen: das Ausland soll es gewesen sein, das ihn vom Zaun brach? und der Pfingstsonntag? eine Halluzination?
Die Sondermeldungen! Ihre Briefe! Sie ließen meinen Vater noch einmal wieder dabei sein, am Schreibtisch. Ich hörte von der SS, von Lodsch, von Lublin, vom Bug, von der Ukraine, und von Ihren Leistungen. Schon aber hörte ich auch dasselbe von der anderen Seite. Ich lernte die Figuren ihrer Briefe kennen, ». . . mein Freund, der Stadtpräsident von Lublin, der gewiß kein zimperlicher Mensch ist, hatte nachher fast Bedenken, mich, als im höchsten Grade lausverdächtig, in sein stadtpräsidentliches Haus zu lassen . . .« Sie waren vom Bug, von den Wolhyniendeutschen gekommen, um sich im Protektorat aufzuwärmen. Haben Sie jemals zur Kenntnis genommen, daß Ihre Freunde als Henker und Mörder in die Geschichte eingingen? Daß diese Geschichte nicht mehr von Ihnen, sondern von der Welt geschrieben wurde?
Ich habe Sie nicht im Auge behalten. Ich interessierte mich nicht mehr für Sie. Ich war weg von daheim und von allem was war. Nur wenn Ihr Name als Drohung benützt wurde, wenn er mich gefährdete – das geschah – nahm ich ihn auf. Seine Sterbebettgespräche führte mein Vater mit Ihnen. Ihr letztes Foto stammt von 1941, doch da waren erst vier Sterne auf dem linken Kragenspiegel der SS-Uniform. Der rechte war leer.
1947: Politisches Kabarett, als ich Sie schon vergessen hatte, standen Sie vor mir, ein Gespenst: »Hier also treibst du dich herum. Bei den Verrätern. Nestbeschmutzern. Konnt ich mir denken. Wo ich herkomme, möchtest du wissen? hab ich dich erschreckt? Direkt aus dem Lager. Zwei Jahre lang. Freigelassen. Entnazifiziert. Als erstes wollte ich sehn, was ich jetzt sehe . . .« Weg waren Sie.
Zehn Jahre später, in Ihrer Schule, Sie waren längst wieder in Amt und Würden, ich ernährte meine Familie durch den Verkauf von Vögeln und Füchsen, Kehlköpfen in Spiritus und den Atlanten der veränderten Welt, traf ich Sie: »Bist du noch immer bei den falschen? Aber das sag ich dir: alle zwei Jahre gehen vierzig Mädchen hier raus, die ich zu deutschen Frauen erzog. So, wie du es von mir erwartest. Nur wenige tragen einen Bubikopf.«
Noch einmal zehn Jahre danach: Ihre Bücher sind alle wieder da. Es gab kaum etwas zu ändern darin. Neue Bücher kamen

dazu. Die Ideologie blieb dieselbe. Man braucht Sie wieder. »Tendenzwende«. Das Volk liebt seinen Volksschriftsteller wie eh und je. Unser täglich Brot. Die Intellektuellen sind des Teufels. Vorträge, Lesungen, Reisen zu den Deutschen in der Welt wie vor vierzig Jahren, Ehre um Ehre, Treue um Treue, jetzt sind Sie Landesvorsitzender des Freien Deutschen Autorenverbandes. Ich bin im Vorstand der Gewerkschafts-Schriftsteller. Aber nicht ich griff Sie, Sie griffen mich an. Bloß weil ich schrieb, Sie (und andere) hätten mich einst mit Heimat gemästet, wie man Gänse mästet. Ihr Brief hat denselben Ton wie einst. Seine Drohung ist nicht zu überhören. Was eine Denunziation ist, weiß ich. Das Dritte, das Tausendjährige Reich hab ich nicht nur im Ohr, sondern genau wie Sie in allen Organen. Bloß andersherum. Ich gehöre zu denen, die schwiegen. Jetzt wird es allerhöchste Zeit, Rechenschaft abzulegen, warum ich schwieg. Ich schwieg aus Entsetzen. Fast dreißig Jahre lang. Erst haben wir einfach gewartet, bis sie weg waren. Die Nazis. Doch sie waren nicht weg. Unsere Lehrer, unsere Richter, unsere Henker wurden noch einmal unsere Lehrer und Richter. Henker sind sie in ihrem Denken geblieben.

Plötzlich, als die Tendenzwende kam, als die rückschwappende NS-Welle alles zu überfluten sich anschickte, war der Bann gebrochen. Nicht ein paar Umweltgedichte halber sollen Sie mich angreifen dürfen, sondern weil ich endlich bereit bin, Henker Henker zu heißen! BUCHENWALD ist der Titel meines nächsten Buches in drei Sprachen und meine Gedichte gelten Paragraphen unseres Grundgesetzes. Denn meine Gefährten, die Antifaschisten, sind mit dem Sterben dran, genau wie Sie, doch Ihresgleichen sind Hunderttausende und von den meinen, den Augenzeugen, ist noch eine Handvoll übrig.

ICH KLAGE AN!

Sie, den Vater meiner Generation, für alle Väter, die sagten, sie bauen das Dritte Reich für uns auf. Als Sie uns in die Hände bekamen, nicht zu spät, nicht zu früh, konnten Sie nach sechs Jahren Indoktrination den Weltkrieg mit uns beginnen. Der dauerte dann genau so lang wie unsere Ausbildung. Wer, wenn nicht Sie, ein begabter Lehrer, der geschickteste Funktionär, hat meine Generation geprägt, vom ersten Schuljahr an, erzogen, geführt, verführt, Sie haben den Boden bereitet, die Basis, wie man es heute nennt, die Ideologie vom Volk, vom Gehorsam, vom Opfermut, von der Treue, der Pflicht und vom Sterben, für das, woran Sie Ihr Süppchen kochten:

Weltherrschaft eines mächtigen Reiches. Wer, wenn nicht Sie, haben die Weichen gestellt, die meine Generation verrekken ließ wie keine je vorher auf Schlachtfeldern, deren Aberwitz ohnegleichen in der Geschichte ist. Wann wurde je zuvor die Jugend eines einzigen Volkes gleichzeitig in den Ural und an den Atlantik, nach Kreta und nach Norwegen geschickt, um Krieg zu führen? Adolf Hitler? Noch bevor wir seinen Namen kannten, waren wir schon in Ihrer Hand, Völkische, Bündler, wildgewordene Schulmeister, Frontsoldaten des Ersten Weltkriegs – wie man heute Testpiloten, Eisprinzessinnen ausbildet, haben Sie uns in die Mangel genommen, unser Denken verdorben, unsere Sprache versaut. Keine Ideologie außer Ihrer drang in den schalldichten Raum meiner Jugend.
Sie kamen von »Unten«, aus dem Volk, Sohn einer Witfrau, arm aber redlich, darin unterscheiden Sie sich nicht vom Führer; was ihn antrieb, trieb auch Sie. Darin unterscheiden Sie sich auch nicht von meinem Vater, denn mit ihm müssen Sie sich messen, nicht mit mir, wie Sie beliebten, ich bin die nächste Generation. Garanten sollten wir sein und Erben Ihrer Zukunft.
Was von uns übrigblieb, war wenig – Sterben war unsere Lebensaufgabe. An diesem Leben geblieben zu sein, war schon Schuld. Dann starrten wir auf das was kommen sollte, noch immer zu jung und nicht vorbereitet wie auf das Tausendjährige Reich. Was der Krieg nicht zerbrochen hatte, ging hinterher kaputt. Die Versuche, zurechtzukommen, mit etwas, das ganz anders war, als unsere Lehrer befohlen hatten, scheiterten kläglich. Denn: kurz nur war die Quarantäne der Väter, wo man hinsah, tauchten sie auf, schüttelten sich, wie Hunde ihr nasses Fell, witterten, prüften, probten, bauten sich und das Wirtschaftswunder auf. Wir nicht, sie, mit dem alten Wissen, mit den alten Erfahrungen, suchten die neuen Namen und Formen für die alte Macht. Und da sie auch jetzt nicht ohne Zukunft sein wollten, griffen sie sich, was sie kriegen konnten, vom dezimierten Nachwuchs, war er doch ohnehin stets ihr Werkzeug gewesen. Sicher, es kamen Veränderungen, aus der Welt, von den Siegermächten, Unkalkulierbares war dabei, aber unter allem ist das geblieben, was ich meine: bei den Fackelzügen der Enkel in diesen Wochen packt mich das Grauen.
Ihre Untaten waren nicht von der Art, die zur Aburteilung kamen. Sie brauchten niemand erschießen, erschlagen, keine direkte Unterschrift unter ein Todesurteil setzen. Ich kann nicht sagen, Ihr Daumen war es, Ihr Blick, Ihr Zeichen aus dem Augenwinkel, die selektierten: du links – du rechts. Ich war nicht dabei in den Ostgebieten, wo Sie als Sonderführer

eingesetzt waren, aber ich las von rassisch minderwertigem und von rassisch hochwertigem Volksgut. Und ich weiß, wer Sie sind und daß Sie dabei waren, als Millionen ins Gas geschickt wurden. Näher dabei als wir alle; wie sollten Sie nicht gewußt haben, was jeder Zugschaffner zu tun gezwungen war! Deshalb ist Ihr Foto in Uniform mit dem bethlehemitischen Hitlerjungen eines der niederträchtigsten Bilder, das ich in meinem Leben sah. Selbstverständlich hat man einen Persilschein, wenn man so lang bei Juden zuhause war. Dieses Dutzend, das Sie später für Ihre Entnazifizierung brauchten, mögen Sie gerne gerettet haben.

Warum soll ich heute schweigen und nicht Sie? warum tragen Sie nicht Ihr reich beladenes Leben zu Grabe anstatt noch einmal, noch einmal Ihre Stimme zu erheben und sich auf eine Ehre zu berufen, die Ihre Unehre ist: meine erschlagene Generation noch einmal mundtot zu machen. Noch einmal zu zertreten. Haben Sie immer noch nicht genug: Jugend, aus erster Hand, Ihren Krieg, ausgedacht, durchgeführt und verloren, und wieder aufgebaut, was kaputt war, und »keine Schuld«; nach dem braunen, dem schwarzen Hemd ein blütenweißes, und nichts von dem, was wiederum nur meine Jahrgänge traf und rasch zum diffamierenden Schlagwort wurde dank der Nachhilfe von Ihresgleichen: »Unbewältigte Vergangenheit«. VOLK OHNE RAUM stand auf der Fahne, mit der Sie uns in den Eroberungskrieg schickten, bald schon war Deutschland doppelt so groß auf der Landkarte, die Welt wehrte sich, bis der Raum weg war, das Volk geschrumpft, bis noch zwei Rümpfe übrigblieben; unbewältigte Vergangenheit? Daß ich mein Leben nicht Ihnen verdanke, sondern den Amerikanern, die mich von den Nazis befreien mußten, das bewältigen wir so gut oder so schlecht wie unsere Brüder, die von den Sowjets befreit worden sind. Aber wer spricht denn noch über so etwas! Schlechte Träume, Fehler, Irrtümer der Befreier, noch ein bißchen Geduld, schon dürfen die verschwiegenen, die verdrängten Erinnerungen auferstehn: Speer und Schirach und Leni Riefenstahl, Spandau, Olympia 36, »Triumph des Willens« wenige Wochen vor der Bundestagswahl: das Denkmal steht. Wir sind Geschichte geworden. Man sehe bloß, wie das fotografiert ist. Welche Kraft, was für ein Glanz. Sie haben gesiegt, Ihre alte Uniform hielt was sie immer versprach: DAS NEUE KZ IST SCHON ERRICHTET. Diese Zeile von Alfred Andersch aus dem Gedicht »Artikel 3 (3)« war mir zu viel. Solang bis ich Kenntnis von Ihrem Rundbrief bekam. »Berufsverbot« nennen Sie, was über den Lehrer und Sonderführer der SS für die besetzten Ostgebiete verhängt worden war; Dauer: 2 Jahre. Jetzt sind, welch späte Gerech-

tigkeit, endlich die Enkel dran. Die Schädlinge unter ihnen. Buchmesse 1976: Hunderte Ihrer Gesinnungsgenossen stellen in Frankfurt ihre Bücher vor. Millionen Landserhefte halten den Geist der Deutschen am Leben. Auch das wissen Sie. Und Sie wissen genau, warum Sie diese zwei Seiten aus meinem Buch als Zitat auswählten. Wissen Sie's wirklich? Vorsitzender eines Schriftstellerverbandes: es geht um die Bücherverbrennung! Vorsicht! Mein Vater, der nachtein, nachtaus Bücher für Soldatenbibliotheken selektierte, wie man Menschen selektiert hat, der mich – das links, das rechts – die halbe deutsche und Weltliteratur auf den Haufen werfen hieß, der eingestampft wurde, weil seine Listen allein was Sie und die Völkischen jener Jahrzehnte geschrieben hatten gelten ließen – diesen Vater sollte ich 1940 nicht mit Ossietzky vertauschen wollen? Wen besseren denn hätte ich wählen können aus dem Haufen der verbotenen Bücher, die ich Nacht für Nacht heimlich davonschleppte! Trakl? Werfel? die Brüder Mann? Heinrich Heine? Tucholsky? Es war der wichtigste Augenblick meiner Jugend, als ich rettete, was ich entdeckt hatte. Keinen gab es, der mir Mut machte, der mir half, der mir sagte, was recht sei, ich war allein mit diesen Namen, die ich nie zuvor gehört hatte, und sie änderten mein Leben.
Wollen Sie, Vorsitzender einer Schriftstellervereinigung, noch einmal wahr haben, was ich 1940 mit ansehen mußte? WO BÜCHER BRENNEN, WERDEN AUCH MENSCHEN VERBRANNT. Ihr Brief läßt kaum einen Zweifel.

Sancho Pansa

Stuttgart

Der Kunstverein Stuttgart schien zum Ort der Preisverleihung zu werden. So oft ich den goldenen Hirsch betrachtete auf der schönen Kuppel am Schloßplatz, gedachte ich des kaum tausend Schritte entfernten Herrenberger Altars, der jenseits der Stadtautobahn in der Staatsgalerie unbetrachtet vor sich hinkümmerte. Und im Juni bereits hatte der Direktor geschrieben:
lieber Don Quijote,
hätten Sie Lust, uns für dieses Jahr eine Jahresgabe zu machen? Mir kam die Idee, daß ein politisch engagiertes Blatt, das vielleicht Jörg Rathgeb-bezogen sein könnte, eine sehr interessante Bereicherung in unserem Programm wäre. Wie denken Sie darüber? Wir können Ihnen ein Honorar von DM 2000 anbieten und würden selbstverständlich die Druckkosten übernehmen . . . Fertigstellung bis Mitte Oktober. Über eine positive Antwort von Ihnen würde ich mich sehr freuen . . .

handschriftliche Randnotiz: wie war die Pressekonferenz anläßlich des Jörg Rathgeb-Preises?

Das Blatt, das Don Quijote daraufhin schnitt, nannte er AUSGEKLAMMERT, so hieß die Gefangenenzeitung der Vollzugsanstalt Ludwigsburg, sie sollte auch das Honorar bekommen, um für die nächsten Nummern Papier kaufen und weitermachen zu können. Als im Oktober außer Studenten sich noch immer nichts rührte, kämpfte Don Quijote einen großen Kampf: überwand seinen Stolz, den größten Gegner, und fragte den Direktor des Kunstvereins, wie viele Drucke er haben wolle und ob man sich demnächst verständigen möge wegen des Ratgeb-Preises. Die Auskunft war zufriedenstellend, doch als mein Herr mich mit den fünf Tage zuvor bestätigten achtzig Blättern auf die Reise schicken wollte, sagte der Direktor des Kunstvereins, dieses sei nicht vorgesehen und er fliege jetzt unmittelbar in die USA.

Seit der Nazizeit war Don Quijote dergleichen nicht mehr passiert trotz mancherlei Trübsal und Fährnisse. So schien also der Augenblick nahe, mit sich selbst und miteinander zu Rate zu gehen.

Cervantes

»Sage mir, Freund Sancho, was redet man hier im Ort von mir? Welche Meinung hegt das Volk von mir, welche die Edlen und welche die Ritter? Was sagen sie von meiner Tapferkeit? Was von meinen Taten? Und was von meinem Benehmen? Wie beurteilt man meine Absicht, den bereits vergessenen Ritterorden zu beleben und wieder in die Welt einzuführen? Ich bitte dich also, Sancho, berichte mir, was dir darüber zu Ohren gekommen ist; und zwar sollst du mir das sagen, ohne dem Guten etwas hinzuzufügen, noch vom Bösen etwas abzutun; denn redlichen Vasallen geziemt es, ihren Herren die Wahrheit rein und unverfälscht mitzuteilen, ohne daß die Lobhudelei etwas hinzusetze oder eine falsche Rücksicht etwas vermindere. Denn du mußt wissen, Sancho: Käme die Wahrheit immer zu den Ohren der Fürsten, nackt und ohne das Gewand der Schmeichelei, so würden andere Jahrhunderte vorübergehen, andere Zeitalter mehr als das unsrige für die eisernen gehalten werden, denn ich meine, daß wir das gegenwärtige das goldene nennen können. Diese Bemerkung, Sancho, soll dich veranlassen, mir die Wahrheit über die Dinge, nach denen ich dich gefragt habe, soweit du sie weißt, klug und gutwillig zu Gehör zu bringen!«

»Das will ich sehr gern tun, gnädiger Herr«, antwortete Sancho, »aber mit der Bedingung, daß Euer Gnaden über das, was ich nun sagen werde, nicht böse werden, da Sie wollen, daß ich alles nackt berichten soll, ohne ihm andere Kleider umzuhängen als die, mit denen es mir zur Kenntnis kam.«

»Auf keine Weise werde ich böse werden«, antwortete Don Quijote, »du kannst durchaus frei sprechen, Sancho, und ohne allen Umschweif.«

»Das erste also ist«, sagte jener, »daß das Volk Euer Gnaden für einen ausgemachten Narren hält und mich für nicht weniger hirnverbrannt. Die Edlen sagen, daß Euer Gnaden sich nicht in den Schranken Ihres Standes gehalten, sondern sich ein Don vorgesetzt und mit ein paar Weinreben und zwei Joch Acker, armselig und zerlumpt, auf Ritter prätendiert haben. Die Ritter sagen, sie sähen es ungern, daß sich die Edlen ihnen gleichstellten, besonders solche schildknappenmäßigen, die ihre Schuhe mit Druckerschwärze einreiben und die Löcher ihrer schwarzen Strümpfe mit grüner Seide stopfen.«

»Dies«, sagte Don Quijote, »paßt nicht auf mich, denn ich

gehe immer gut gekleidet und niemals geflickt; zerschlissen kann sein, aber dann mehr von den Waffen als vom Alter.«

»Was nun«, fuhr Sancho fort, »die Tapferkeit betrifft, das Benehmen, die Taten und den Anspruch Eurer Gnaden, so gibt es darüber verschiedene Meinungen. Die einen sagen: ein Verrückter, aber liebenswürdig; andere: tapfer, aber ungeschickt; wieder andere: von gutem Benehmen, aber wichtigtuerisch; und darüber reden sie so vielerlei, daß sie weder an Euer Gnaden noch an mir ein gutes Haar lassen.«

»Beobachte doch, Sancho«, sagte Don Quijote, »daß die Tugend, wo immer sie in hervorragendem Grade auftritt, verfolgt wird. Wenige oder keiner der berühmten Männer der Vorzeit sind der Verleumdung durch die Bosheit entgangen. Julius Cäsar, der beherzteste, klügste und tapferste Feldherr, wurde ehrgeizig gescholten und ein wenig unsauber in seiner Kleidung sowohl wie in seinen Gewohnheiten. Von Alexander, dem seine Taten den Beinamen des Großen erwarben, wird behauptet, er habe einen gewissen Hang zur Trunkenheit gehabt. Von Herkules, dem, der die vielen Taten verrichtete, verlautet, er sei wollüstig und weichlich gewesen. Von Don Galaor, dem Bruder von Amadis von Gaula, raunt man, er sei mehr als übermäßig zanksüchtig, und von seinem Bruder, er sei ein Tränenbold gewesen. Also können, mein Sancho, unter so vielen Verleumdungen edler Männer auch die über mich mit hingehen, wenn es nichts weiter ist, als was du mir bis jetzt gesagt hast.«

»Das ist es ja eben, beim Leben meines Vaters!« versetzte Sancho.

»So gibt es noch mehr?« fragte Don Quijote.

»Ja, nun muß auch der Schwanz noch abgezogen werden«, sagte Sancho, »das Bisherige sind nur Torten und Lebkuchen, aber wenn Euer Gnaden alles über diese gegen Sie gerichteten Verleumdungen wissen wollen, so werde ich stracks jemanden beibringen, der alles sagen wird, ohne daß ein Deut daran fehle, denn gestern abend ist der Sohn von Bartholomäus Carrasco angekommen, der in Salamanca studiert hat und Bakkalaureus geworden ist, und da ich hinging, ihn willkommen zu heißen, hat er mir erzählt, daß die Geschichte von Euer Gnaden bereits in Büchern umlaufe unter dem Titel: ›Der sinnreiche Edle Don Quijote von La Mancha‹; er behauptet auch, daß auch ich unter meinem richtigen Namen Sancho Panza darin vorkäme, nebst der Dame Dulcinea von Toboso und anderen Dingen, die wir ohne alle Zeugen erlebt haben, so daß ich mich bekreuzigte vor Schrecken darüber, wie der Historienschreiber dies hat wissen können.«

Zum Beispiel tat man mir kund und zu wissen, daß Euer Gnaden hochfahrend sich darüber hinwegsetzten, auf welche Herrschaften man bei derlei Preisverleihungen Rücksicht zu nehmen habe. Sobald man sich nämlich umtue und achte, wie die Gepflogenheiten sind, brauche es weit weniger Aufwand und man könne mit einem Zehntel der Summe oder gar bloß einer Goldmedaille einen Festakt inszenieren, bei dem der Bruder von Karajan sich als Dirigent anböte. Auch stünde der Preisträger von vornherein fest, mitsamt der ihm zugehörigen Galerie, es würde mitunter ein Preis sogar eigens dafür erfunden. Bitteschön, soll es ein Schloßflügel sein? das Foyer des Staatstheaters? wird Ballett gewünscht?
»So etwa hab ich mir das gedacht«, sagte mein Herr. »Doch kann das unmöglich der ganze Grund meines Scheiterns sein. Denn derlei habe ich einkalkuliert und es seit Jahrzehnten beherrschen gelernt.«
Sancho Pansa beschloß eine allerletzte Rettungsaktion für seinen Herrn zu starten, bevor er sich unwiderruflich für immer aus dieser Sache zurückzöge. Also hängte er sich ans Telefon, und wo er nicht weiterkam, schaltete er seine Kundschafter ein; so kam Stück für Stück die Wahrheit ans Licht: ACHTUNG! VORSICHT! Alarmstufe I! Don Quijote in den Händen von Ultras! dieselben forderten schon vor Monaten nicht nur ziemlich rüde Geld von den Kulturdezernenten der Städte, sondern zugleich auch noch ein Bekenntnis zur antireaktionären Tendenz des Preises, der sich nicht zuletzt gegen die Berufsverbote richte. Gepriesen sei Pforzheim, ihr gebühre der Vorrang der Wachsamkeit, man unterhalte direkten Kontakt mit dem Ministerium, darauf habe man sich diskret untereinander verständigt und Don Quijote dürfe in absehbarer Zeit mit einer Antwort rechnen. Sie traf ein. Innerhalb einer Woche lehnten die Städte fast mit denselben Worten ab, sich zu beteiligen. Frankfurt trage schwer an seinem 30000-Mark-Beckmann-Preis, eine Rettung der Karmeliterfresken, die man von Zeit zu Zeit ins Auge fasse, würde wenigstens Millionen verschlingen und Schwäbisch Gmünd verkündete gar, die Stiftung eines eigenen Ratgeb-Preises sei im Gespräch. Und in keinem Stadtsäckel lumpige tausend Mark.
Was ich nicht durchschaue, sind die Studenten, sagte Don Quijote. So borniert kann ihre Ideologie nicht sein, daß sie im klassischen CDU-Land eine Solidaritätserklärung von den Städten erwarteten. Also wollten sie von vornherein, daß die Beteiligung der Städte platzt? Oder hielten sie Don Quijote für ein Markenzeichen, dessen Namen für Erfolg bürgt? Meinem Preis geht es inzwischen wie der Amnesty International: ›. . . sie ist ausgebildet von der kommunistischen Weltrevo-

lution . . . ist eine Spionage-Agentur und nimmt an bewaffneten Überfällen und dem Terrorismus teil . . . basiert auf sozialistischen Ideen, die Christen schon genügend abschreckten . . . hilft von London aus Guerillas in der ganzen Welt . . .‹

Tagebuch

ach meine traurige königin hoch überm alex verdamme mich nicht weil ich da noch ein schätzchen entdeckte trobadora pechrabenschwarze sancho pansa kann nicht widerstehn bitte kratzt mir nicht die augen aus lieblichste wunderschöne schwestern weil ich mich davonmachte weil ihr meint ich hab euch verraten indem ich die röcke auszog wir sind zweitausend jahre zurück hier ist kein klima für trobadoras deshalb schreibe ich ein gedicht für euch steige hoch du roter adler / hoch über sumpf und sand / hoch über dunkelgrüne wä-älder / heil dir mein brandenburger land ist das nicht was? von sancho pansa kriegt ihr goldmedaillen geschenkt soviel euch zustehen und die grenzzwischenfälle abmontierten selbstschußanlagen tellerminen fakkeln die lügen selbst noch unsere nobelsten zeitungen wetteifern im stümerjargon weil wir doch gleich zu den wahlurnen müssen noch einmal sah ich im fernsehn die mädchen nach dieser nacht im hochsprung musik denke sie spielen bayreuth doch es ist das begräbnis des kardinals so etwas könnt ihr nicht mehr bieten alle bischöfe in violett um den altar die kelche die schalen der wein der leib der sarg und die bundeswehr immerzu denk ich das mädchen aus würzburg daß daran nichts zu ändern sein soll wenn man den exorzismus verbiete schaffe man den teufel ab der grad eben von rom erneut eingesetzt und bestätigt wurde warum steht der sarg der studentin (pädagogik hat sie studiert) nicht neben dem sarg im liebfrauendom das kontrastprogramm zum ring der beringten bischöfe ist der boxring das rote blut das dem weißen übers gesicht läuft von einem schwarzen boxer zerschlagen auf dessen hautfarbe säh man es kaum jetzt heben sie ihn hoch auf die schulter und dann sprengt es mir doch noch die brust auf dem hellen sarg dieser hut das ganz und gar unbeschreibliche rot dieses huts der ein kardinalshut ist während don quijote sehr leise sagt auf den alten einblattholzschnitten ist es so dargestellt während sie beten während sie den leib verzehren kannibalen in christo heuschrecken aus-

gedörrt   mit dem weinblut hinabspülen gibt es noch einmal den hürdenlauf in montreal mit dem spanier   bedenkt   ganze 9 runden vorneweg bis in der letzten zielgeraden schweden aufholt   der ddr-ler ansetzt zum endsieg   stolpert   stürzt   sich aufrafft   zur bronze durchs ziel geht   was für eine inszenierung   hier der aufschrei in der arena dort der sterbegesang im münchner dom   simultan   man braucht bloß knöpfe zu drücken   die gewänder sportdress   weiß   schwarz lila   seht euch vor noch melden uns die zeitungen nicht stündlich den barometerstand eurer psyche sondern wo staeks plakate zerrissen werden und vom walser und reich-ranicky und ab und zu ein roter elefant

Stuttgart hatte Don Quijote bisher ganz ohne Antwort gelassen. Sancho Pansa probierte es mit dem Bürgermeister. »Ja«, sagte dieser Vertreter der reichsten Großstadt zwischen Wald und Reben, ›Partner der Welt‹, »als ich das mit dem Ratgeb-Preis las, dachte ich, ist doch dem Alten vom Berg wieder was eingefallen. Hab mich gefreut. Nicht weiter drüber nachgedacht. Jetzt allerdings, lieber Sancho, nach deinem Bericht sieht es doch etwas anders aus. Du möchtest wohl ein Kuckucksei loswerden? Warum wohl meinst du, sind die Kunstpreise einer nach dem anderen sanft entschlafen?«
»Weiß ich genau«, antwortete ich. »Weil die meinen, es sei sozialistisch, wenn jeder etwas kriegt. Weil man Kunst zu etwas erklärt hat, das alle können. Weil keiner dem anderen einen Preis gönnt. Weil jeder selbst der größte sein will. Weil es nur noch Feiglinge gibt, von denen keiner verantworten möchte, welcher denn nun der Beste sei. Und der ›Kunstpreis der Jugend‹ starb, als sie statt zehntausend Mark für einen für alle 'ne halbe Million haben wollten.«
»Was du nicht sagst«, sagte der Bürgermeister, »du redest ja schon daher wie dein Herr. Hast du dir mal überlegt, was das kostet? Ausladen, auspacken, aufstellen, versichern, einpakken und der Rücktransport – das geht in die Hunderttausend. Setzen wir nun mal den Fall, ich täts dem Alten zulieb, den ich mag, Don Quijote, und so, wie ihr meint, meine ungefähr schützende Hand ausstrecken, in der Hoffnung, daß alles so läuft wie es laufen soll – was meinst du wohl, wie viele Einsendungen kommen, wenn es eine öffentliche Ausschreibung gibt? Multipliziere die Mitgliederzahl von einem Dutzend Vereinen, Verbänden, die das Wort Kunst vornedranstehen haben, ziehe ein Drittel Passive ab, dividiere mit drei oder vier den Rest – zehntausend werden übrigbleiben. Schön, der Alte

will Demokrat sein, unterwirft sich den Strapazen, Vorjury, Hauptjury, tagelang, wie zu den Zeiten der Brückemaler; eine Praxis, die man längst aufgab. Und jetzt versetze dich in meine Lage: schmeißt mir da vor die Kunstvereinstür ein Transporter zwanzig Stangen. Fünfzehn Meter hoch: Blutgerüst. Polyester oder Edelstahl, darauf kommt es nicht mehr an. In einer alten Bananenkiste liegt ein blutgetränktes Tuch: Hinrichtung. Und was passiert wenn das Tuch Moderflecken bekommt? Schimmelpilze? genau dieselben, die mir ein anderer Künstler anvertraut und die ich hoch versichern muß, falls sie das Zeitliche segnen. Ich spotte nicht. Ich hab das mitgemacht. Zum Thema Ratgeb dürfte da einiges auf uns zukommen. Seitdem die armen SPD-Frauen Beuysens Badewanne scheuerten, um das Festbier drin zu kühlen und den Prozeß haushoch verloren, wirst du weit herumlaufen müssen, bis jemand Don Quijotes Ausschreibung versichert.«
Ich sagte, in dieser Richtung hätte auch mein Herr schon Befürchtungen ausgesprochen, doch sein Versuch, Objekte auszuschließen – »ging ins Auge«, unterbrach mich der Bürgermeister. »Da sind die Herren nicht mit von der Partie. Ich will euch mal einen Vorschlag machen: wartet bis zur Bundesgartenschau. Dafür haben die Maler ohnehin einen Kunst-Kreuzzug angekündigt, wie du der Zeitung entnehmen konntest. Zehntausend stellen sich ein und aus; dort findet Don Quijote und seine Jury sicher ein reiches Betätigungsfeld. Warum habt ihr euch eigentlich nicht an den Berufsverband gewandt?«
Damit, lieber geduldiger Leser, sind wir schon gleich am Ende meines Berichts. Lästiger als Ihnen zu lesen fällt mir inzwischen, den Namen Jörg Ratgeb in die Schreibmaschine zu tippen. Eine Zeitschrift für Dichtung und Grafik aus der Schweiz ließ bei Don Quijote anfragen, wer dieser Ratgeb sei und wo er wohne. Sie hatten als Titelblatt zum Thema »Kampf« die mißverstandene Vierteilung abgebildet. Don Quijote und die Berufsverbände hingegen – das können Sie selber im Lexikon nachschlagen unter dem Stichwort Urfehde. Sancho Pansa zieht sich aus der Geschichte zurück, Vorhaltungen und Vorenthaltungen in Kauf nehmend.
Das Freundschaftshaus in Wyhl brannten sie ab; ante portas stehen die Staufer. Mit den Herren identifiziert man sich lieber, jeder Schwabe ein Teil des Geschlechts, vor dem die Welt einst den Atem anhielt. Millionen sind dafür nicht zu wenig, für Jörg Ratgeb und den Bauernkrieg hatten sie keine lumpige Mark.

Einer Zeitung, die sich entschuldigte, daß sie nun eben diese Zeitung sei, jedoch trotzdem gern Don Quijotes Meinung zu beiliegendem Buch wissen möchte, gab Don Quijote Antwort und konnte noch einmal alles zusammenfassen, was ihn mit seinem Jahrhundert verband; DIE WELT druckte es ab, ungekürzt, unzensiert:

Don Quijote bespricht ein Buch, das es mit der Geschichte nicht sehr genau nimmt

Das neue Buch von MASEREEL ist einem, der hellwach die junge deutsche Republik erlebt hat, wie ein Stein in den Weg gerollt. Der Hauptteil des Werks über Masereel widmet sich den Jahren nach 1933. Ich kenne einen anderen Masereel. Sowohl in der Tendenz wie in der Form. Masereels Bildromane haben uns einmal nachdenklich gemacht und angehalten, den Sinn der Dinge und die Beweggründe der menschlichen Handlungen zu ergründen. Wo er für uns das wirkliche Gesicht des Lebens aufdeckt, über das, wie sein Freund van de Velde uns berichtet, er die Hände in seinen Taschen ballt. Roger Avermaet, der Herausgeber des Lebenswerkes von Masereel, widmet dieser Figur kaum einen tieferen Blick. Offensichtlich interessiert ihn mehr der Teil des Werks, der Schule gemacht hat. Holzschnitte, die so aussehen, wie man sich heute engagierte Kunst vorstellt. Manche dieser großformatigen Holzschnitte nach 1933 lassen dem Beschauer gar nichts mehr. Viele sind sehr laut, ganz vordergründig in der Tendenz. Sicher haben die Faschisten den Verteidigern der Freiheit ihren schlechten Stil aufgezwungen, mußte man sich symmetrisch zu ihnen verhalten, um sie zu schlagen. Und das schadet natürlich der Kunst. Mag sein, diejenigen, die heute an solcher Tendenzkunst ein Maß für das Engagement nehmen, sind es, die einem das Original verleiden. Was so robust vorgetragen wird, kann unter anderen Umständen das Gegenteil bewirken, d.h. *nicht* wirken durch Kunst. Da paßt dann alles zusammen, Vergröberung im Holz, Aufmachung und Brillanz der Repros.

Das bei Belser editierte Werk ist eine Stiftung der Banque de France et des Pays-Bas Belgien und der allgemeinen Spar- und Rentenkasse Belgien. Im Vorwort sagt der Vorsitzende des Mercatotfonds: »Frans Masereels Werk wurde immer original im Westen veröffentlicht, war aber nur bei einer Elite aller Länder verbreitet. Im Osten, wie in Rußland und China, wurden die Verbreitungsmöglichkeiten, die die Drucktechnik des Holzschnitts bietet, von den staatlichen Druckereien in größtem Ausmaß ausgenützt und Frans Masereel als Künstler des Volkes für das Volk populär gemacht.« Solche Geschichtsfälschung ist in einer deutschen Ausgabe besonders peinlich. Erstens ist die Spaltung in Ost und West noch nicht so alt, daß man das Werk von Masereel in dieses Stratum hineinschieben dürfte, und zweitens ist Masereel einmal von Deutschland aus gefördert worden. Die eigentliche Öffentlichkeit ist von hier ausgegangen. Soll das verschwiegen werden?

Die Deutschen, die Masereel gefördert haben, sind vertrieben oder umgebracht worden. Masereel nennt: Carl Sternheim, Pfemfert, Tucholsky, Flechtheim. Von Masereel illustriert wurden: Stefan Zweig, Leonhard Frank, Kasimir Edschmid, Theodor Däubler, Carl Sternheim, Arthur Holitscher und Johannes R. Becher, lauter Pazifisten. Deutsche haben ihre geistige Elite in die Verbannung oder in den Tod getrieben. Zu Unpersonen gemacht und vergast. Die bedeutenden Deutschen der Republik sind aus unserem Gedächtnis verdrängt. Wer überlebt hat ist fast immer Bürger einer anderen Nation. Das Exil hat erst begonnen, als die Emigration zu Ende war. Solange wir das dulden, verdienen wir die volle Verachtung unserer Enkel. Masereel selbst hat nicht geschwiegen. In seinen Tonbandprotokollen (Pierre Vorms »Gespräche mit Frans Masereel« VEB Verlag der Kunst Dresden) sagt er: Kurt Wolff sei derjenige gewesen, der zuerst hohe Auflagen gewagt habe. Er habe das mit dem Hersteller in München so abgesprochen. Der bibliophilen Ausgabe eine Volksausgabe folgen zu lassen. Man müsse die Massen erfassen und volkstümliche Ausgaben drucken. Bildbände in Volksausgaben; der Band zu 2.50 Mark. Kurt Wolff habe, um die Bildfolgen von Holzschnitten, die ja nicht von einem Text begleitet werden, einzuführen, prominente Autoren gebeten, die Bildbände vorzustellen: Thomas Mann, Carl Georg Heise, Max Brod, Hermann Hesse u.a. Die ersten Auflagen gingen bereits in die Hunderttausende. Alle Bücher von Masereel, »Geschichte ohne Worte«, »Die Idee«, »Die Sonne«, »Mein Stundenbuch«, »Die Passion eines Menschen« sind originalgetreu reproduziert worden, d.h., dem Verleger wäre es nicht eingefallen, einen Holzschnitt zu vergrößern oder zu verkleinern. Man hat ein ordentliches Papier genommen, ein Papier, das nicht die Holzschnitte auf der Rückseite durchschlagen läßt und selbstverständlich im Buchdruck mit dem Hochdruckverfahren gedruckt.

So konnte jedermann Anfang der Zwanziger Jahre zu einem Buch von Frans Masereel kommen. Seine Bücher waren das, was man heute einen Bestseller nennen würde. Mit dem Unterschied: damals wußte man, wer diese Bücher kaufte. Es waren die Bücher der Pazifisten, Sozialisten, Naturfreunde, des Wandervogel, der Freidenker, Studenten, Liebespaare und der einsamen Menschen. Masereels Bücher waren uns Begleiter, Freund und Bruder. Das handliche Format paßte in jede Jackentasche, unters Kopfkissen, ließ sich in der Schulmappe verstauen, es ging überallhin mit. Die aufeinanderfolgenden Holzschnitte – das Stundenbuch hatte 167 – waren wie ein Stummfilm, der einen immer wieder beglückte. Seine Geschichten und Träume hatten wir alle miterlebt. Vielleicht war es auch das kleine Originalformat, das uns die eigenen Wünsche so verständlich gemacht hatte. Da wir sie bei uns trugen, lebten wir mit ihnen. Man konnte die etwas melancholischen Bilderbücher, wie alles was man liebt, auch mit ins Bett nehmen. Was nicht zu empfehlen ist mit dem 5 Pfund schweren Prachtband des Mercatorfonds. Wie kann ein Format von 33×29,5 je vermitteln, was in eine Jackentasche ging!

Von der Tendenz, daß hier ein Gleichgesinnter erzählt, ein Gegner des Krieges, ist uns nichts geblieben. Ohne die Freunde Romain Rolland, Stefan Zweig, Verhaeren, ohne die Nähe der berühmten Kriegsgegner, die sich in der Schweiz getroffen hatten während des Ersten Weltkriegs, ist der Zugang zu Masereel verschlossen. Was bedeutet uns sein Protest? Können wir uns noch vorstellen, wie er auf Emil Ludwig, Carl Sternheim, Franz Pfemfert einmal gewirkt hat? Auf George Grosz, Bertolt Brecht? Sie waren es, die Masereel in Deutschland bekannt gemacht haben. Sie hatten zuerst den Bruder in ihm erkannt, waren seine Freunde. Als Multiplikatoren waren sie mächtige Freunde im Nachkriegsdeutschland.

Von Masereel wissen wir, daß es die ganze Anzahl von deutschen und österreichisch-ungarischen Pazifisten in Zürich waren: die Kriegsdienstverweigerer aus dem deutschen Lager, die alle unter dem Einfluß von Romain Rolland gestanden haben und die Masereel in Genf durch seine Mitarbeit an »La Feuille« kennenlernte. Unter ihnen waren Andreas Latzko, Ludwig Rubiner, Leonhard Frank und Stefan Zweig. »Ich glaube«, sagt Masereel, »daß der wahre Ausgangspunkt zu den Intellektuellen und zu dem deutschen Publikum die Veröffentlichung der Volksausgabe durch Kurt Wolff vom ›Stundenbuch‹ mit dem Vorwort von Thomas Mann gewesen ist. Der geniale Verlegerspürsinn von Kurt Wolff hat viel zu der enormen Verbreitung beigetragen, die meine Romane in Bildern in Deutschland erfahren haben. Auf diesem Wege bin ich mit zahlreichen anderen Schriftstellern in Verbindung gekommen.«

»Daß in seiner Zeit der Pazifismus in Deutschland mehr Anhänger hatte als in Frankreich«, erklärt sich Avermaete »aus der nach dem Zusammenbruch des einst so gewaltigen Kaiserreichs vorherrschenden Psychose. Frankreich, berauscht von einem denkwürdigen Sieg, habe den Pazifismus höhnisch abgelehnt. Auch würden die Deutschen mehr für Graphik übrig haben als die Franzosen. Vorbereitet durch den Expressionismus – man denke an die brutalen Holzschnitte von Kirchner, Nolde, Pechstein, Schmidt-Rotluff u.a. – schreckt sie Masereel nicht ab.«

Von Masereel selbst hören wir es liebenswürdiger: »Der Holzschnitt schien mir ein Mittel zu sein, eine Art Botschaft zu verbreiten und alles das auszudrücken, was in mir gärte, nämlich nach dem Kampf gegen den Krieg die Liebe zu allem, was im Leben schön und wertvoll ist.« Gefragt, was er dazu meine, daß er in Deutschland ein so sehr freundschaftliches Milieu gefunden habe, daß die Bücher in Deutschland den größten Erfolg gehabt hätten, sagte er, der Erfolg sei unter der Jugend jener Zeit enorm gewesen. »Ein Roman in Bildern war schnell durchblättert, jeder konnte nach seiner Phantasie und nach seinem Belieben Szenen hinzufügen, die seiner persönlichen Veranlagung entsprachen.«

Auch in den Reihen der Arbeiter hatte Masereel Glück. Kurt Wolff hatte Masereel tatsächlich mehrere Male erklärt, er habe im Ruhrgebiet Tausende von Exemplaren seiner Bildbände verkauft; 2.50 Mark war damals billig und die Bücher waren ausgezeichnet gedruckt.

Von all dem ist in der Ausgabe bei Belser, die im Flachdruck erschienen ist, nichts zu spüren. Im Almanach aus dem Kurt Wolff Verlag von 1925 kann man noch die Schraffur auf der Rückseite des abgedruckten Holzschnitts mit den Fingerkuppen nachtasten. Wir sehen das warme Schwarz, wie es für den Buchdruck charakteristisch ist. Das Papier in den hellen Stellen wirkt mild, nicht aggressiv und peinlich wie das zu gut geleimte Offsetpapier. Die Bilder sind nicht in Vierer- oder Neuner-Gruppen auf einem Blatt wie eine Comic-Serie zusammengestellt. Jedes Bild folgt einzeln auf das vorhergehende und bildet so den Ablauf der Handlung. Erst dadurch und vor allem durch das Originalformat, das bei der Mercatorausgabe nie eingehalten wird, weckt Masereel in uns das Gefühl, direkt angesprochen worden zu sein. »Von einem Künstler, der ein wahrer Mensch und von einem Menschen, der zu gleicher Zeit ein großer Künstler ist!« (Henry van de Velde.) Die neuen Offsetbücher mit ihrem Fotosatz, der die Buchstaben so spitz kopiert, daß die Seriphen fast verschwinden, lassen den Arrangeur mit den Originalen spielen, bis er die Maße des Holzschnitts auf seinen Satzspiegel reduziert hat. Das Layout zwingt eine Mode den Nachgeborenen auf, anstatt wiederzugeben, wodurch der Holzschnitt gleichzeitig hohe Kunst und doch verständlich geblieben ist für jedermann. Wer mit der Kunst spielt, wird nie erfahren, was Heise in einem Vorwort zu Masereel »ein Beispiel für ein gesamteuropäisches Volksbewußtsein« genannt hat.

Am Heiligen Abend sagte Don Quijote den ASTA-Vertretern, Avalon
die ihn zu sprechen verlangten: Es ist vorbei, die Kuh gibt keine Milch mehr, ihr habt mich lang genug im Kreis geführt. Das Gras ist abgeweidet, das Grab ist leer, die letzten Knochen sind herausgekratzt, sie reichten für zwei Bundschuh-Nummern. Vom Bauernkrieg blieb keine Spur, Jörg Ratgeb gibt es nicht, auch eure Leute sagen, er sei schon viel zu lange tot. Keiner hat sich interessiert, was ich meine, wenn ich Kunst sage. Hauptsache ihr habt eure eigene Meinung. Aber ich bin gar nicht allein, wie ihr vermutet, es gibt noch Männer, mit denen ich jetzt den Stuhl wechseln könnte. Auch wenn wir nichts erreichten seit Mai, gehört mein Preis dem Besten oder keinem.

Immer noch wie seit 40 Jahren unterwegs zwischen den Stau- 1977
ferbergen; Rosinante liegt mit gebrochener Kardanwelle draußen im Schneesturm, während ich in der Wirtschaft sitze, Stauferbier trinke, zuhöre, was der Wirt beim Vertreter für den erwarteten Touristenansturm in Auftrag gibt. Jetzt haben sie uns auch noch das abgenommen, Aasrücken, das Licht überm Grat, wenigstens manchmal Konradin sagen, vom Wäscherschlößchen aus zog ich als Troßbub mit ihnen nach Jerusalem bevor ich wußte, was Juden sind, und der türkische Fluß, in dem Kaiser Rotbart ertrank, floß durch mein Kinderschlafzimmer. Der Zweite Weltkrieg legte es trocken: Unternehmen Barbarossa tötete meinen Mythos. Jetzt soll er wieder verordnet werden; überall stellen sie Schilder auf: Straße der Staufer, nirgendwo steht: die Bauern haben die Burg angezündet, sie haben das Kloster niedergebrannt. Plötzlich begriff ich, warum Don Quijote mit dem Kopf gegen Wände stieß: Stauferjahr! Baden-Württemberg bewegte Millionen, wie konnte mein Herr dagegen anstinken wollen. Mein Gedicht war älter als sie:

AASRÜCKEN

Bergwoge
auf dem sanftesten Kamm
mein rotes Auto zwischen den Gipfeln
Morgenlandstuten
Abendlandhengst
Jeep mit drei Negern
vom Rechberg herüber
wär der Vasall rasch bei seinem Herrn
wenn nicht Palermo
Jerusalem
näherlägen
ein violettes
Mädchen auf einem Moped
die sie bauten
schleiften die Burg
holten die Steine zum Herd
Kaiserdung
Täuflinge in den Tälern
Staufen
Todeslaut
Hoffnung Fluch
fallen zurück in das was dunkel
vom dritten Berg herüberscheint
unangetastet
unbebaut
seit zehntausend Jahren
Blitzschlag gibt Feuer
Sturm bleibt Sturm
weiß ist Schnee der Waldmeister
Bauernberg
abends nach der Fabrik
hell genug für einen Streifen
Korn Kartoffeln
die Kuh
das Gras
auf dem Aasrücken
der es schneidet
steigt aus einem weißen Mercedes
mit seiner Sense

329% zuviel Politologen/Historiker
128% zuviel Germanisten
117% zuviel Geographen
107% zuviel Romanisten
56% zuviel Anglisten
136% zuviel Biologen werden an den Universitäten produziert. Baden-Württemberg erwägt als Modell für das übrige Deutschland eine Abschaffung der Geisteswissenschaften, und zwar an der Universität Karlsruhe: Germanistik und Geschichte. Universität Mannheim: Germanistik, Anglistik, Romanistik, Slavistik, Geschichte, Klassische Philologie und Geographie. Universität Stuttgart: Germanistik, Anglistik, Romanistik, Geschichte, Politische Wissenschaft und Biologie.

Don Quijotes Zorn, der zum Jörg-Ratgeb-Preis führte, müßte sich verhunderttausendfachen angesichts der Strukturplanskizze des Ministers. In diesem Jahr nahm das Land unerwartet 800 Millionen Mark Steuern mehr ein.

»Jedoch«, sagt Don Quijote, als ich ihn frage, »ist der Markt für Lehrer wie der für Kunstmaler und andere Märkte für weitere Waren nicht mehr aufnahmefähig. Infolgedessen muß die Überproduktion abgebaut werden. 1890 schon hat Herr von Bismarck das erkannt; in seinem Brief an den Kaiser schreibt er: ›Ein Hauptübel unseres höheren Schulwesens liegt in der Überzahl gelehrter Schulen und in der künstlichen Verleitung zum Besuch derselben, welche unsere Einrichtungen üben, so daß wir gelehrte junge Männer weit über den Bedarf und die Möglichkeit ihrer entsprechenden Unterbringung hinaus züchten ... So mehrt sich jährlich die Zahl von Leuten, welche infolge ihrer Erziehung Ansprüche an das Leben zu haben glauben, die sich nicht erfüllen, und so entstehen bei uns, mutatis mutandis, ähnliche Zustände, wie die, aus denen in Rußland der Nihilismus erwachsen ist.‹ Was könnt unser Kultusminister 1977 besseres tun, als die Schülerproduktion zu verbilligen? Mit dem so gesparten Geld lassen sich Polizeistellen ausbauen, man wäre die linken Studenten bald los, ›das Heil kommt nicht allein von der Schule. Der tüchtige Bürger kann doch auch über das Handwerk kommen. Und im Handwerk gibt es eine Menge Berufe, beispielsweise die Bäkker, die gutes Geld verdienen und sichere Arbeitsplätze haben‹, Sancho Pansa, das war nicht der Reichskanzler, unser Kultusminister war das, der ›die Ungleichheit menschlicher Begabung in der Natur des Menschen‹ sieht und nicht in der Natur von Elternhäusern. ›Für den Bildungsbereich führt dies zur Absage an jede egalitäre Gleichheitsideologie‹ ... ›Diese Entwicklung ist nur möglich geworden, weil seit dem Zwei-

ten Weltkrieg marxistische Ideologen und Wissenschaftler über Jahrzehnte den Studenten ihre realitätsfernen Theorien, die sich gegen unseren Staat und unsere Gesellschaft richten, mit viel Geist und Rhetorik verkündet haben.‹ Bismarck in seinem Brief an den Kaiser: ›Eine Erhöhung des Schulgeldes auf den Gymnasien und der Studiengelder auf den Universitäten würde ich für nützlich halten, und erlaube mir in dieser Beziehung auf das Beispiel Englands alleruntertänigst hinzuweisen, wo der Besuch der höheren Schulen, wie Eton und Harrow, sowie der Universitäten nicht unbeträchtliche Mittel voraussetzt.‹ Kommen wir zum Ende«, sagt Don Quijote: »Bismarck schrieb, ›die militärische Dienstzeit mache manches wieder gut, was die Schule und die durch sie beeinflußte häusliche Erziehung und Überarbeitung verschuldet hat‹, und einundachtzig Jahre danach steht im Wehrkundeerlaß unseres Kultusministers betreffend die Landesverteidigung im Schulunterricht: ›Die Aufgaben der Bundeswehr sollen so verständlich gemacht werden, daß diese von den Schülern als notwendig erkannt werden können.‹«
Hinterm Berg, sagt mein Herr Don Quijote, liegt das größte unterirdische Atomwaffenpotential Europas. Es empfiehlt sich, Polizisten dafür anzuschaffen, statt Pädagogen.
Rundfunk-Kommentator: Wenn in unseren Städten abends statt Bundeswehr-Soldaten in Zivil Zehntausende in Uniform Ausgang hätten, würden sich Ordnung und Sicherheit einstellen, derer wir immer mehr verlustig gehen, der junge Mensch würde sich seiner Aufgabe als Staatsbürger wieder bewußter werden und zugleich sein eigenes Selbstbewußtsein stärken.

Stuttgart

Putz Rosinante, rief mein Herr. Und flicht ihr Zöpfe. Dann laß uns fahren. Als er sagte: Aussteigen, schrie ich: An dieser Stelle hier war das Fest im letzten Sommer. Dein Ratgeb-Fest. Bei dems dich nicht gab. Von dem sie dir nicht mal ein Foto schickten. Drüben die Nische, da stand das Podium, auf dem der Mensch das Mikrofon nicht mehr hergab. Dort war die Wurfbude, wo sie mit Bällen auf Büchsen warfen, damit der Typ endlich aufhören soll.
Es wäre besser, du hörtest auf, sagte mein Herr. Konzentriere dich. Wir brauchen den Bildhauertrakt. Ich fuhr hintenrum. Schneereste, Dreck, Matsch, Depot aus Steinen, Rohes, Halbfertiges, alte Grabsteine, auf eine neue Verwendung wartend, und der Akademieneubau, Wabe an Wabe, der auch den Künstlern keinen Himmel mehr gönnt. Es ist Jahrzehnte her, sagte mein Herr, daß ich diesen Boden betrat. In der Zeitung

stand: Don Quijote an der Akademie nicht erwünscht. Das war als ich meinte Holzschneiden dürfe man nicht aussterben lassen und mich um den verwaisten Lehrstuhl bewarb. ›Die Professoren‹, stand in der Zeitung, ›lehnten, mit einer Ausnahme, Don Quijote ab, obgleich nahezu alle Studenten für seine Berufung eintraten.‹ Später kam einer nach dem anderen und sagte: ich war die Ausnahme. Es war lang nach der Nazizeit.
Don Quijote stapfte in das Gebäude. Bevor der Hausmeister ihn anhalten konnte, trat ein Mann, groß wie mein Herr, aus der Tür, an der sein Name stand, und sagte: Bitte.
Drinnen gabs keine Plastiken, wie ich erwartet hatte. Nur Bilder. O du mein lieber Gott im Himmel. Ich konnte nichts als meinen Herrn anblicken und sofort rollten mir Tränen aus den Augen. Don Quijote schwieg. Und schaute. Und schwieg. Und sagte endlich: Das ist es.
Die Sprachlosigkeit angesichts der Figuren, die uns in was für Farben umgaben, ihre unübertroffene Pein und die unübertreffbare Freude, das hält kein Schwein aus. In zwanzig Minuten war alles vorüber. Don Quijote umarmte den Mann. Der Mann umarmte Don Quijote. Dann gingen wir.
Mein Herr wollte nichts als sofort nach Hause. Allein sein. Mit seiner Freude. Seinem Preisträger. Unterwegs sagte er: Mißversteh das nicht. Dieser hier ist kein Bacon, er zielt woanders hin. Und dazu hat er die Kraft von der Bildhauerei her. Siehst du, Sancho, den Mann also gibt es. Längst bekannt. Er kommt nicht aus dem Dunkel. Aber daß er mit Malen anfing. Und jetzt malt er. Wie Ratgeb malte. Vor mir war schon Szymanski dort. Wir sind uns einig. Es braucht weiter nichts.
Ich sagte: Und warum war da keine Trommel? Von Dorf zu Dorf, durch den ganzen Urwald? Warum war da nicht einmal ein Flüstern unter Kollegen, in den Ateliers, bei den Kunstkritikern? Deine Jury hatte sechs Fachleute neben einem Studentenvertreter. Warum schrie keiner: dort, vor der Haustür, oben auf dem Stuttgarter Hügel, malt einer, daß euch Hören und Sehen vergeht?
Damit das Hören und Sehen nicht zu uns zurückkehrt, sagte Don Quijote. »So sind wir Deutschen nun einmal. Vielleicht war es in Frankreich einst anders. In Italien, ich weiß es nicht. Irgendein Schrei über diese Bilder wäre nach Avalon gedrungen, wenn es ihn gegeben hätte. Gehab dich wohl, geh an die Schreibmaschine. Und die Post wird dir demnächst bringen, warum das alles so plötzlich geschah. Schneller als die Semester nämlich wechselten die ASTA-Vorsitzenden. Und der vierte seit letzten Herbst schickte mir ein Bündel Statuten, wie man Demokratie in der Kunst übt. Dafür habe ich nicht gelebt.

Aus den Bedingungen und der Satzung der Studenten zum Jörg-Ratgeb-Preis:
Die Aufteilung des *Preises* erfolgt *in möglichst viele gleichgroße Teilbeträge,* die dem Künstler eine wirksame finanzielle Hilfe sind. *Die Höhe* der Teilbeträge richtet sich nach der Höhe der beim Förderkreis e. V. *eingegangenen Spenden,* sollte aber den Betrag von 3000.– DM nicht unterschreiten.

Nicht prämiert werden Photos, Photomontagen und größere Objekte, die die Maße von *1,50×1,50 m* überschreiten oder deren Wert die *5000.– DM* Grenze übersteigt.

Die Werke werden nach erfolgter Prämiierung durch die Jury in einer öffentlichen Ausstellung gezeigt, *in der das Publikum* mittels eines *Fragebogens* mit den Kriterien des Jerg-Ratgeb-Preises *eine zweite Preisverteilung* vornimmt.

Don Quijote: und hier, Sancho Pansa, was mein Preisträger malte:
Beginn der Gewalt. *1971. Acryl auf Leinwand; 200×300 cm*
Maße: doppelt so groß als die Studenten erlauben.
Wert: wer kann das schon wissen?

Seltsame Kunde erreichte Don Quijote; Remszeitung (der Oberbürgermeister in der Bürgerfragestunde des Gemeinderats über die abgelehnte Beteiligung an einem Jörg-Ratgeb-Preis): ». . . Ende Juni 1976 habe die Studentenschaft die Stadt Schwäbisch Gmünd sehr massiv aufgefordert, sich mit 2000 Mark an der Stiftung zu beteiligen. Die Stadt habe daraufhin um Ausschreibungsunterlagen und um Auskunft darüber gebeten, wer alles an der Jury beteiligt sei . . . Die Stadtverwaltung Schwäbisch Gmünd habe in dieser Angelegenheit mit der Stadt Pforzheim Verbindung aufgenommen, mit der man enge Kontakte unterhalte. Pforzheim habe die Beteiligung an dem Jörg-Ratgeb-Preis ebenfalls abgelehnt. Von den anderen Städten könne er es nicht mit Gewißheit sagen, aber es sei anzunehmen, daß sie auch eine Beteiligung ablehnen werden . . .«
Studentenschaft der Universität Hohenheim – ASTA-Kulturreferat – in einem Brief an Don Quijote: ». . . Wir stehen z. Zt. in der Diskussion über die Ausschreibung, wie Sie an beiliegenden Papieren erkennen können. Dieser Entwurf ist eine Diskussionsgrundlage, die in den nächsten Wochen zum Tragen kommen soll . . . Wir sollten nun geschlossen handeln

und uns nicht auseinanderdividieren lassen, was nur im Interesse einzelner Leute liegt, eben der Leute, die einen § 88a geschaffen haben. Wir möchten Sie noch einmal eindringlichst bitten, gemeinsam mit uns vorzugehen und Ihre Schritte mit uns abzustimmen . . .«
Mündliche Überlieferung: Pforzheim warnte als erste Stadt vor der Tendenz des Ratgeb-Preises. Herrenberg sei nicht ganz abgeneigt, die Verleihung zu übernehmen, wolle sich jedoch zuvor mit den anderen Ratgeb-Städten abstimmen, auch im Hinblick auf die Sorge, daß der Preis zu sehr sozialkritisch bestimmt sein könnte.
Aus einer Aktennotiz: . . . In der Zwischenzeit hatten auch studentische Gruppen der Universität Hohenheim sich des Preises anzunehmen begonnen und versucht, ihn mehr und mehr für ihre Zwecke (als Fanal des Berufsverbotes) zu benutzen. Von dieser Seite entstand auch einige Verwirrung und Mißtrauen bei den Städten und innerhalb der Jury, so daß der Preis in Gefahr geriet.
Es ist die Meinung aller Beteiligten an der Sache »Jörg-Ratgeb-Preis«, daß es sich hier um einen reinen Kunstpreis handeln soll, der der Kunst als Vehikel dienen soll: aber nicht dem Interesse einzelner Gruppen . . .

Gäubote: (Herrenberg) . . . Für die Stadt gibt es jedoch noch einige Fakten zu klären, ehe der Gemeinderat über dieses Vorhaben entscheiden kann . . .

Inzwischen ging die Meldung durchs Land
5.2.1977
JERG-RATGEB-PREIS FÜR RUDOLF HOFLEHNER
Don Quijote und Rolf Szymanski, beide Mitglieder der Berliner Akademie der Künste, haben den von ihnen gestifteten Jerg-Ratgeb-Preis dem Stuttgarter Maler und Bildhauer Rudolf Hoflehner zuerkannt. Der Preis wurde von ihnen im vergangenen Jahr anläßlich des 450. Todestages von Ratgeb, der Maler und Ratsherr in Stuttgart war, gestiftet und wird jetzt zum erstenmal vergeben. Die Verleihung soll im Frühjahr erfolgen. Für den Preis stehen jetzt 10 000 Mark zur Verfügung.
dpa

Maler und Ratsherr? ei sieh mal an! Kein Wort von Bauernkrieg, Vierteilung, geschweige ein Wort über Don Quijotes Motiv.

Mai 1977. Diese Meldung der Stuttgarter Zeitung räumte Don Quijotes letzte Zweifel aus seinen Ratgeb-Preisträger in

Rudolf Hoflehner

Herrenberg schützen zu können oder irgendeinen der großen Maler des Jahrhunderts

ZERSÄGTE KUNST VOR DEM KADI

Stadtverwaltung Herrenberg muß sich vor der 17. Zivilkammer verantworten.

Mit einer ungewöhnlichen Schadenersatzforderung sieht sich die Stadt Herrenberg konfrontiert. Der 25 Jahre alte freischaffende Künstler Norbert Keilbach-Bena aus Gäufelden-Nebringen will 13 100 Mark aus der Stadtkasse, weil die Stadtverwaltung im Mai 1976 zwei im Rahmen einer Volkshochschul-Ausstellung auf städtischem Rasen zur Schau gestellte Kunstwerke nach kurzer Zeit zersägen und abtransportieren ließ. Jetzt muß sich die 17. Zivilkammer des Landgerichts Stuttgart . . .

Hier ein Tip, den Herrenberger Altar in der Stuttgarter Staatsgalerie doch noch zu sehen:

Besorgen Sie sich seinen I C O M-Paß!

Conseil international des Musees
international Council of Museum

Der Jörg-Ratgeb-Preisträger Rudolf Hoflehner:

. . . Aus den verschiedensten Richtungen dringen Gewalttätigkeiten dem Menschen entgegen. Ein Scenarium von Angst und Wildheit. Ausbruch vernichtender und verwandelnder Kräfte. Aufbruch in den Raum. Montage ungestümer Hemmungslosigkeit. Traum von der Schwierigkeit zu bestehen, zu überleben. Regie ohne Textbuch: wer setzt den Dialog in Gang. Fliegende Choreographie. Stationen der Tortur . . .

. . . kauernder und eingeschnürter Mensch zieht oder wird gezogen von einem nicht Sichtbaren . . .

. . . Aber die Landschaft begreift nicht: sie sucht ihren Mörder . . .

Don Quijote hat viele Feinde. Don Quijote hat manchen ehrenwerten Mann, der für ihn in die Bresche springt. Don Quijote hat zu seinem Landesvater, sein Landesvater hat zu Don Quijote ein tolerantes Verhältnis. Trotzdem blieb es meinem Herrn nicht erspart, den Landesvater immer neu zu provozieren.

Plötzlich gab es eine Nr.3: DER BUNDSCHUH MÜSSE EINEN FORTGANG HABEN, ES STÜNDE LANG ODER KURZ! Unterm grünen Kopf mit der Sichel stand: Jerg-Ratgeb-Preis erstmals verliehen! »Sie geben nicht auf«, sagt Don Quijote. »Sie schrein nicht Verrat, greifen mich nicht an, sie bringen das Bild vom Ratgeb-Preisträger. Ich kann den OB von Gmünd oder Herrenberg nicht ändern und nicht den Gemeinderat und die Stadt Pforzheim nicht. Aber die Thomas-Müntzer-Leute haben den Hoflehner angenommen, obwohl er quer zu allem steht, was sie im Sinn hatten mit dem Ratgeb-Preis. Das ist mein größter Sieg. Noch einmal ein Beispiel in Demokratie – wenn die Abgründe zwischen den Menschen so gewaltig sind, kann man nichts anderes machen. Meinst du ich hätt nicht gesehen, was los ist? Daß sich nichts geändert hat seit sie den Altar an die Stuttgarter verkauften. Ihre panische Angst, der Preis könne eine Tendenz haben. Für nichts bürgt die Kunst. Mit denselben Worten wie damals würden sie uns entgegentreten. ›Bis zur Verzerrung mit Revolte geladen. Alles was sie Jörg Ratgeb vorwarfen, weil er die Gewalt malte, um sie zu entlarven, werden sie in Hoflehners Bildern sehn. ›Ich darf sie dem nicht aussetzen, daß man sie mit dem Gebetbuch wie den Teufel beschwört.«

Den Bundschuh Nr.3 verteilten sie vor dem Stuttgarter Schloß, wo der Landesvater das Stauferjahr und damit die gewaltigste Präsentation des Schwabengeschlechts eröffnete. Don Quijote war unterwegs nach Athen, Griechenland hatte ihn eingeladen, seine »Mahnbilder für Freiheit und Menschenrechte« zu zeigen, mit denen er sieben Jahre lang für die Wiederherstellung der Demokratie in ihrem Ursprungsland unterwegs war.

Auf der Titelseite von Bundschuh Nr.3 konnte man lesen:

»Es ist daher nicht erstaunlich, wenn nach dem Totschweigen des 450. Jahrestages des großen deutschen Bauernkrieges 1975, des Jerg Ratgeb Jubiläums 1976, sich nun der Boykott des Jerg-Ratgeb-Preises nahtlos anschließt. Dagegen wird für das Stauferjahr 1977 ein beträchtliches Maß an öffentlichen Geldern bereitgestellt, das wiederum deutlich zeigt, was in unserem Lande als förderungswürdig betrachtet wird.

Nicht die arbeitende und damals leibeigene Bevölkerung und hervorragende Persönlichkeiten aus dieser werden geehrt, sondern das Erbe der Mächtigen, das über Jahrhunderte weitergeführt wurde, steht auch heute wieder im Mittelpunkt. Jerg Ratgebs kämpferischer Einsatz für die Unterdrückten seiner Zeit und die Abschaffung der Leibeigenschaft, wofür er unter Qualen mit dem Leben bezahlen mußte, erweist sich für

die heutigen Kunst- und Kulturorganisatoren als irrelevant. Und wie ergeht es einem Künstler heute, der in seinem Werk politische und sozialkritische Themen aufgreift?
Heute findet dieser engagierte Künstler keine staatlichen oder städtischen Käufer, nur wenige Galerien stellen seine Werke aus, er wird boykottiert und isoliert bis er sich dem Druck beugt oder seine Arbeitskraft zur Sicherung seiner Existenz verkauft.«
Don Quijote, mit Sancho Pansa von Athen zurück, sah: Er würde draußen im Regen stehn mit seinem Ratgeb-Preis. Nach diesem Bundschuh ists aus im Land. Kein Bürgermeister wird sich eine goldene Kette umhängen, seinen Preisträger zu empfangen. Auch die Kunstleute, ihre Vereine, weg waren sie, zerstoben.
Don Quijote, der zum erstenmal flog, sagte: Fliegen ist nicht gut. Einfach ankommen wie man ins Nachbardorf reitet, zwischen Teetime und Abendbrot, an einer Stelle der Welt, von der man lebenslang träumte.

Einfuhr und Ausfuhr per Jumbo-Jet: Osterurlauber gegen Särge, 10 000 gegen 580 (Tote) auf Teneriffa, da ist der Verlust wieder drin. Während das Volk zu den Staufern strömt, fliegt der Landesvater nach China, diesen Besuch muß er unterbrechen, um in Karlsruhe den ermordeten Generalbundesanwalt zu begraben, eben noch sah Sancho Pansa die Herren beim Jubiläum des Bundesverfassungsgerichts, wo sie ihn passieren ließen ohne Ausweis mit Pelerine, doch noch vor der Bundesgartenschau wird Don Quijote zum König geladen;

Gewalt ist mächtig auf der Straße, Recht steht krummer denn eine Sichel

Persönlich

Der König des Landes Baden-Württemberg
und Frau Königin
bitten
zu Ehren
Ihrer Majestäten des Königs und der Königin von Spanien

Herrn Professor Don Quijote

zu einem Konzert des Stuttgarter Kammerorchesters unter Leitung von Karl Münchinger und einer Aufführung des Stuttgarter Balletts am Freitag, dem 22. April 1977 um 21 Uhr im Schloß Ludwigsburg.
Es schließt sich ein Empfang an.

Frack
Orden
Langes Kleid

Wagen 23 Uhr

Diese Einladung, dient der Einlaßkontrolle.

Cervantes Die Historie fährt fort, daß, ehe sie noch zu dem Lustschloß gekommen waren, der Herzog vorausritt und all seinen Dienern Anweisung gab, wie sie Don Quijote behandeln sollten . . . und als sie nun einen großen Hof betraten, kamen ihnen zwei schöne Mädchen entgegen und warfen um Don Quijotes Schultern einen großen Mantel von feinstem Scharlach, und augenblicks erschienen in allen Galerien des Hofes Diener und Dienerinnen, welche mit lauter Stimme riefen: »Willkommen sei die Blüte und der Ausbund aller fahrenden Ritter!« Und alle oder die meisten sprengten aus Fläschchen Wohlgerüche über Don Quijote und das Herzogspaar aus, worüber Don Quijote staunte. Und dies war der erste Tag, an welchem er glaubte und völlig überzeugt war, ein wirklicher und kein eingebildeter fahrender Ritter zu sein, weil er sich genau so behandelt sah, wie nach dem, was er gelesen hatte, in vergangenen Zeiten solche Ritter behandelt worden waren

Ich, Sancho Pansa, indes studierte die von der FAZ übermittelte Ahnenreihe des Erlauchten Paares:

König Juan Carlos I., Sohn des Prinzen Juan de Borbón Battenberg, Grafen von Barcelona, Enkel des Königs Alphons XIII., und Königin Sophia, Tochter des Königs Paul und der Königin Friederike von Griechenland. Zu ihren Vorfahren zählen zwei deutsche Kaiser, acht Könige von Dänemark, fünf Könige von Schweden, sieben russische Zaren, ein König und eine Königin von Norwegen, eine englische Königin und fünf griechische Souveräne. Sie ist wie der König im Jahr 1938 geboren und ging von 1951 bis 1955 in Salem zur Schule

Cervantes Don Quijote hing sein Bandelier mit dem Schwert um, wikkelte sich in den Scharlachmantel, setzte ein Barett von grünem Atlas auf, das ihm die Jungfrauen gegeben hatten, und begab sich so geschmückt in den großen Saal, wo er die Jungfrauen in zwei Reihen aufgestellt fand, um ihm das Waschwasser für die Hände zu reichen, welches sie ihm mit großer Ehrerbietung und vielen Zeremonien präsentierten

in diesem Augenblick hörte ich meinen Herrn schrein: »Majestät, schnell, sehn Sie doch nur, da auf dem Fernsehschirm Don Gustavo, was für ein Zufall, das ist mein Freund, Kommissar der Internationalen Brigade, auf dem offenen Auto steht er, grüßt Sie und liegt schon so lang unterm Boden – darf ich Ihnen sein Bauernkriegsbuch überreichen«

Der Geistliche, sich an Don Quijote selbst wendend, fuhr fort:

Cervantes

»Und Ihr, Tropf, wer hat es Euch denn in den Kopf gesetzt, daß Ihr ein fahrender Ritter seid und Riesen besiegt und Straßenräuber gefangennehmt? Geht zur guten Stunde, und zur guten Stunde laßt Euch gesagt sein: Geht heim und erzieht Eure Kinder, wenn Ihr welche habt, kümmert Euch um Eure Wirtschaft und schweift nicht länger so durch die Welt, Wind kauend und ein Gelächter für alle, die Euch kennen und nicht kennen. In welcher Unglücksstunde seid Ihr darauf verfallen, daß es fahrende Ritter gegeben hat oder noch gibt? Wo gibt es denn Riesen in Spanien oder Straßenräuber in La Mancha oder verzauberte Dulcineen oder all die übrigen Dummheiten, die von Euch erzählt werden?«

Nachdem sich also Don Quijote, am ganzen Leibe wie Quecksilber zitternd, erhoben hatte, sagte er hastig und sich überstürzend: . . .

»Ritter bin ich, und als Ritter werde ich sterben, wenn es dem Allerhöchsten so gefällt. Einige wandeln auf dem weiten Felde stolzen Hochmuts, andere auf dem knechtischer und niedriger Schmeichelei, wieder andere auf dem betrügerischen Heuchelns, wenige auf dem des wahren Glaubens; ich aber wandle unter dem Einfluß meines Gestirns auf der engen Bahn der Fahrenden Ritterschaft, auf der ich zwar nach Gütern nicht frage, wohl aber nach Ehre. Ich habe Beleidigungen gutgemacht, Unrecht eingerenkt, Übermut bestraft, Riesen überwunden und Ungeheuer bekämpft. Ich liebe, aber nicht mehr als fahrende Ritter notgedrungen müssen, und deshalb bin ich auch kein lasterhafter Liebender, sondern einer der enthaltsamen platonischen. Meine Absichten gehen immer auf gute Zwecke, nämlich allen gut und keinem Böses zu tun. Ob der, der so handelt, ob der, der solches übt, ein Narr genannt zu werden verdient, das mögen Euer durchlauchtigsten Hoheiten, der Herzog und die Herzogin, entscheiden.«

»Fantastic«, sagte Juan Carlos

Pressestimmen zum spanischen Königsbesuch

»Auch Sie, Majestät, stammen fünfhundert- bis tausendmal von Friedrich Barbarossa ab.« Mit dieser Bemerkung stellte ein sachkundiger Führer die Staufer im Landesmuseum dem spanischen Königspaar vor. Bourbone König Juan Carlos und Königin Sofia, begleitet von rund 50 Sicherheitskräften, und der Gastgeber Ministerpräsident Filbinger geruhten zu lachen. Immerhin eine Beziehung zwischen den Bourbonen und den Staufern ist nicht zu leugnen – aber sie bestand aus Haß und Feindschaft. Karl Robert von Anjou war ein Bruder Lud-

wigs und somit ein angeheirateter Onkel der Bourbonin Beatrix von Burgund; er ließ den letzten Staufer Konradin im Jahre 1968 (kein Druckfehler, steht so in der Zeitung) in Neapel hinrichten und beendete auf diese Weise die »Zeit der Staufer«. Diese Todfeindschaft ist nun allem Anschein nach einer freundschaftlichen Beziehung gewichen; auch die Namensverwandtschaft zwischen dem Gastgeber Hans Karl Filbinger und seinem Besuch Juan Carlos darf dabei nicht übersehen werden.
Der König, der sich schon Wochen vor seiner Deutschlandreise den Stauferkatalog nach Madrid in sein Schloß schicken ließ, zeigte sich an der Stauferausstellung interessiert. Lässig, die Hände in den Hosentaschen durchschritt er in einem dunkelblauen Anzug, einem weißen Hemd mit blauen Nadelstreifen, dazu eine Krawatte mit einem Muster aus goldenen Steuerrädern, das Landesmuseum. Seine Anerkennung brachte er durch Bemerkungen wie »fantastix« und »very, very pretty« zum Ausdruck.
Die Königin trug einen Sommermantel in munterem Türkis, wirkte aber abgespannt. Sie setzte ihr bekanntes Lächeln auf, doch es zeigte sich etwas erstarrt. Ihr Schmuck (goldene Kette, Jadeperlenkette, goldenes Armband und Siegelring mit grünem Stein) war auf ein beiges Kleid mit grünen Nadelstreifen abgestimmt. Dazu hielt sie ein Sträußchen aus drei rosaroten und drei feuerroten Nelken in den Händen. Hier stellte sie auch sachkundige Fragen, verständlich, wenn man bedenkt, daß sie Archäologie studiert hat. Am Ende der einstündigen Besichtigung meinte der König, er sei am meisten von der Organisation der Ausstellung beeindruckt. »Daran erkennt man die Gründlichkeit der Deutschen«, fügte er hinzu. Worauf Frau Filbinger erklärte: »Die Idee für die Ausstellung fiel meinem Mann einfach zu. Manchmal hat man eben so Sternstunden.«
Ein Fanfarenzug der ehemaligen Reichsstadt Markgröningen in Landsknechtuniform aus der Stauferzeit empfing das Königspaar im Schloßhof. Sehr harmonisch paßte er zu den Reichsarkaden des Alten Schlosses . . .
. . . auf dem Weg zu den Hubschraubern im Neuen Schloß gehörten die Gäste dem Volk, das sich zu mehreren Tausenden versammelt hatte,

Cervantes und es gelang Sancho Pansa zu sagen: »Bei Gott, gnädige Frau, hier wird ebenso gutes Brot gebacken wie in Frankreich, und bei Nacht sind alle Katzen grau. Und der ist sehr unglücklich, der um zwei Uhr nachmittags noch nicht gefrühstückt hat. Ein Magen ist nicht größer als der andere, daß man ihn, wie

man zu sagen pflegt, mit Heu und mit Stroh ausfüllen müßte; die Vögel des Feldes sehen in Gott ihren Erhalter und Ernährer; und vier Ellen Tuch von Cuenca halten wärmer als vier Ellen feines Zeug von Segovia; und wenn wir diese Welt verlassen und unter die Erde kommen, so ist dem Fürsten der Weg so eng wie dem Tagelöhner und braucht der Leib des Papstes nicht mehr Fuß als der des Küsters, obgleich der eine vornehmer ist als der andere; denn wenn man in die Grube muß, so bücken wir uns alle und legen uns zusammen, oder man bückt uns und legt uns zusammen, ohne uns zu fragen, und damit gute Nacht.
Ich habe auch sagen hören, hinter dem Kreuze steht der Teufel, und es ist nicht alles Gold, was glänzt, und hinter seinem Ochsen, Pflug und Gespann weg wurde der Bauer Bamba geholt, damit er König von Spanien würde, und aus Brokat, Belustigungen und Reichtum rissen sie den Rodrigo, damit ihn die Schlangen fräßen, wenn nämlich die Verse der alten Romanzen nicht lügen.«

Momos in der Fernsehrückschau der ZEIT
. . . In einem Gespräch zwischen dem Chef des Hauses Hohenzollern, Prinz Louis Ferdinand, und Hans Karl Filbinger – einem illustren, durch die Vokabeln »Kaiserliche Hoheit« und »Herr Landesvater« akzentuierten Disput über die Frage, warum bei der Staufer-Ausstellung das Volk nicht ins Blickfeld geraten sei, Barbarossas Knechte und Bauern (Filbinger: »Weil das Volk, damals so gut wie heute, sich nur im Spiegel seiner Herrscher erkennt«) . . .

Hie gut Württemberg allewege und wenn Sie jetzt noch zweifeln, geneigte, bis hierher nicht abgesprungene Leser, diese, meine im Norden manchmal belächelte Heimat sei nicht Hort und Hoffnung des Reiches, Zelle der Bienenkönigin CDU, von der, ausschwärmend, künftige Völker sich in den Städten und Ländereien des Unbehagens festsetzen, um der ganzen hin- und herschwankenden Menschheit gegen Ende des Jahrtausends aus Ketzerverfolgung und Aufklärung neuen Halt zu geben, Wertmaßstäbe, wenn Sie etwa meinen es handle sich hier um eine willkürlich-zufällige Collage von Zitaten, eine Sammlung von Spiegelscherben, wie man sie tagtäglich allüberall auf Schritt und Tritt würde auflesen können, wenn Sie nicht wissen, um wieviel näher Spanien uns liegt als nordische Städte, die uns genau so exotisch er-

scheinen wie wir ihnen, was für Berlin die FU ist Salem für uns: Erziehungsstätte für lange Märsche – wenn Sie das alles in Frage stellen, hören Sie noch einen MOMOS-Satz:
»In einer Debatte über das Thema ›Warum Europa wieder schwäbisch werden muß‹ gedachten die beiden Gesprächsteilnehmer« (der Chef des Hauses Hohenzollern, seine Kaiserliche Hoheit Prinz Louis Ferdinand, und der Ministerpräsident von Baden-Württemberg) »der Wiedergeburt des Reiches nachsinnend, des Tages von Bern – jener Stadt, aus der, wie der Hohenzoller bemerkte, nicht zufällig auch Dietrich, der Sagenheld, stammt.«

Sancho Pansa jedenfalls, als das spanische Königspaar in Ludwigsburg zu Tisch gebeten wurde, indes der Leib seines Herrn sich keinen Augenblick von Avalon entfernt hatte, stellte in Stuttgart öffentlich ein Gedichtbuch vor, das neun Strafgefangene der Vollzugsanstalt Ludwigsburg »für Insider und Outsider« herausgaben.
In diesem Augenblick, IN TYRANNOS, Christian Friedrich Daniel Schubarts gedenkend, des auf dem Hohenasperg eingekerkerten Freiheitssängers, den Schiller auf seiner Flucht besucht haben soll – in diesem Augenblick ereignete sich:
der Deus ex machina, schwebte ein Hängeboden herab, der Reitende Bote aus der Dreigroschenoper:

Im Mannheimer Nationaltheater, der Uraufführungsbühne von Schillers Räubern, wird am 5. Juni 1977 Don Quijotes Ratgeb-Preis übergeben.

Und vielleicht kehren, wie beim Jedermann-Spiel, alle Akteure noch einmal zurück: Lieder und Szenen der Bauernoper, Martin Walsers Ratgeb-Passage aus dem Sauspiel, und alle Bilder.

WER NICHT HÖREN WILL MUSS SEHEN

Nationaltheater Mannheim
Juni 1977
Rede von Don Quijote

Erlauben Sie den Stiftern ein Wort zum Ratgeb-Preis. Wenn ein Preis einen Namen trägt, bedeutet das eine Verpflichtung. Dies soll aber nicht so verstanden werden, daß wir vergessen haben, was Kunst immer ist. Schon Platon stellte das Wort über die Anschauung, und von Hegel haben wir das Vorurteil geerbt, an mittelbare Wirkung durch Kunst nicht zu glauben. Die Räuber 77 wären schwach auf der Brust, wollten sie den Maximen der Anschauung nicht vertrauen. Ich impliziere mit

dem Namen Ratgeb nicht mehr, aber auch nicht weniger, als was zu sehen ist: die Bilder, die wir prämiert haben. Logischerweise ist engagierte Kunst eine Tautologie. Der Ratgeb-Preis ein Kunstpreis. Zum 450. Jahrestag des Deutschen Bauernkrieges gegen den § 88a von zwei bildenden Künstlern gestiftet. Zur Einweihung der Thomas-Müntzer-Scheune durch die Studenten der Universität Hohenheim ausgeschrieben.
Alle mit Ratgeb geschichtlich verbundenen Städte sind von den Studenten aufgefordert worden, sich zu beteiligen. Sie sollten ihm materiell den Rang eines Büchner-Preises geben. Aber ein Jubiläum des Bauernkriegs fand in Baden-Württemberg nicht statt. Die Ratgeb-Städte haben sich am Preis nicht beteiligt. Auch wenn die Kunstkritik im Stauferland es leugnet, daß kritische Kunst gemacht wird: Kunst ist unbequem für Regierende und Regierte gleichermaßen. Sie ist ein öffentliches Ärgernis! Mehr als eine Resolution bewirkt Kunst!
Wir protestieren gegen ein Gesetz, das der Kunst den Primat von Anschauung nehmen kann. Schon schließt man ungenau von Terroristen auf das Studentenmilieu, verdächtigt ganz allgemein das Wort und vermutet, daß möglicherweise den Schreiber nur noch ein bißchen Vorsicht trennt von der Bereitschaft zum Mord, bis eine heruntergekommene Brutalität die letzte Hemmung nehme.
Vermutete Gesinnungen aber müssen wir auf den Hackblock des Talents legen, um die spießbürgerliche Denunziation herauszuklopfen. Es besteht kein Grund, sich auf die Schulter . . .
Wir danken Rudolf Hoflehner!

Flaschenpost von Robinson

Sancho Pansa ist da
Sancho Pansa ist dort
Sancho Pansa ist nicht da
Sancho Pansa ist dort
Sancho Pansa ist heute nicht dort
Sancho Pansa ist heute da
Sancho Pansa ist morgen nicht da
Sancho Pansa ist morgen dort
Sancho Pansa war irgendwann irgendwo
Sancho Pansa wird anderswann anderswo sein

Unschärferelation (laut Brockhaus):

Beziehung, die
zum Ausdruck bringt, daß
Ort q und Impuls p eines
Teilchens nicht zugleich mit
beliebiger Genauigkeit
bestimmt werden können.

Meine Generation kommt aus dem Dunkel. Ich war 24 Jahre alt, als ich nach Deutschland zurückkam. Der deutsche Botschafter zwang mich 1933 die Wahlheimat Griechenland zu verlassen. Ich fuhr in ein besetztes Land. Die auferlegte Klausur und die Erinnerung an Griechenland haben mich geprägt. Zwölf Jahre sind lebenslänglich. Erst die Kontrollratsverfügung der vier Siegermächte hat die Reichskulturkammer aufgehoben. Das vergesse ich nie. Bestätigen konnte die Freiheit mir niemand. Kein Museum hatte ein Werk im Depot versteckt. Kein Kunstfreund heimlich gesammelt. Es war mir nicht gelungen, ein Echo zu finden. Unvorbereitet standen wir Überlebenden uns gegenüber. Das Erbe war in alle Winde zerstreut. Es blieb im Exil. »Wir haben wieder einen Holzschneider!« rief Schmidt-Rottluff. Hofer hängte meine Holzschnitte zwischen die Ölbilder im Künstlerbund. Baumeister wußte, ich bin kein Expressionist. Ich hatte, wie man sagt, »den Holzschnitt zum Tafelbild erhoben«. Wie sollte ich anders die Welt zwingen mich anzunehmen?! In Wirklichkeit wollte ich sie verwandeln, d. h. der Kunst, die es so lange nicht gegeben hat, mehr Breite schaffen. Ich druckte hüben und drüben. Das ist mein Engagement. Ich halte mich für unzerstörbar durch Technik und Markt. Oder mit den Worten des Freundes gesagt: »Neuerdings denke ich, daß Ich wahrscheinlich nur die Geschichte ist, die man sich von sich erzählt. Was man von anderen vorher sagen gehört hat, wer man ist oder sein soll. Oder verschweigen gehört hat.« Ich schließe: ich nehme mein Ich aus ununterbrochener Tätigkeit. Es ist mein einziger Besitz, keine Legende zu sein!

Einmal ritt Don Quijote
gegen Windmühlen an
Windmühlen, sagte Baumeister,
haben wir noch nicht gehabt!
Dann ritten zwölf mal zwölf
Quijotes
contra la censura!
Sie wurden mehr
hundert mal hundert
para la liberación
de las fuerzas
asfixiadas!
Aber nur 1 IQ mehr
und wir hätten
tausend mal tausend
Don Quijotes
»Ja die Don Quijotes leben.
Ich streif im Gewühl ihre Hände.
Ja, ich hör, wenn der Tag steigt,
das Klappern der Schuhe am Fluß.
Ja: Sie spähn mit erhobenen Nasen,
sie schauen,
wie der Abend hereinbricht«,
(auf Avalon)
»Wie vor Jahrhunderten
dürsten in der
Unteren Gasse
die Dulcineas
nach Wiedersehen.«

Don Quijote.

Die beiden Zitate von Bulat Okudshawa
verdanke ich Rainer Kirsch.